Uwe Albrecht

Das iPad

D1729641

Das iPad

Tipps und Tricks

Uwe Albrecht

ISBN 978-3-95982-047-9

© 2018 by   Markt+Technik Verlag GmbH
            Espenpark 1a
            90559 Burgthann

Produktmanagement Christian Braun, Burkhardt Lühr
Herstellung Jutta Brunemann
Korrektorat Petra Heubach-Erdmann
Layout Merve Zimmer
Covergestaltung David Haberkamp
Coverfoto © Zffoto – Fotolia.com
Satz inpunkt[w]o, Haiger (www.inpunktwo.de)
Druck Media-Print Informationstechnologie GmbH, Paderborn
Printed in Germany

Inhaltsverzeichnis

1. Grundlagen

Ein großer Vorteil des iPads gegenüber einem herkömmlichen Laptop ist seine Flexibilität – unter anderem bei der Bedienung. Beispielsweise sind Sie auf Tastatur, Maus und Trackpad nicht mehr zwingend angewiesen. Sie können es auch nur über Multi-Touch-Gesten, Fingertipps sowie die Bildschirmtastatur bedienen. Auch per Sprachbefehl lässt es sich steuern oder – in Grenzen – mit einem kompatiblen Headset. Benötigen Sie als Vielschreiber später dennoch einmal eine „richtige" Tastatur, können Sie diese problemlos per Bluetooth oder – beim iPad Pro – über den Smart Connector ans iPad anschließen (siehe dazu Kapitel 10.3). Im ersten Kapitel finden Sie zunächst einmal alle Tipps zur grundlegenden Bedienung Ihres iPads, ob per Gesten, Siri oder über die Bildschirmtastatur.

1.1 Wichtige Handgriffe am iPad

iPad aus- und einschalten

Sie schalten Ihr iPad über die Stand-by-Taste aus oder ein. Beim Einschalten startet das iPad sofort, beim Ausschalten erscheint ein Schieberegler mit der Bezeichnung *Ausschalten*. Betätigen Sie diesen, wird das iPad heruntergefahren. Sie können es aber auch über die *Einstellungen* ausschalten.

1. Öffnen Sie die *Einstellungen* und tippen Sie dort auf den Eintrag *Allgemein*.
2. Wischen Sie ganz nach unten bis zum Eintrag *Ausschalten*. Tippen Sie darauf, erscheint der oben genannte Schieberegler, den Sie betätigen.

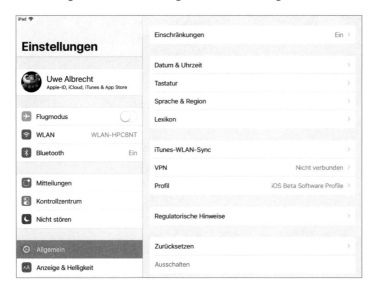

iPad komplett neu starten

Ab und zu kann es notwendig sein, das iPad nicht nur auf die oben beschriebene Weise aus- und einzuschalten, sondern es komplett neu zu starten, was einem „Reboot" beim Computer entspricht. Hierzu gehen Sie folgendermaßen vor:

1. Halten Sie die Stand-by-Taste und die Home-Taste gleichzeitig gedrückt und warten Sie, bis das Apple-Logo erscheint.
2. Das iPad wird nun komplett neu gestartet, was auch etwaige Probleme beseitigen kann, da dabei der Speicher aufgeräumt wird.

Querformat verwenden

Der Home-Bildschirm und das Dock Ihres iPads lassen sich auch im Querformat nutzen. So ändert sich die Darstellung des Bildschirminhalts umgehend, wenn Sie das iPad auf die Seite drehen. Dies gilt übrigens auch für die allermeisten Apps. Diese funktionieren nicht nur im Querformat, es bringt auch einen echten Mehrwert mit sich. Verwenden Sie also, wann immer das sinnvoll erscheint, das Querformat Ihres iPads. Nur so können Sie die neuen Multitasking-Funktionen von iOS 11 sinnvoll einsetzen. Auch die mehrspaltige Ansicht der Apps *Mail*, *Safari* oder *Notizen* erscheint nur, wenn Sie das iPad auf die Seite drehen. Dies gilt ebenfalls für die Bildschirmtastatur, die im Querformat weit mehr Möglichkeiten bietet.

Bildschirmformat festlegen

Falls Sie aus einem bestimmten Grund die Darstellung des Bildschirminhalts auf das Hochformat oder das Querformat festlegen wollen, zum Beispiel, wenn Sie ein E-Book lesen
und nicht möchten, dass sich das Format ändert, wenn Sie sich oder das iPad bewegen,
dann gehen Sie wie folgt vor:

1. Drehen Sie das iPad ins Hoch- oder Querformat. Tippen Sie zweimal auf die Home-
   Taste, um das Kontrollzentrum aufzurufen.
2. Nun tippen Sie auf das Symbol mit dem Schloss und dem geschwungenen Pfeil. Der
   Bildschirminhalt wird jetzt auf das aktuelle Format festgelegt und ändert sich beim
   Bewegen oder Drehen nicht mehr.

Eingaben widerrufen

Wollen Sie eine Eingabe an Ihrem iPad widerrufen, dann genügt es, dieses kurz zu schütteln, um die Eingabe rückgängig zu machen. Hierbei kann es sich um eine Texteingabe
in der Notizen-App handeln, die Eingabe einer E-Mail-Adresse in der Mail-App oder einer
Internetadresse in Safari. Auch Formatierungen oder Zeichenschritte lassen sich so in
manchen Apps rückgängig machen. Damit dies klappt, muss die entsprechende Funktion
allerdings eingeschaltet sein.

Dies erreichen Sie auf die folgende Weise:

1. Öffnen Sie die *Einstellungen* und tippen Sie dort auf die Einträge *Allgemein* sowie *Bedienungshilfen*.
2. Suchen Sie den Eintrag *Zum Widerrufen schütteln* und schalten Sie diesen ein. Nun können Sie diese Funktion wie beschrieben verwenden.

1.2 Fingertipps und Gesten

Weniger bekannte Gesten nutzen

- Doppelt tippen: vergrößern oder verkleinern, z. B. bei Abbildungen.
- Finger spreizen: vergrößern, z. B. bei Webseiten, Textseiten, Abbildungen.
- Auf den oberen Bildschirmrand tippen: schnell an den Anfang eines Dokuments/einer Webseite navigieren.
- Lange auf eine Textstelle tippen: Kontextmenü aufrufen.
- Bildschirminhalt aktualisieren: in der Mail-App oder Safari den Bildschirminhalt mit einem Finger von oben nach unten ziehen.
- Suche über Spotlight aufrufen: von der Mitte des Home-Bildschirms nach unten wischen.
- Kontrollzentrum aufrufen: vom unteren Rand des Bildschirms nach oben wischen.
- Streichen zum Löschen: Um beispielsweise eine Notiz, eine E-Mail oder ein Lesezeichen zu löschen, wischen Sie auf dem Eintrag schnell von rechts nach links.

Zusätzliche Gesten für Multitasking

Um unter iOS 11 oder iOS 10 Multitasking am iPad einfach zu nutzen, gibt es mehrere zusätzliche Gesten, die Sie zuvor aktivieren müssen:

1. Öffnen Sie die *Einstellungen* und tippen Sie auf den Eintrag *Allgemein*.
2. Wählen Sie hier *Multitasking & Dock* und schalten Sie die *Gesten* ein. Die folgenden Gesten sind nun aktiv:
    - Zusammenziehen von vier/fünf Fingern: Home-Bildschirm
    - Vier/fünf Finger nach oben streichen: App-Umschalter
    - Vier/fünf Finger horizontal streichen: zwischen Apps wechseln

1.3 Die Bildschirmtastatur

Tastatur einstellen

Um die Tastatur einzustellen, wählen Sie in den *Einstellungen* die Einträge *Allgemein* sowie *Tastatur* aus. Dort aktivieren Sie die gewünschten Funktionen.

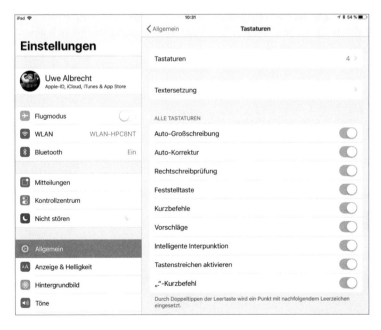

Tastatureinstellungen aufrufen

Um die Einstellungen zur Bildschirmtastatur schnell aufzurufen, tippen Sie auf die Weltkugel-/Emoji-Taste links unten und wählen dort *Tastatureinstellungen* aus. Die entsprechenden Einträge in den Systemeinstellungen werden umgehend angezeigt.

Mehrsprachig schreiben

Wollen Sie in mehreren Sprachen Text verfassen, dann gehen Sie wie folgt vor:

1. Wählen Sie in den *Einstellungen/Allgemein* den Eintrag *Tastatur*.

2. Tippen Sie auf *Tastaturen* und wählen Sie die gewünschte fremdsprachige Tastatur über *Tastatur hinzufügen* aus.

3. Um nun mit der Tastatur zu schreiben, tippen Sie auf die Weltkugel-/Emoji-Taste und entscheiden sich für die gewünschte Tastatur. Die Tastaturbelegung ändert sich ebenso wie die Korrektur- und Textvorschläge.

Zahlen und Sonderzeichen schneller eingeben

Um auf der Bildschirmtastatur Ihres iPads schnell Zahlen und Sonderzeichen einzuge-ben, wischen Sie auf der entsprechenden Taste von oben nach unten. Dann wird statt des schwarzen Zeichens das kleine graue auf der Taste verwendet.

> **Schnell einen Satz beenden**
>
> Um einen Satz mit Punkt und Leerzeichen zu beenden, genügt es, einfach die Leertas-te doppelt zu drücken, dann werden Punkt und Leerzeichen automatisch eingefügt.

Fremdsprachige Zeichen auswählen

Fremdsprachige Zeichen geben Sie – über die deutsche Tastatur – wie folgt ein:

1. Tippen Sie etwas länger auf den entsprechenden Buchstaben, wie beispielsweise das **e**.
2. Nun erscheint ein Pop-up-Menü oberhalb des Buchstabens, aus dem Sie das gewünsch-te Zeichen auswählen und in Ihren Text übernehmen.

In Großbuchstaben ändern

Möchten Sie ein Wort komplett in Großbuchstaben ändern, dann gibt es dazu folgenden Trick:

1. Drücken Sie auf den Text, bis dessen Kontextmenü erscheint. Hier wählen Sie den Ein-trag *Auswählen*. Legen Sie das gewünschte Wort fest, indem Sie die Textbegrenzer ent-sprechend verschieben.
2. Nun tippen Sie schnell hintereinander auf die ⇧ -Taste. In der Liste der Wortvorschlä-ge erscheint die gewählte Textstelle in Großbuchstaben.
3. Wählen Sie den entsprechenden Eintrag aus, wird dieser übernommen und Ihr Text in Großbuchstaben geändert.

Korrekturfunktionen verwenden

iOS 11 unterstützt Sie tatkräftig beim Schreiben mit seiner Auto-Korrektur und Wortvor-schlägen beziehungsweise Wortergänzungen. Sie finden diese oberhalb der Tastatur. Durch einen Fingertipp auf den entsprechenden Eintrag wählen Sie diesen aus und über-nehmen ihn gleich in den Text.

Korrektur- und Textvorschläge abschalten

Falls Sie einzelne Korrekturfunktionen abschalten möchten, ist auch das problemlos mög-lich.

1. Tippen Sie auf die Taste mit der Weltkugel und wählen Sie den Eintrag *Tastatureinstel-lungen*.

2. Schalten Sie nun die gewünschten Korrektur- und Wortergänzungsfunktionen bei Be-darf ab oder ein.

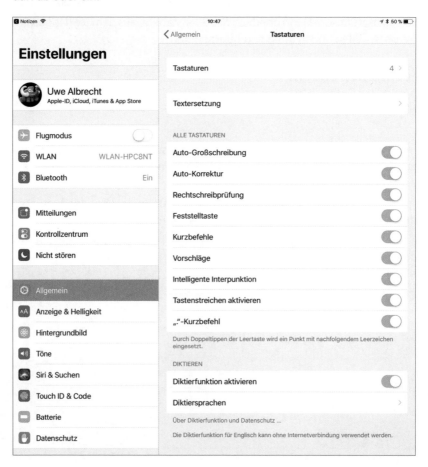

Textbausteine und Textersetzung nutzen

Über die Textersetzung von iOS 11 sparen Sie sich eine Menge Tipparbeit. Hierbei geben Sie im Text einen Kurzbefehl ein wie *mfg*, das wie durch Zauberhand in *Mit freundlichen Grüßen* verwandelt wird. Neue Textkürzel und die dazugehörigen Textbausteine erstellen Sie auf die folgende Weise:

1. Tippen Sie auf die Taste mit der Weltkugel und gehen Sie auf den Eintrag *Tastatureinstellungen*.
2. Wählen Sie dort den Eintrag *Textersetzung* und tippen Sie auf *Bearbeiten*.
3. Über den Plus-Schalter oben rechts erstellen Sie einen neuen Eintrag wie *Beste Grüße* mit dem Kurzbefehl *BG*.

Text ausschneiden, kopieren und einfügen

Copy-and-paste, also Text zu kopieren und an anderer Stelle wieder einzufügen, ist auch am iPad möglich. Angenommen, Sie möchten eine Internet- oder E-Mail-Adresse kopieren oder einen Textabsatz, dann gehen Sie so vor:

1. Tippen Sie so lange auf den Text, bis dessen Kontextmenü erscheint. Dort wählen Sie den Befehl *Auswählen*.
2. Ziehen Sie nun die linke und rechte Textbegrenzung an die gewünschte Stelle, um den Text auszuwählen.
3. Über den Befehl *Kopieren* wird die Textstelle in die Zwischenablage übernommen.
4. Bewegen Sie nun den Cursor an die gewünschte Stelle beziehungsweise wechseln Sie zur anderen App. Über einen Fingertipp auf *Einsetzen* übernehmen Sie die Textstelle.
5. Alternativ können Sie über den entsprechenden Befehl die Textstelle auch *Ausschneiden*.

Den Cursor schnell platzieren

Die Bildschirmtastatur Ihres iPads können Sie als Trackpad verwenden, um den Cursor zu verschieben. Legen Sie dazu zwei Finger auf die Tastatur. Die Tastenbeschriftungen verschwinden und Sie können mit beiden Fingern den Cursor im Textdokument bewegen und verschieben. Heben Sie die Finger wieder an, erscheinen die Tastaturbeschriftungen erneut.

Den Cursor exakt platzieren

Möchten Sie den Cursor in einem Wort oder in einer Zeile exakt an eine bestimmte Stelle verschieben, ist das oft etwas kniffelig. In diesem Fall hilft Ihnen die Textlupe weiter. Tippen und halten Sie den Finger auf eine Textstelle, dann erscheint eine virtuelle Leselupe, die den Text darunter etwas vergrößert. Verschieben Sie nun den Cursor mit dem Finger an die gewünschte Stelle und nehmen Sie dann wie gewohnt die Änderungen vor.

Bequemere Bedienung dank Tasten

Manchmal ist es nicht einfach, die Menüeinträge mit der Fingerspitze exakt zu treffen. Wandeln Sie diese doch einfach in Tasten um – und zwar in den *Bedienungshilfen*.

1. Öffnen Sie die *Einstellungen* und tippen Sie dort nacheinander auf die Einträge *Allgemein* sowie *Bedienungshilfen*.

2. Schalten Sie dort die Funktion *Tastenformen* ein. Nun werden alle Befehle, die angetippt werden können, mit einer Unterstreichung hervorgehoben und sind so besser zu finden und zu treffen.

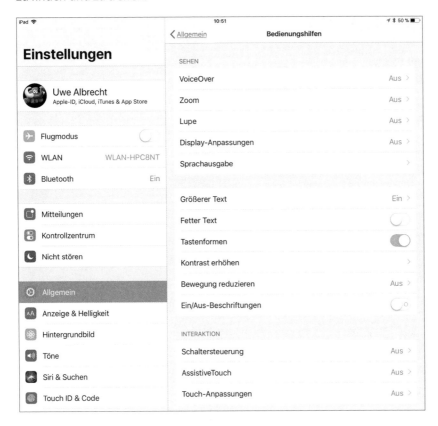

1.4 Sprachbedienung mit Siri

„Hey Siri" einrichten

Möchten Sie Siri, die Sprachbedienung von iOS 11, nutzen, drücken Sie normalerweise etwas länger auf die Home-Taste Ihres iPads.

Auf Wunsch reagiert Siri aber auch auf Zuruf:

1. Öffnen Sie die *Einstellungen* und wählen Sie dort den Eintrag *Siri & Suchen*. Hier aktivieren Sie die Funktion *Auf „Hey Siri" achten*.

2. Anschließend lernt Siri Ihre Stimme, indem Sie mehrmals hintereinander „Hey Siri" ins Mikrofon Ihres iPads sprechen. Folgen Sie dabei den Anweisungen.

3. Anschließend können Sie Siri über den Sprachbefehl „Hey Siri" starten.

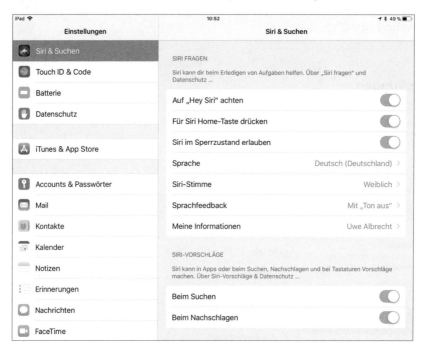

App mit Siri starten

Beliebige Apps können Sie ganz einfach per Sprachbefehl starten:

1. Rufen Sie Siri über die Home-Taste oder „Hey Siri" auf.

2. Sprechen Sie den Befehl „Öffne Name der App", wie zum Beispiel „Öffne Safari" oder „Öffne Notizen". Die gewünschte App wird sofort gestartet.

Siri vom Sperrbildschirm entfernen

Siri lässt sich aufrufen, während das iPad gesperrt ist, also der Sperrbildschirm zu sehen ist. Auf die folgende Weise können Sie das unterbinden:

1. Öffnen Sie die *Einstellungen* und wählen Sie *Touch ID & Code*. Geben Sie nun Ihren Zugangscode ein.

2. Danach schalten Sie die Funktion *Siri* ab. Von nun an können Sie Siri nicht mehr aufrufen, solange Ihr iPad gesperrt ist.

Siris Stimme ändern

1. Öffnen Sie die *Einstellungen* und wählen Sie dort den Eintrag *Siri & Suchen*.

2. Über den Eintrag *Siri-Stimme* wählen Sie je nach Wunsch *Weiblich* oder *Männlich* aus.

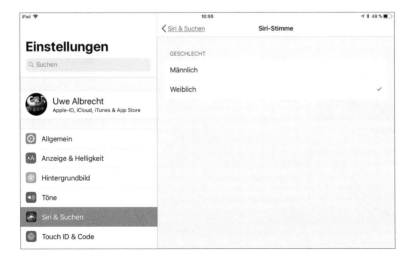

Geben Sie sich einen anderen Namen

Siri spricht Sie normalerweise unter Ihrem eigenen Namen an, den iOS 11 bei der Einrichtung übernommen hat. Auf die folgende Weise ändern Sie diesen:

1. Rufen Sie Siri über die Home-Taste oder „Hey Siri" auf.
2. Sagen Sie Siri nun „Nenne mich ab jetzt Godzilla". Nachdem Sie die Nachfrage von Siri zur Namensänderung bestätigt haben, werden Sie nun mit diesem Namen angesprochen.

Text diktieren

Siri können Sie auch wie eine Sekretärin oder einen Sekretär zum Diktat rufen. Hierzu müssen Sie zunächst die Diktierfunktion einschalten:

1. Öffnen Sie die *Einstellungen* und dort nacheinander *Allgemein* sowie *Tastatur*.
2. Hier schalten Sie die Diktierfunktion ein. Bei Bedarf lesen Sie die Hinweise zu *Diktierfunktion und Datenschutz* durch.

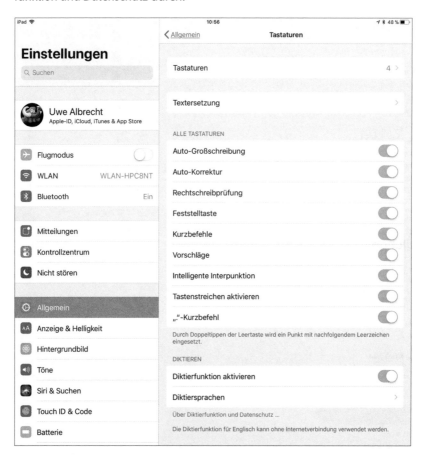

3. Zum Diktieren tippen Sie auf die Mikrofon-Taste auf der Bildschirmtastatur und starten laut und deutlich das Diktat.

4. Satz- und Sonderzeichen sprechen Sie einfach aus, etwa „Semikolon" oder „Eurosymbol".

5. Einen neuen Absatz beginnen Sie mit „Neuer Absatz" oder „Neue Zeile".

Siri Fragen stellen

Sie können Siri jegliche Art von Fragen stellen und bekommen auch in den meisten Fällen eine passende Antwort. Sprechen Sie dennoch verständlich und nicht zu leise. Zuvor sagen Sie „Hey Siri" oder drücken die Home-Taste, bis Siri gestartet ist. Die Fragen, die Siri versteht, können zum Beispiel folgender Art sein:

- Wie ist das Wetter in München?
- Wo finde ich die nächste Tankstelle?
- Wer ist der Präsident von Frankreich?
- Wie weit ist es von München nach Berlin?

Siri Aufgaben erteilen

Sie können Siri aber nicht nur Fragen stellen, sondern auch Aufgaben erledigen lassen. Allerdings muss die gewünschte App Siri unterstützen und dazu in den *Einstellungen* aktiviert sein:

1. Öffnen Sie die *Einstellungen* und wählen Sie dort den Eintrag *Siri & Suchen*.

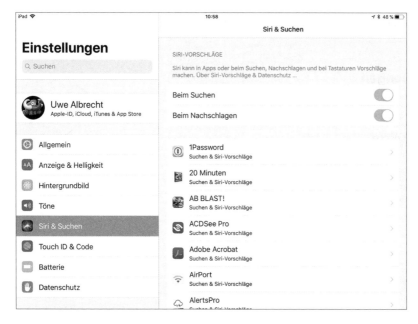

2. Schauen Sie nach, ob die gewünschte App aktiviert ist. Bitte beachten Sie: Dass die App dort aufgeführt ist, bedeutet nicht, dass sie mit Siri bedient werden kann, sondern dass sie beim Suchen und Nachschlagen von Siri berücksichtigt wird. Aufgaben, die Siri versteht, könnten zum Beispiel sein:

- Spiele einen Titel von Adele.
- Schreibe eine E-Mail an „Name des Empfängers".
- Neuer Termin für Freitag um 19 Uhr.
- Zeige meine Fotos von heute.

> **Übersetzung mit Siri**
>
> Siri besitzt auch eine eingebaute Übersetzungsfunktion. Das bedeutet, Sie können Sätze von einer Sprache in eine andere übersetzen lassen. Leider ist diese Funktion für die deutsche Sprache noch nicht verfügbar. Laut Apple sollen – nach Englisch – in den kommenden Monaten weitere Sprachen hinzugefügt werden, die übersetzt werden können.

An Siri schreiben

Statt Siri Sprachbefehle zu geben, können Sie diese auch schreiben. Das ist vor allem praktisch, wenn Sie sich in Gesellschaft befinden oder in einer ruhigen Umgebung wie einem Museum. Diese Funktion aktivieren Sie in den *Einstellungen*:

1. Öffnen Sie die *Einstellungen* und wählen Sie dort nacheinander die Einträge *Allgemein* sowie *Bedienungshilfen*.

2. Tippen Sie dort auf den Eintrag *Siri*. Hier schalten Sie die Funktion *Siri schreiben* ein. Bitte beachten Sie: Von nun an können Sie Siri nur schreiben und keine Sprachbefehle mehr geben. Um wieder Sprachbefehle zu verwenden, schalten Sie diese Einstellung wieder ab.

App-Vorschläge aktivieren

Auf dem Sperrbildschirm und dem Suchbildschirm von iOS finden Sie direkt unter dem Suchfeld die Apps, die Sie zuvor aufgerufen haben oder von denen Siri glaubt, dass Sie sie demnächst nutzen werden. Um die entsprechende App zu starten, genügt ein Fingertipp. Die dazugehörige Einstellung ändern Sie auf die folgende Weise:

1. Öffnen Sie die *Einstellungen* und tippen Sie dort auf *Siri & Suchen*.

2. Um die App-Vorschläge einzuschalten, aktivieren Sie die Einstellungen *Beim Suchen* sowie *Beim Nachschlagen*.

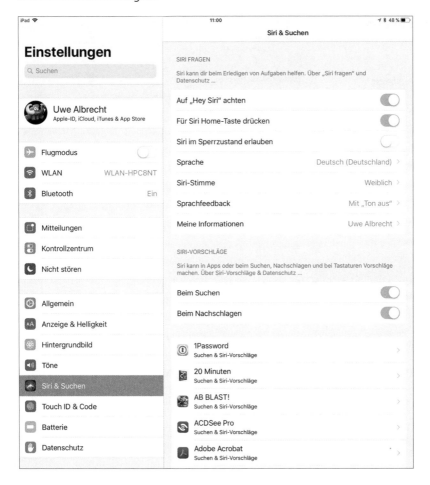

Sprachausgabe einschalten

Bei Siri erhalten Sie auf Ihre Fragen normalerweise eine gesprochene Antwort. Daneben können Sie sich auch Texte vorlesen lassen. Die Sprachausgabe schalten Sie auf die folgende Weise ein:

1. Öffnen Sie die *Einstellungen* und tippen Sie dort auf *Allgemein*. Hier tippen Sie auf *Bedienungshilfen* sowie *Sprachausgabe*.
2. Soll eine Textauswahl vorgelesen werden, schalten Sie *Auswahl sprechen* ein.
3. Falls der gesamte Bildschirminhalt vorgelesen werden soll, aktivieren Sie *Bildschirminhalt sprechen*. Zum Vorlesen müssen Sie dann mit zwei Fingern vom oberen Bildschirmrand nach unten streichen.
4. Weiter unten legen Sie über den Schieberegler das *Sprechtempo* und die *Stimme* fest.

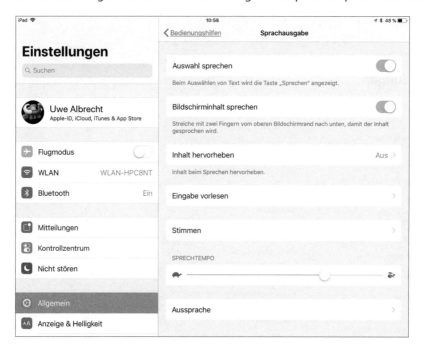

Aussprache der Sprachausgabe anpassen

Spricht Siri manche Wörter falsch aus, dann können Sie diese korrigieren oder anpassen:

1. Öffnen Sie die *Einstellungen* und tippen Sie dort auf *Allgemein*. Hier tippen Sie auf *Bedienungshilfen* sowie *Sprachausgabe*.
2. Wählen Sie nun den Eintrag *Sprachausgabe*. Um ein Wort oder einen Begriff hinzuzufügen, der künftig korrekt ausgesprochen werden soll, tippen Sie auf das Plus-Symbol oben rechts.

3. Unter *Text* geben Sie das Wort schriftlich ein. Unter *Ersetzung* tippen Sie zunächst auf das Mikrofon und sprechen das Wort so aus, wie Siri es lernen soll.

4. Weiter unten können Sie noch die richtige Sprache wählen sowie die gewünschte Stimme.

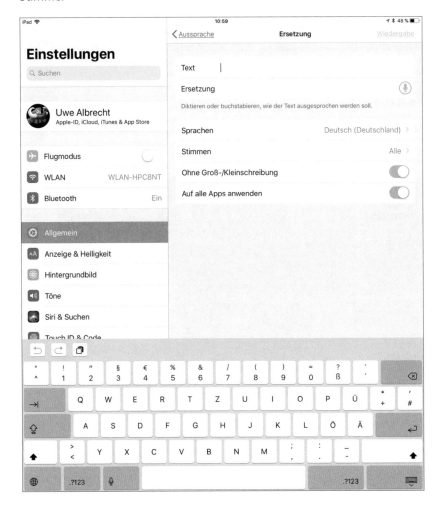

Siri korrigieren

Siri zu korrigieren, geht noch einfacher:

1. Geben Sie den Sprachbefehl wie gewohnt ein. Er erscheint auf dem Bildschirm.

2. Um diesen – falls nötig – zu korrigieren, tippen Sie auf den Befehl und ändern ihn entsprechend. Indem Sie auf *Fertig* rechts unten tippen, wird die Korrektur übernommen.

Siri die Angehörigen vorstellen

1. Öffnen Sie die *Einstellungen* und tippen Sie auf den Eintrag *Siri & Suchen*.

2. Dort wählen Sie *Meine Informationen* und anschließend Ihre Visitenkarte aus der Kontakte-App, damit Siri weiß, wer Sie sind.

3. Starten Sie Siri über „Hey Siri" oder die Home-Taste. Nun bringen Sie Siri die Namen Ihrer Angehörigen bei wie „Werner ist mein Vater" oder „Eva ist meine Mutter". Es geht auch „Horst ist mein Chef".

Siri abschalten

Möchten Sie Siri ganz abschalten, so ist auch das möglich:

1. Öffnen Sie die *Einstellungen* und tippen Sie auf den Eintrag *Siri & Suchen*.

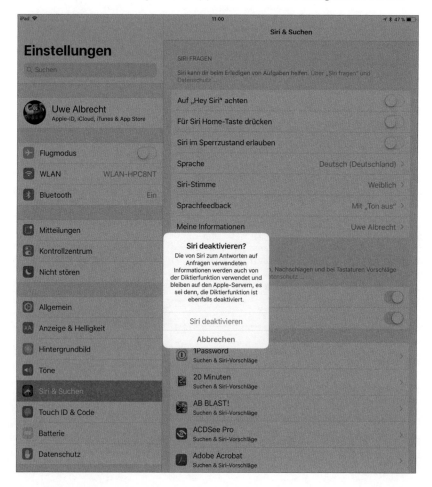

2. Schalten Sie Siri nun ab, indem Sie die Funktionen *Hey Siri* sowie *Für Siri Home-Taste drücken* deaktivieren.

3. Nach einer Sicherheitsfrage wird Siri abgeschaltet. Wenn Sie es später wieder aktivieren wollen, müssen Sie die Funktion *Hey Siri* erneut konfigurieren.

1.5   Das iPad mit dem Headset fernsteuern

Wenig bekannt ist, dass Sie Ihr iPad auch mit dem Headset steuern können. Hierbei kann es sich um die Apple EarPods oder auch ein anderes kompatibles Headset von einem Dritthersteller handeln.

Die EarPods von Apple mit der integrierten Fernbedienung (Foto: Apple).

Musik hören

Beim Musikhören, Spielen oder wenn Sie einen Film schauen, können Sie die Lautstärke über das Headset anpassen. Dieses besitzt entweder am Kopfhörerkabel oder – bei Bluetooth-Kopfhörern – direkt am Gerät eine kleine Fernsteuerung. Über die Plus- und Minus-Tasten regulieren Sie die Lautstärke, ohne das iPad in die Hand nehmen zu müssen.

Pausieren

Die kleine Fernsteuerung direkt am Kopfhörer beziehungsweise am Kopfhörerkabel besitzt zwischen den Plus- und Minus-Tasten eine mittlere Taste. Betätigen Sie diese, dann halten Sie die Musikwiedergabe an. Drücken Sie diese erneut, wird sie wieder aufgenommen.

Nächster Titel und vorheriger Titel aufrufen

Möchten Sie zum nächsten Musiktitel springen, drücken Sie diese Taste zweimal schnell hintereinander. Wollen Sie den vorherigen Titel aufrufen, betätigen Sie diese Taste dreimal schnell hintereinander.

Vor- und zurückspulen

Auch zum Vor- und Zurückspulen eines Titels – wie einst die Musikkassette im Walkman oder die CD im tragbaren CD-Player – dient das Headset. Hierfür nutzen Sie ebenfalls die mittlere Taste:

1. Zum Vorspulen betätigen Sie die mittlere Taste zweimal schnell hintereinander, wobei Sie diese beim zweiten Mal nicht mehr loslassen. Nun wird der Titel vorgespult.
2. Zum Zurückspulen betätigen Sie die mittlere Taste dreimal schnell hintereinander, wobei Sie diese beim dritten Mal nicht mehr loslassen und damit den Titel zurückspulen.

Siri über das Headset starten und nutzen

Zusammen mit Siri kann Ihr Headset zu einem mächtigen Werkzeug werden, mit dem Sie das iPad wie von Geisterhand bedienen. So lassen sich alle Befehle und Anweisungen für Siri über das Mikrofon Ihres Headsets eingeben. Dazu betätigen Sie einfach die mittlere Taste so lange, bis sich Siri mit dem bekannten Ton meldet. Dann können Sie mit Ihren Befehlen loslegen.

Fotografieren per Fernauslöser

Haben Sie gewusst, dass Sie mit dem Headset sogar einen Fernauslöser für die Kamera Ihres iPads besitzen? Damit wird es möglich, ein Foto zu schießen, ohne dass Sie das iPad in der Hand halten müssen und dadurch unter Umständen bei schlechtem Licht und langen Verschlusszeiten verwackeln.

1. Bringen Sie dazu das iPad in eine sichere verwacklungsfreie Position und starten Sie die Kamera-App.
2. Richten Sie das iPad entsprechend aus, je nachdem, was Sie fotografieren wollen. Zur Aufnahme drücken Sie die Plus-Taste am Headset.

2. Die Benutzeroberfläche

Das Betriebssystem Ihres iPads – iOS 11 – ist mit dem des Mac – macOS – verwandt. Neben Anpassungen an die unterschiedliche Hardware wurde es in erster Linie für Mobilgeräte sowie die Bedienung per Fingertipp und Gesten über den berührungsempfindlichen und hochauflösenden Multi-Touch-Bildschirm optimiert. Die folgenden Tipps offenbaren Ihnen die weniger bekannten, aber praktischen Funktionen der ansonsten weitgehend intuitiv bedienbaren Benutzeroberfläche Ihres iPads.

2.1 Apps im Einsatz

Das Dock einblenden

Das Dock wurde für iOS 11 grundlegend überarbeitet, vor allem im Zusammenhang mit den neuen Multitasking-Funktionen, die das iPad mit iOS auch für Profi- und Business-anwender interessant machen soll. Aus diesem Grund ist das neue Dock nun nicht mehr nur auf dem Home-Bildschirm sichtbar, sondern auch, wenn Sie eine App geöffnet haben. Des Weiteren ist rechts im Dock ein Bereich platziert, in dem sich die zuletzt genutzten und geöffneten Apps befinden. Auch die App-Vorschläge von Siri (siehe Kapitel 5.5) und auf anderen kompatiblen iOS-Geräten und Macs gestartete Apps (Continuity) sind dort zu finden. Das Dock fasst nun zudem weit mehr Symbole als bisher – sofern das iPad groß genug ist. Das Dock blenden Sie auf die folgende Weise ein:

1. Wischen Sie vom unteren Bildschirmrand – im Hoch- oder Querformat – nach oben, dann wird das Dock angezeigt.

2. Während eine App gestartet ist, drücken Sie die Tastenkombination $\boxed{alt \quad \sim}$+$\boxed{cmd \quad \mathcal{H}}$ +$\boxed{D}$ auf dem Smart Keyboard. Bei einer anderen externen Tastatur ohne iOS- oder Mac-kompatible Tastenbelegung könnten dies aber auch andere Tasten sein. Probieren Sie es einfach aus.

Das Dock konfigurieren

■ Oft genutzte Apps lassen sich dem Dock hinzufügen, indem Sie auf das App-Symbol tippen, bis die Symbole wackeln, und es dann vom Home-Bildschirm auf das Dock ziehen.

■ Möchten Sie die App aus dem Dock entfernen, ziehen Sie sie einfach wieder auf den Home-Bildschirm.

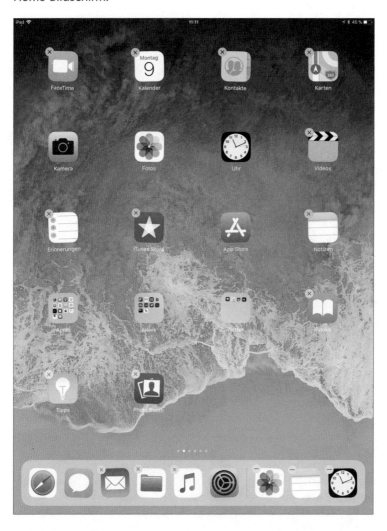

Der App-Switcher

Zwischen bereits gestarteten Apps wechseln Sie unter iOS 11 auf die folgende Weise:

1. Betätigen Sie zweimal schnell hintereinander die Home-Taste, dann erscheint das Kontrollzentrum ebenso wie die verkleinerten Fenster der geöffneten Apps.
2. Um eine App auszuwählen, holen Sie diese per Fingertipp in den Vordergrund.

App-Switcher über eine Tastatur nutzen

Nutzen Sie Apples Smart Keyboard für das iPad Pro oder eine andere über Bluetooth angeschlossene Tastatur, dann können Sie den App-Switcher auch über die Tastenkombination `cmd ⌘`+`→|` aufrufen und die gewünschte App wählen.

Mehrere Apps nebeneinander verwenden

Mit iOS ist es möglich, mehrere Apps nebeneinander zu nutzen, und das nicht nur, um zwischen ihnen umzuschalten, sondern auch, um sie parallel anzuzeigen. Hierfür gehen Sie wie folgt vor:

1. Starten Sie die erste App, zum Beispiel Safari – wie üblich mit einem Fingertipp auf das Symbol.
2. Nun öffnen Sie die zweite App, um die beiden Fenster nebeneinander anzuzeigen. Tippen Sie dazu auf das Symbol und ziehen Sie es an den rechten oder linken Bildschirmrand.
3. Das Programmfenster wird etwas verkleinert angezeigt. Um es zu vergrößern, ziehen Sie es über die Trennlinie in der Mitte nach links oder rechts.

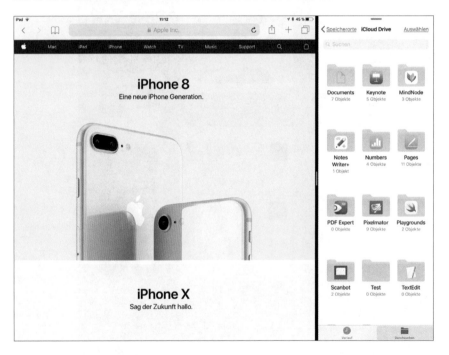

Schwebende Fenster

Möchten Sie das Fenster an eine andere Stelle verschieben, ziehen Sie es von der oberen Trennlinie etwas nach unten und dann an die gewünschte Position. Allerdings verdeckt es dann das Fenster der zweiten App leicht.

Um es wieder an der vorherigen Stelle oder am anderen Rand des Displays zu platzieren, ziehen Sie es an der oberen Trennlinie ein wenig nach unten.

Arbeitsräume erstellen

Auf die oben beschriebene Weise lassen sich verschiedene Arbeitsräume oder „Spaces",
ähnlich wie unter macOS, erstellen.

1. Starten Sie dazu einfach eine weitere App wie iTunes oder die Fotos-App.
2. Gehen Sie so vor, wie oben beschrieben, und ziehen Sie die zweite App vom Dock an
   den linken oder rechten Bildschirmrand. Positionieren Sie die Fenster wie gewünscht.

3. Zwischen den Arbeitsräumen wechseln Sie, indem Sie doppelt auf die Home-Taste drücken und dann den gewünschten Arbeitsraum wählen. Zum Entfernen eines Arbeitsraums ziehen Sie diesen einfach nach oben.

Arbeitsraum über Ziehen & Ablegen erstellen

Auf die folgende Weise lässt sich ein Arbeitsraum noch einfacher erstellen.

1. Öffnen Sie das Kontrollzentrum und den dazugehörigen App-Switcher, indem Sie zweimal schnell hintereinander die Home-Taste drücken.

2. Ziehen Sie eine App vom Dock auf eine bereits geöffnete App im App-Switcher. Warten Sie kurz, bis aus dem App-Symbol ein kleines Fenster wird, und lassen Sie den Finger dann los.

Ziehen und Ablegen

Haben Sie zwei Apps geöffnet, können Sie zwischen diesen Dateien und Daten, wie Fotos und Texte, per Ziehen und Ablegen austauschen.

1. Öffnen Sie zum Beispiel die Fotos-App und die Nachrichten-App parallel.

2. Nun ziehen Sie ein Foto von der Fotos-App auf das Texteingabefeld der Nachrichten-App. Von dort aus können Sie es dann an den gewünschten Empfänger verschicken.

3. Bitte beachten Sie: Damit das klappt, müssen beide Apps kompatibel sein. Ist dies der Fall, erscheint rechts oben an der Datei, etwa einem Foto, ein kleines grünes Plus-Symbol.

Aktuelle Dateien schneller öffnen

Um die zuletzt genutzten Dateien einer App zu öffnen, tippen Sie so lange auf das Symbol der App im Dock, beispielsweise auf das Symbol der Dateien-App, bis ein Pop-up-Fenster mit den zuletzt genutzten Dateien erscheint. Aus diesem wählen Sie dann die gewünschte Datei aus. Die App wird mit der gewählten Datei geöffnet.

Mehrere Apps auswählen und bewegen

Es lassen sich auch mehrere Apps auf dem Home-Bildschirm auswählen und bewegen – auf einen anderen Home-Bildschirm oder in einen Ordner.

1. Tippen Sie so lange auf eine App, bis sie anfängt zu wackeln. Damit aktivieren Sie den Bearbeitungsmodus.
2. Bewegen Sie die App mit dem linken Zeigefinger und halten Sie sie fest. Mit einem Fingertipp des rechten Zeigefingers wählen Sie die weiteren Apps aus. Wie viele Apps ausgewählt sind, zeigt eine kleine Zahl rechts oben am Symbol an.
3. Verschieben Sie nun die Apps an die gewünschte Stelle oder in einen Ordner und lassen Sie die Apps dort los.

Apps schließen

Falls Sie aufräumen möchten und zuvor gestartete Apps beenden, erreichen Sie das auf diese Weise:

1. Tippen Sie zweimal schnell hintereinander auf den Home-Button. Das Kontrollzentrum erscheint und alle geöffneten Apps werden in einem verkleinerten Fenster angezeigt. Alternativ können Sie auch vom unteren Bildschirmrand nach oben wischen, um das Kontrollzentrum anzuzeigen.
2. Um eine App zu beenden, ziehen Sie diese an den oberen Bildschirmrand. Hierbei wird sie geschlossen.

Apps entfernen

Wollen Sie eine von Ihnen installierte App vom iPad löschen, dann erreichen Sie das auf die folgende Weise:

1. Tippen Sie etwas länger auf das Symbol der App, und zwar, bis alle Symbole anfangen zu wackeln und links oben ein Kreis mit einem kleinen Kreuz erscheint. Nun haben Sie den Bearbeitungsmodus aktiviert.

2. Um die App zu löschen, tippen Sie auf das kleine Kreuz. Wenn Sie die anschließende Sicherheitsfrage mit *Löschen* beantworten, werden die App und die dazugehörigen Daten vom iPad entfernt.

Ordner anlegen

Der besseren Übersichtlichkeit wegen können Sie Ihre Apps auch in Ordnern unterbringen. So ist es empfehlenswert, beispielsweise alle Spiele in einen Ordner zu legen, alle Nachrichten-Apps oder Büro-Apps.

Gehen Sie dazu so vor:

1. Wählen Sie die erste App aus und ziehen Sie sie auf die zweite App, die ebenfalls in den neuen Ordner gelegt werden soll.

2. Nun wird automatisch ein Ordner angelegt, dem Sie nur noch den passenden Namen geben müssen.

3. Im dritten Schritt legen Sie alle weiteren dazugehörigen Apps in diesen Ordner. Der Ordner kann ebenso an die gewünschte Stelle auf dem Home-Bildschirm verschoben werden – oder auf einen anderen Home-Bildschirm Ihres iPads.

Weiteren Home-Bildschirm erstellen

Einen neuen Home-Bildschirm legen Sie ganz einfach an, indem Sie ein App-Symbol ganz an den Rand des letzten bestehenden Home-Bildschirms bewegen. Dabei entsteht ein neuer Home-Bildschirm und die App wird darauf abgelegt.

Apps mit iTunes organisieren

Wenn Sie viele Apps auf Ihrem iPad installiert haben, lassen sich diese am Computer über iTunes weit besser und bequemer organisieren. Hier können Sie nach Belieben neue Home-Bildschirme sowie neue Ordner anlegen und wie gewünscht sortieren und anordnen. Auch das Löschen und Installieren von Apps ist noch einfacher und bequemer möglich – wie gewohnt mit Maus und Tastatur. Leider hat Apple diese Funktion bei iTunes 12.7 ersatzlos gestrichen. Verfügen Sie über eine ältere Version von iTunes, gehen Sie wie folgt vor:

Schließen Sie das iPad mit dem mitgelieferten Lightning-auf-USB-Kabel an den Computer an und öffnen Sie iTunes, sofern es nicht automatisch startet. Das Symbol Ihres iPads erscheint links oben unter der Symbolleiste. Klicken Sie darauf, wird im Hauptfenster von iTunes die Übersichtsseite Ihres iPads angezeigt.

In der Seitenleiste klicken Sie nun auf *Apps*. Dann erscheinen in der zweiten Spalte alle Ihre Apps, die Sie über das Aufklappmenü oben sortieren können. In der dritten Spalte werden alle Home-Bildschirme Ihres iPads aufgelistet, deren Reihenfolge Sie ändern können.

Um eine App zu installieren, ziehen Sie diese von der zweiten Spalte auf den gewünschten Home-Bildschirm. Wollen Sie eine App löschen, klicken Sie in der zweiten Spalte neben dem Namen und dem Symbol der App auf *Entfernen*.

2.2   Das Kontrollzentrum

Kontrollzentrum aufrufen

Das Kontrollzentrum von iOS 11 können Sie auf die folgende Weise aufrufen:

- Drücken Sie zweimal schnell hintereinander die Home-Taste.
- Wischen Sie vom unteren Bildschirmrand nach oben.

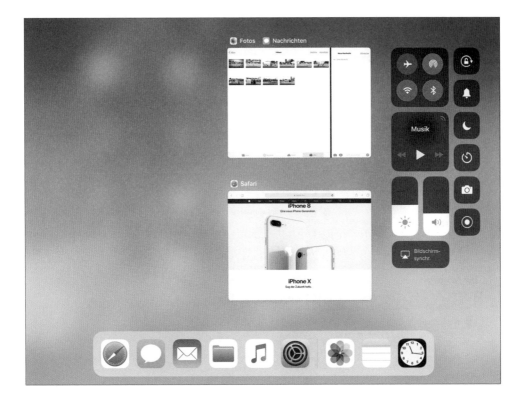

Das Kontrollzentrum einrichten

Das Kontrollzentrum Ihres iPads kann auch – in Grenzen – nach Ihren Vorstellungen angepasst werden:

1. Öffnen Sie die *Einstellungen* und wählen Sie in der linken Spalte den Eintrag *Kontrollzentrum*.

2. In der rechten Spalte tippen Sie auf *Steuerelemente anpassen*. Fügen Sie nun über die Plus-Schalter eine neue Funktion beziehungsweise ein Steuerelement hinzu und entfernen Sie es über die Minus-Schalter.

Folgende Steuerelemente lassen sich hinzufügen:

- Apple TV Remote (Fernbedienung für das Apple TV)
- Bedienungshilfen-Kurzbefehle
- Geführter Zugriff
- Bildschirmaufnahme (Screenshots)
- Lupe
- Notizen

- Stoppuhr
- Textgröße
- Wecker

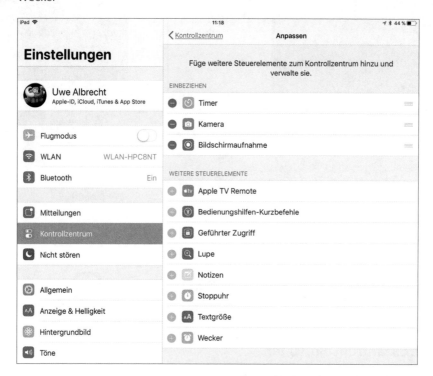

Kontrollzentrum vergrößert anzeigen

Die Steuerelemente im Kontrollzentrum, wie Lautstärke, Helligkeit, Flugmodus oder Kamera, lassen sich per Fingertipp auch vergrößert darstellen. Dadurch lassen sie sich besser bedienen und zudem können Sie – bei einigen Kontrollelementen – auch detaillierte Einstellungen vornehmen.

Nicht stören!

Möchten Sie nicht durch Nachrichtentöne und eingehende Meldungen gestört werden, schalten Sie einfach auf *Nicht stören*. Öffnen Sie dazu über die Home-Taste das Kontrollzentrum und tippen Sie auf das Symbol der Mondsichel.

Den Nicht-stören-Modus können Sie noch im Detail konfigurieren:

1. Öffnen Sie die *Einstellungen* und tippen Sie dort in der linken Spalte auf den Eintrag *Nicht stören*.
2. Rechts schalten Sie die Funktion *Nicht stören* ein.
3. Über den Eintrag *Geplant* legen Sie den Zeitraum fest, in dem Sie auf keinen Fall gestört werden wollen, zum Beispiel von 22 Uhr bis 8 Uhr.

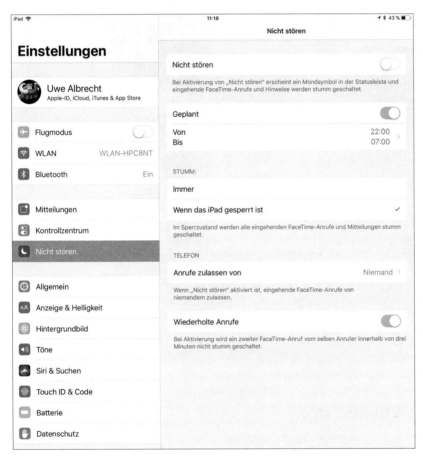

Stummschaltung

Falls Sie Ihr iPad nur stumm schalten möchten, öffnen Sie das Kontrollzentrum, indem Sie schnell zweimal hintereinander auf die Home-Taste klicken. Anschließend genügt ein Fingertipp auf das Glockensymbol.

2.3   Sperrbildschirm

Der Sperrbildschirm von iOS 11 hat unterschiedliche Aufgaben. Zunächst einmal werden alle aktuell eingehenden Mitteilungen und Nachrichten angezeigt. Zweitens erlaubt er den schnellen Zugriff auf die Kamera. Und drittens werden in der Ansicht *Heute* beispielsweise alle anstehenden Termine aufgelistet sowie Nachrichten und Meldungen bestimmter Apps, sofern Sie ihnen erlaubt haben, diese anzuzeigen. Die Mitteilungen der verschiedenen Apps werden über die sogenannten Widgets angezeigt. Das sind die zu einer bestimmten App gehörigen Miniprogramme, die diese Aufgabe übernehmen.

Schnell ein Foto schießen

Die Kamera Ihres iPads lässt sich auch direkt vom Sperrbildschirm aus bedienen. Wischen Sie dazu einfach nach links, bis die Kamera-App erscheint, und nehmen Sie das Foto auf.

Aktuelle Nachrichten bearbeiten und beantworten

Neue Meldungen und Nachrichten, die auf dem Sperrbildschirm erscheinen, können Sie – zum Teil – bearbeiten und beantworten. Tippen Sie dazu einfach fest auf die Meldung oder Nachricht. Meldungen lassen sich dann beispielsweise mit der dazugehörigen App öffnen – nach vorheriger Anmeldung – oder auch als Favoriten speichern. Welche Funktionen bereitstehen, hängt von der jeweiligen App ab.

Ältere Nachrichten anschauen

Wollen Sie einen Blick in frühere Nachrichten werfen, wischen Sie vom oberen Rand des Bildschirms nach unten. Um die Nachrichten eines Tages zu löschen, tippen Sie einfach auf das kleine Kreuz rechts oben an den jeweiligen Nachrichten.

Nachrichten sofort beantworten

Nachrichten, die auf dem Sperrbildschirm erscheinen, wie zum Beispiel die der Nachrichten-App, können Sie sofort beantworten. Tippen Sie darauf oder wischen Sie darauf nach unten und geben Sie Ihren Antworttext ein. Ein vorheriges Anmelden und Starten der App ist dann nicht erforderlich.

Meldungen und Mitteilungen anpassen

Welche Meldungen und Mitteilungen auf der Ansicht *Heute* des Sperrbildschirms erscheinen, können Sie selbst bestimmen, indem Sie die dafür zuständigen Miniprogramme – Widgets genannt – aktivieren oder entfernen. Hierzu gehen Sie folgendermaßen vor:

1. Wischen Sie auf dem Sperrbildschirm nach rechts, um die Ansicht *Heute* anzuzeigen. Dort wischen Sie so lange nach oben, bis die Einträge *Bearbeiten* sowie *x neue Widgets* erscheinen.

2. Tippen Sie auf *Bearbeiten* und melden Sie sich per Touch ID oder mit Ihrem Zugangscode an.

3. Möchten Sie ein Widget entfernen, tippen Sie links auf den roten Schalter. Zum Hinzufügen tippen Sie auf den grünen Schalter.

4. Über die drei Striche rechts am Widget können Sie die Reihenfolge ändern, wie diese auf dem Sperrbildschirm angezeigt werden. Ziehen Sie die Widgets einfach an die entsprechende Position.

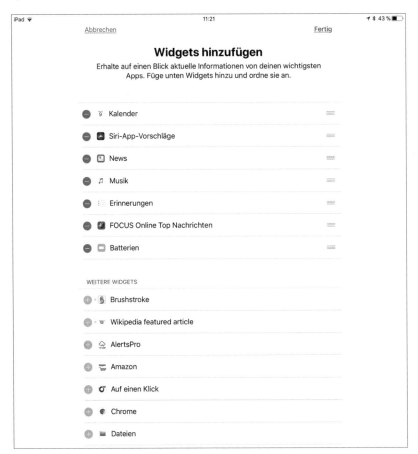

3. Das iPad einrichten

Auch wenn Sie Ihr iPad und dessen Betriebssystem nur in Maßen individualisieren können, lassen sich die wichtigen Einstellungen selbstverständlich anpassen und ändern – ob
für den Bildschirm, die Benutzeroberfläche, die Netzwerkverbindungen, den Datenschutz
oder das Verhalten einzelner Apps. Mit den Tipps in diesem Kapitel ist dies nicht nur einfacher, sondern auch tiefgreifender möglich.

3.1 Bildschirm und Oberfläche

Die Tipps und Tricks zur Konfiguration der Benutzeroberfläche und des Bildschirms finden
Sie im Folgenden.

Schriftgröße

Falls Sie die Schriftgröße ändern möchten, beispielsweise weil Sie eine Brille tragen und
keine Adleraugen mehr haben, dann ist das problemlos möglich.

1. Öffnen Sie die *Einstellungen* und wählen Sie dort *Allgemein/Bedienungshilfen/Größerer
   Text*.

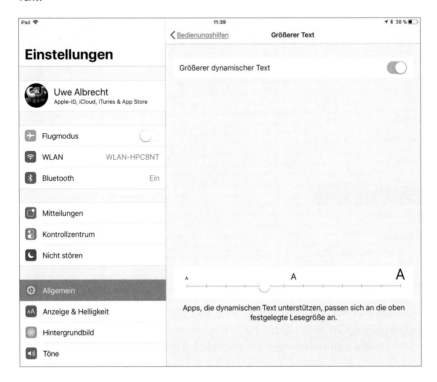

2. Über *Textgröße* können Sie die Schrift vergrößern, indem Sie den Schieberegler entsprechend verschieben.

3. Mit dem Schalter *Fetter Text* wird die Schrift hingegen deutlicher sichtbar, was auf dem hochauflösenden Retina-Display des iPads von Vorteil sein kann.

Automatische Helligkeit abschalten

Je nachdem, in welcher Umgebung Sie sich befinden, ändert sich die Helligkeit des iPad-Bildschirms. Möchten Sie diese Einstellung lieber von Hand vornehmen, gehen Sie so vor:

1. Öffnen Sie die *Einstellungen* und tippen Sie dort auf *Anzeige & Helligkeit*. Um die Helligkeit anzupassen, ziehen Sie den Schieberegler in die entsprechende Position.

2. Möchten Sie die automatische Helligkeitsanpassung komplett abschalten, öffnen Sie dazu den Eintrag *Bedienungshilfen* in den *Einstellungen* und dort die *Display-Anpassungen*. Hier schalten Sie die *Auto-Helligkeit* ab.

Farbtemperatur automatisch anpassen

Analog zur Helligkeit passt sich – beim aktuellen iPad Pro – auch die Farbtemperatur des iPads an die Umgebung an. Auch diese Funktion können Sie abstellen oder wieder einschalten, indem Sie auf den entsprechenden Schalter tippen.

Night Shift oder Nachtmodus einrichten

Bildschirme von Computern, Tablets und Smartphones geben normalerweise „blaues" Licht ab, das denjenigen, der davorsitzt, wachhält. Aus diesem Grund wurde in iOS der Nachtmodus integriert. Dieser ändert die Farbtemperatur entsprechend der Tageszeit, sodass man in der Nacht bei einem kurzen Blick auf das Tablet oder Smartphone nicht automatisch wach wird oder wach bleibt. Den Nachtmodus passen Sie auf die folgende Weise an:

1. Öffnen Sie die *Einstellungen* und tippen Sie auf *Anzeige & Helligkeit*.
2. Über *Night Shift* legen Sie fest, ab wann der Nachtmodus aktiviert wird und wann er wieder beendet wird.
3. Geben Sie dazu die entsprechenden Uhrzeiten an. Zudem verstellen Sie über den Schieberegler die gewünschte Farbtemperatur in *Wärmer* mit weniger Blauanteil oder *Kälter* mit mehr Blauanteil.

Hintergrund ändern

Über ein Hintergrundbild lässt sich Ihr iPad individualisieren. Sie können dazu auf die bereits mitgelieferten Hintergrundbilder zurückgreifen oder auch eigene verwenden. Hierzu gehen Sie wie folgt vor:

1. Öffnen Sie die *Einstellungen* und tippen Sie dort auf *Hintergrundbild* sowie *Neuen Hintergrund wählen*.
2. Hier haben Sie die Wahl zwischen den in iOS 11 enthaltenen Hintergründen, ob animiert (dynamisch) oder als Einzelbild.

3. Wählen Sie das gewünschte Hintergrundbild aus und legen Sie dann fest, ob es auf dem Sperrbildschirm oder dem Home-Bildschirm oder auf beiden erscheinen soll.

4. Alternativ können Sie ein fremdes Hintergrundbild verwenden, das sich in einem Ihrer Alben der Fotos-App befindet. Öffnen Sie dazu weiter unten das gewünschte Album und gehen Sie so vor wie in den Schritten zuvor beschrieben.

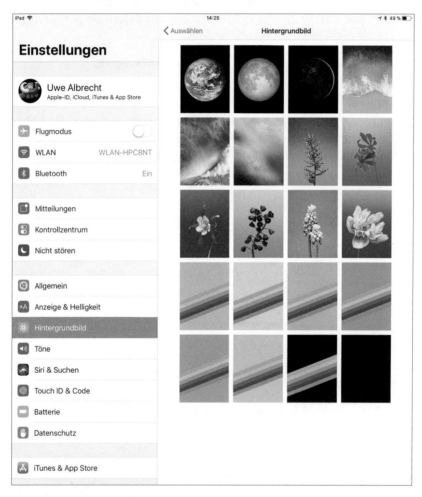

Passende Hintergrundbilder für Ihr iPad

- Ein eher ruhiges Motiv verwenden, nicht zu bunt und kontrastreich.
- Auflösung von 2.048 x 1.536 Pixel (iPad 2017) bis zu 2.732 x 2.048 Pixel (für iPad Pro 12,9).
- JPEG- oder PNG-Format.

Vergrößerte Anzeige

Falls Sie eine leicht vergrößerte Anzeige des Bildschirminhalts wünschen, dann finden Sie die Einstellung dazu ebenfalls bei *Anzeige & Helligkeit*.

1. Wählen Sie dazu den Eintrag *Anzeigezoom*, dann erscheint eine Voransicht der Standardgröße und der vergrößerten Ansicht.

2. Blättern Sie durch die Voransichten und wählen Sie bei Bedarf die vergrößerte Ansicht. Um diese zu aktivieren, ist ein Neustart des iPads erforderlich.

3.2   Netzwerkeinstellungen

An den Netzwerkeinstellungen müssen Sie normalerweise nichts ändern, diese werden bei der Einrichtung automatisch vorgenommen. Ein paar Einstellungen sind dennoch für fortgeschrittene Anwender interessant. Die Tipps dazu finden Sie auf den folgenden Seiten.

iPad als WLAN-Hotspot

Besitzen Sie ein iPad Wi-Fi + Cellular, dann können Sie damit auch über das Mobilfunknetz online gehen. Voraussetzungen sind natürlich ein Mobilfunkvertrag mit entsprechendem Datentarif, wie ihn die meisten Mobilfunkprovider speziell für Tablets anbieten, oder auch eine Prepaidkarte mit Datentarif. Ist das der Fall, dann können Sie Ihr iPad unterwegs als WLAN-Hotspot für Ihre anderen WLAN-fähigen Geräte nutzen:

1. Öffnen Sie die *Einstellungen* und dort *Persönlicher Hotspot*. Schalten Sie den *Persönlichen Hotspot* ein und merken oder notieren Sie sich gegebenenfalls das WLAN-Passwort.

2. An Ihrem anderen WLAN-fähigen Gerät wählen Sie das WLAN-Netzwerk mit dem Namen „iPad" oder einem ähnlichen Namen aus.

3. Geben Sie das WLAN-Passwort ein, können Sie über den WLAN-Hotspot Ihres iPads und damit das Mobilfunknetz von Ihrem anderen WLAN-Gerät aus unterwegs online gehen.

WLAN-Einstellungen anpassen

In der Regel müssen Sie, wie bereits erwähnt, an den WLAN-Einstellungen nichts ändern. Bei Bedarf können Sie in den *Einstellungen* über *WLAN* und die Wahl des aktiven WLAN-Zugangs unter anderem Folgendes anpassen:

- ■ *Auf Netze hinweisen*: Ihr iPad zeigt an, wann neue WLAN-Netzwerke zu finden sind, und bei bekannten baut es automatisch eine Verbindung auf.

- ■ *Autom. verbinden*: Möchten Sie, dass sich Ihr iPad automatisch mit bekannten WLAN-Netzwerken verbindet, schalten Sie diese Funktion ein.

- ■ *Lease erneuern*: Das holt eine neue IP-Adresse beim WLAN-Router.

- ■ *DNS konfigurieren*: Möchten Sie einen anderen Domain Name Server verwenden, nehmen Sie die Einstellung hier vor.

3.3 Mitteilungen

Welche Mitteilungen Sie von Ihren Apps erhalten, hängt davon ab, welche Einstellungen Sie vornehmen. Mit den folgenden Tipps können Sie das im Einzelnen bestimmen.

Mitteilungszentrale abschalten

Normalerweise werden alle aktuellen und früheren Mitteilungen auf dem Sperrbildschirm angezeigt (siehe dazu Kapitel 2.3). Möchten Sie das verhindern, erreichen Sie es auf diese Weise:

1. Öffnen Sie die *Einstellungen* und tippen Sie dort auf *Touch ID & Code*.
2. Hier schalten Sie die Funktion *Letzte Mitteilungen* ab. Damit Sie Zugriff auf die Einstellungen zu *Touch ID & Code* erhalten, geben Sie zuvor Ihren Zugangscode ein.

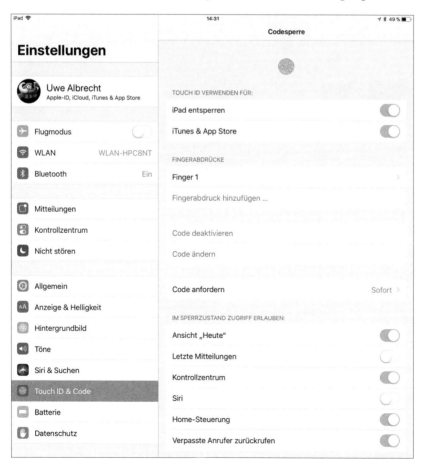

Vorschau der Mitteilungen abschalten

Üblicherweise wird auf dem Sperrbildschirm eine Vorschau der entsprechenden Mitteilung angezeigt. Möchten Sie das, beispielsweise aus Gründen des Datenschutzes, verhindern, öffnen Sie die *Einstellungen* und tippen dort auf *Mitteilungen*. Unter *Vorschauen zeigen* geben Sie an, ob die Vorschau *Immer* angezeigt wird, nur *Wenn entsperrt* oder auch *Nie*. Alternativ können Sie das weiter unten für jede App einzeln festlegen.

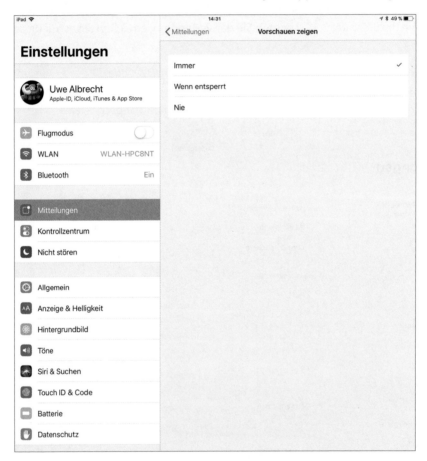

Dauerhafte Mitteilungen anzeigen

Möchten Sie, dass die Mitteilungen nicht nur temporär, sondern dauerhaft angezeigt werden und erst dann wieder verschwinden, wenn Sie darauf reagiert und eine entsprechende Reaktion ausgeführt haben, dann erreichen Sie das auf diese Weise:

1. Öffnen Sie die *Einstellungen* und tippen Sie dort auf *Mitteilungen*.
2. Wählen Sie die App aus, deren Mitteilungen dauerhaft angezeigt werden sollen.

3. Hier tippen Sie auf *Als Banner anzeigen* sowie auf die Vorschau *Dauerhaft*.

Mitteilungsrufton abspielen

Sollen sich die Mitteilungen auch akustisch durch einen Ton bemerkbar machen, dann wählen Sie die *Mitteilungen* in den *Einstellungen*, dort die gewünschte App und schalten jeweils die Einstellung *Töne* ein.

3.4 Töne

Manche Funktionen Ihres iPads werden auf Wunsch akustisch untermalt, wie Nachrichten, E-Mails, Mitteilungen. Diese können Sie temporär oder komplett abschalten. Beachten Sie dazu die folgenden Tipps.

Lautstärke der Hinweistöne anpassen

1. Öffnen Sie die *Einstellungen* und tippen Sie dort auf *Töne*.
2. Um die Lautstärke der Hinweistöne anzupassen, bewegen Sie den Schieberegler in die entsprechende Richtung. Möchten Sie die Hinweistöne auch durch die Lautstärke-tasten am iPad ändern, dann aktivieren Sie hier die entsprechende Einstellung.

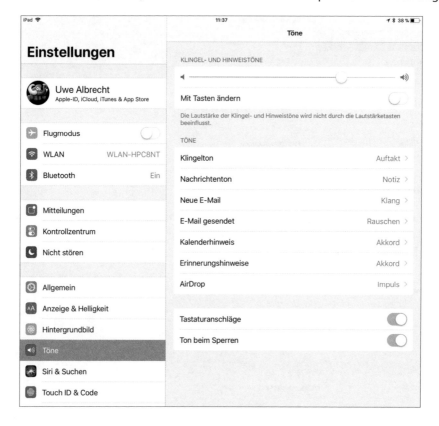

Nachrichten- und Mitteilungstöne wählen

Für die einzelnen Funktionen mit akustischer Untermalung lassen sich individuelle Nach-richtentöne auswählen. Öffnen Sie dazu die *Einstellungen* sowie die Einstellung *Töne* und legen Sie dann die Töne fest, indem Sie auf den Eintrag tippen.

Auf Wunsch können Sie auch bestimmen, dass Tastaturanschläge sowie das Sperren des iPads durch Töne untermalt werden.

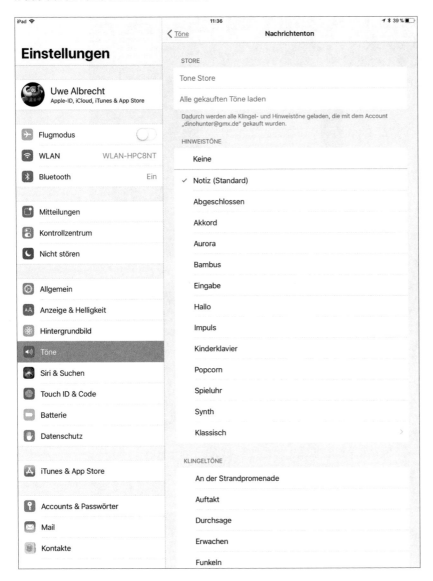

Stumm schalten

Um das iPad „stumm" zu schalten, sodass Sie und Ihre Umgebung nicht durch Nachrichten- und Mitteilungstöne gestört werden, öffnen Sie das Kontrollzentrum, indem Sie zweimal schnell hintereinander die Home-Taste drücken und dann auf das Glockensymbol tippen. Alternativ können Sie auch – um jegliche Störung zu unterbinden – auf das Symbol der Mondsichel (*Nicht stören*) tippen.

Lautstärketasten nur für Musik verwenden

Wollen Sie, dass die Lautstärketasten am iPad nur bei der Wiedergabe von Musik oder Filmen aktiv sind, dann erreichen Sie dies so:

1. Tippen Sie auf die *Einstellungen* und dann auf *Töne*.

2. Hier schalten Sie die Funktion *Mit Tasten ändern* unter *Klingel- und Hinweistöne* ab.

3.5 Bedienungshilfen

Die Bedienungshilfen von iOS 11 sind eigentlich in erster Linie für Menschen gedacht, die in irgendeiner Weise – vornehmlich – körperlich eingeschränkt sind. Manche Funktionen sind aber durchaus für alle Anwender von Interesse, wie die folgenden Tipps zeigen.

iPad ohne Home-Taste nutzen

Müssen oder möchten Sie Ihr iPad ohne Home-Taste bedienen, dann ist auch das möglich – dank *AssistiveTouch* in den Bedienungshilfen. Hierbei erhalten Sie allein per Fingertipp Zugriff auf die wichtigsten Funktionen Ihres iPads. *AssistiveTouch* aktivieren Sie wie folgt:

1. Öffnen Sie die *Einstellungen* und tippen Sie nacheinander auf *Allgemein* sowie *Bedienungshilfen*.

2. Dort schalten Sie die Funktion *AssistiveTouch* ein. Anschließend erscheint auf dem Bildschirm eine virtuelle Home-Taste.

3. Tippen Sie auf diese, erscheint ein Menü mit mehreren Symbolen, unter anderem eines der Home-Taste, das deren Funktion besitzt.

4. Das *AssistiveTouch*-Menü können Sie auch anpassen, indem Sie auf *Hauptmenü anpassen* tippen und über den Plus-Schalter rechts unten bei Bedarf weitere Funktionen hinzufügen.

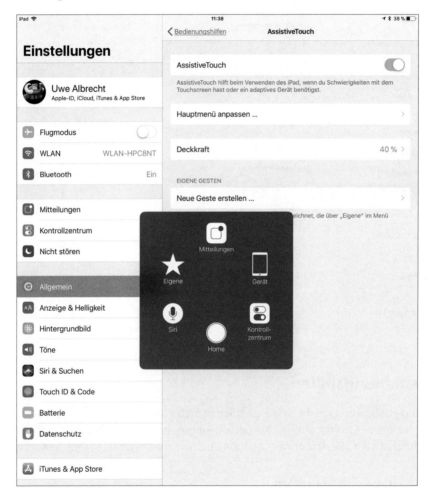

Text größer anzeigen

Ist Ihnen die Textdarstellung auf dem iPad zu klein und zu schlecht lesbar, können Sie sie auf die folgende Weise verbessern:

1. Öffnen Sie die *Einstellungen* und tippen Sie nacheinander auf *Allgemein* sowie *Bedienungshilfen*.

2. Dort wählen Sie *Größerer Text* und schalten *Größerer dynamischer Text* ein.

3. Mit dem Schieberegler vergrößern Sie die Textdarstellung wie gewünscht. Bitte beachten Sie, dass nicht alle Apps von Drittherstellern den sogenannten dynamischen Text unterstützen.

Zoom einstellen

Die Zoomfunktion von iOS 11 bietet Ihnen zwei Möglichkeiten, die über den Anzeigezoom unter *Anzeige & Helligkeit* hinausgehen:

■ Der gesamte Bildschirminhalt wird vergrößert.

■ Der gewünschte Teil des Bildschirminhalts wird vergrößert.

Die Einstellungen nehmen Sie wie folgt vor:

1. Tippen Sie in den *Einstellungen* nacheinander auf *Allgemein* sowie *Bedienungshilfen* und *Zoom*.

2. Legen Sie zunächst über den Schieberegler unten die Zoomstufe fest, zum Beispiel *2,0x* – also Zweifachzoom.

3. Als Nächstes legen Sie den Zoombereich fest: *Vollbildzoom* oder *Zoomfenster*, bei dem nur der Teil des Bildschirms vergrößert wird, den Sie auswählen, wie zum Beispiel einen Schalter.

4. Als letzten Schritt schalten Sie oben den Zoom ein. Bitte prägen Sie sich die Gesten für die Zoomfunktion ein, ansonsten finden Sie sich unter Umständen auf dem Bildschirm mit seiner vergrößerten Darstellung nicht mehr zurecht.

Die wichtigsten Gesten sind die folgenden:

- Zoomen: mit drei Fingern tippen.
- Bewegen: drei Finger auf dem Bildschirm bewegen.

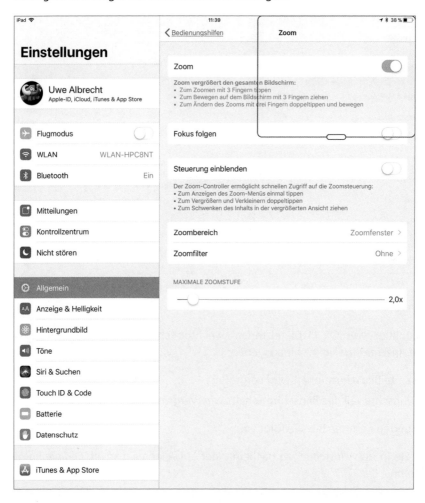

Lupenfunktion aktivieren

Ihr iPad kann – über die integrierte Kamera – auch als Lupe genutzt werden. Die Einstellung dazu nehmen Sie in den *Bedienungshilfen* vor:

1. Öffnen Sie die *Einstellungen*, und tippen Sie dort *Bedienungshilfen* an und dann *Lupe*.
2. Aktivieren Sie die *Lupe*-Funktion und schalten Sie die *Auto-Helligkeit* ein.
3. Zum Aktivieren der *Lupe*-Funktion betätigen Sie die Home-Taste dreimal hintereinander.

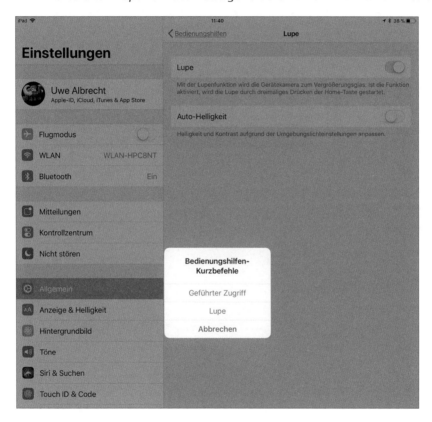

Lupenfunktion nutzen

Die Lupenfunktion hat zahlreiche Einstellungen, die Sie je nach Bedarf anpassen können:

1. Schalten Sie die Lupenfunktion ein, indem Sie dreimal die Home-Taste betätigen.
2. Über den Schieberegler vergrößern/zoomen Sie die Darstellung.
3. Tippen Sie auf das kleine Filter-Symbol mit den drei Kreisen. Anschließend können Sie mit dem zweiten Schieberegler den Kontrast einstellen und mit dem ersten die Farbdarstellung, beispielsweise in Graustufen oder Rot/Schwarz.

Farbfilter für Farbenblindheit einschalten

Falls Sie „farbenblind" sind, was umgangssprachlich für Rot-Grün-Sehschwäche verwendet wird, können Sie das iPad entsprechend konfigurieren.

1. Tippen Sie in den *Einstellungen* nacheinander auf *Allgemein* sowie *Bedienungshilfen*.

2. Schalten Sie dann die *Display-Anpassungen* sowie den *Farbfilter* ein. Hier wählen Sie den passenden Filter für Ihre spezielle Farben-Sehschwäche aus.

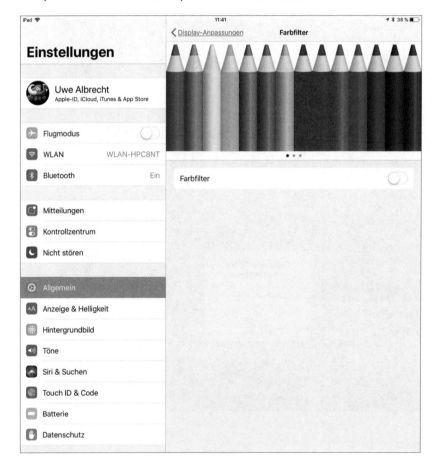

Farben umkehren – der Dark Mode des iPads

Obwohl lange von Apple angekündigt, gibt es bei iOS 11 noch keinen offiziellen „Dark Mode". Allerdings können Sie sich mit der Funktion *Farben umkehren* behelfen. Diese ist zudem etwas intelligenter geworden und verändert nicht alle Farben, sondern nur die der Benutzeroberfläche sowie der Bedienelemente. Allerdings funktioniert das noch nicht bei allen Apps problemlos, sodass „Falschfarben" immer noch auftauchen können.

Den „Nachtmodus" aktivieren Sie wie folgt:

1. Öffnen Sie die *Einstellungen*, wählen Sie in der linken Spalte den Eintrag *Allgemein* und dann in der rechten *Bedienungshilfen*.

2. In der rechten Spalte tippen Sie auf *Display-Anpassungen* und dort oben auf *Farben umkehren*.

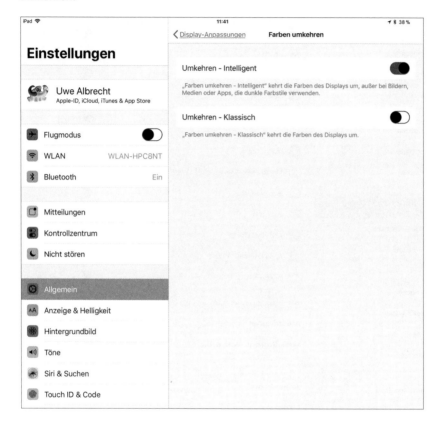

3.6 Kindersicherung

Wird das iPad auch von Ihren Kindern genutzt oder besitzen diese ein eigenes, dann sollten Sie dort die Kindersicherung aktivieren, um den Zugriff auf bestimmte Funktionen und Inhalte zu verhindern oder einzuschränken.

Kindersicherung einrichten

1. Um die Kindersicherung zu aktivieren, öffnen Sie die *Einstellungen* und tippen dort auf *Allgemein* sowie auf *Einschränkungen*.

2. Tippen Sie nun auf *Einschränkungen aktivieren* und geben Sie Ihren Zugangscode ein.

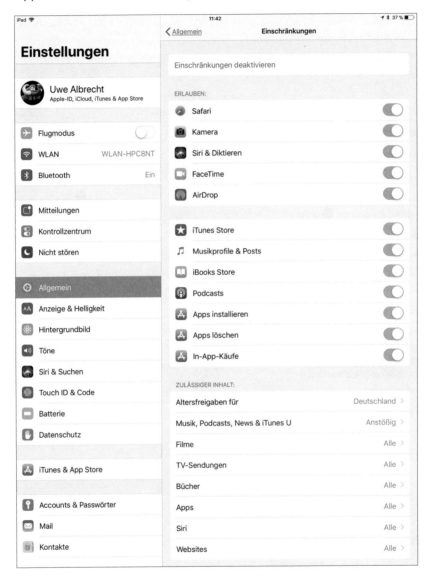

Einschränkungen festlegen

Folgende Einschränkungen können Sie vornehmen. Um sie zu aktivieren, tippen Sie auf den entsprechenden Eintrag.

- Funktionen des iPads (Safari, Kamera etc.)
- Inhalte (iTunes Store, iBooks Store etc.)

- Zulässiger Inhalt (Altersfreigaben)
- Datenschutz (Ortungsdienste, Kontakte etc.)
- Änderungen (Accounts, Hintergrundaktualisierung etc.)
- Game Center

Geführter Zugriff

Möchten Sie Ihr iPad jemand anderem in die Hand geben – beispielsweise Ihrem Kind –, aber den Zugriff währenddessen auf ein bestimmtes Programm beschränken, dann ist auch das möglich.

1. Tippen Sie in den *Einstellungen* nacheinander auf *Allgemein* sowie *Bedienungshilfen* und *Geführter Zugriff*.
2. Aktivieren Sie den *Geführten Zugriff* und geben Sie gegebenenfalls einen Zugangs-code ein.
3. Nun starten Sie die App, auf die die Person oder das Kind Zugriff haben soll. Dann drücken Sie dreimal schnell hintereinander die Home-Taste, und der Zugriff ist auf die aktuelle App beschränkt.

3.7   Einstellungen für Apps

Über die *Einstellungen* von iOS 11 konfigurieren Sie auch die meisten der auf Ihrem iPad installierten Apps von Apple und von Drittanbietern. Je nachdem, wie viele Apps auf dem iPad installiert sind, erscheint dort eine mehr oder weniger lange Liste. Die Einstellungen, die Sie vornehmen können, sind unterschiedlich.

In der Regel geben Sie Folgendes an:

- *Siri & Suchen*: Hier legen Sie fest, ob die App von Siri und bei der Suche berücksichtigt werden soll.
- *Mitteilungen*: Hier stellen Sie ein, ob die App Mitteilungen geben darf.
- *Standort*: Die App darf die Ortungsdienste des iPads nutzen.
- *Hintergrundaktualisierung*: Die App darf Daten im Hintergrund aktualisieren.

Möchten Sie die Einstellung einer App ändern, gehen Sie folgendermaßen vor:

1. Öffnen Sie die *Einstellungen* und blättern Sie so lange nach unten, bis Sie die Einstellung der App finden.
2. Tippen Sie auf den Namen der App, um die Einstellungen zu öffnen.
3. Ändern Sie, falls erforderlich, die Einstellung, indem Sie sie aktivieren oder abschalten.

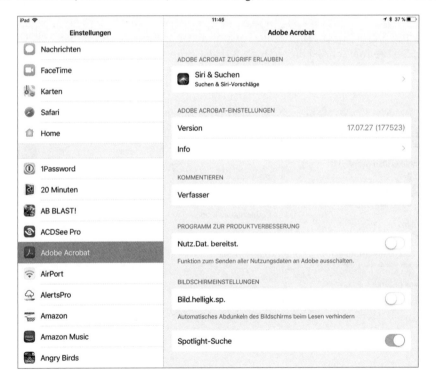

Mitteilungen einzelner Apps verbieten

Wie Sie Mitteilungen im Allgemeinen zulassen oder unterbinden – gerade auf dem Sperrbildschirm –, haben Sie schon in anderen Tipps und Tricks erfahren. Falls Sie nur Mitteilungen bestimmter Apps anzeigen lassen möchten oder nicht, dann beachten Sie den folgenden Tipp:

1. Öffnen Sie die *Einstellungen* und wählen Sie in der linken Spalte den Eintrag *Mitteilungen*. Blättern Sie so lange nach unten, bis Sie die Einstellung der App finden.

2. Tippen Sie auf den Namen der App, um die Einstellungen anzuzeigen. Wählen Sie den Eintrag *Mitteilungen* und schalten Sie ihn an oder ab.

3.8 iCloud

Die Einstellungen zu iCloud erreichen Sie – in der Einstellungen-App – über Ihren Benutzernamen. In diesem Kapitel sind allerdings nur allgemeine Tipps zur Verwaltung von iCloud zusammengestellt. Die Tipps zu den einzelnen Funktionen finden Sie in den entsprechenden Kapiteln.

Funktionen abschalten

Unter Umständen möchten Sie auf einzelne Funktionen von iCloud verzichten. In diesem Fall gehen Sie so vor:

1. Öffnen Sie die *Einstellungen* und tippen Sie nacheinander auf Ihren Benutzernamen und dann auf *iCloud*.

2. Um eine Funktion abzuschalten, tippen Sie auf den gewünschten Eintrag. Bitte beachten Sie, dass dann gegebenenfalls kein Datenabgleich mit iCloud und Ihren anderen Geräten mehr stattfindet!

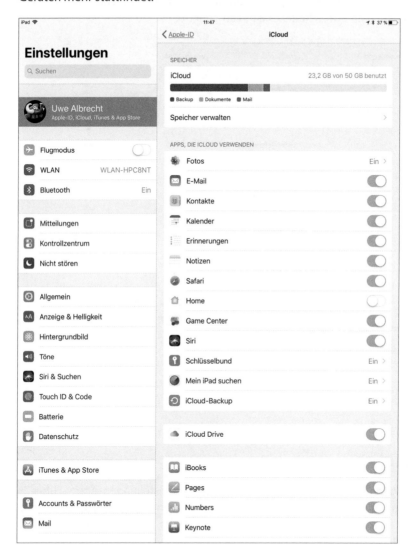

Speicherplatz von iCloud verwalten

Möchten Sie nachschauen, welche App oder Funktion wie viel von Ihrem iCloud-Speicher nutzt, finden Sie dies auch über die Einstellungen von iCloud heraus.

1. Öffnen Sie die *Einstellungen* und tippen Sie nacheinander auf Ihren Benutzernamen und dann auf *iCloud*.

2. Die Grafik zeigt Ihnen die Speicherauslastung in unterschiedlichen Farben. Die Details finden Sie über einen Fingertipp auf *Speicher verwalten* heraus.

3. Möchten Sie genaue Informationen über die Speicherbelegung durch eine bestimmte App, dann tippen Sie auf deren Namen.

4. Um deren Daten zu löschen – nur die Daten, nicht die App –, tippen Sie auf deren Namen und dann auf *Dokumente und Daten löschen*. Sollten Sie keine Sicherungskopie besitzen, dann sind die Daten allerdings endgültig verloren.

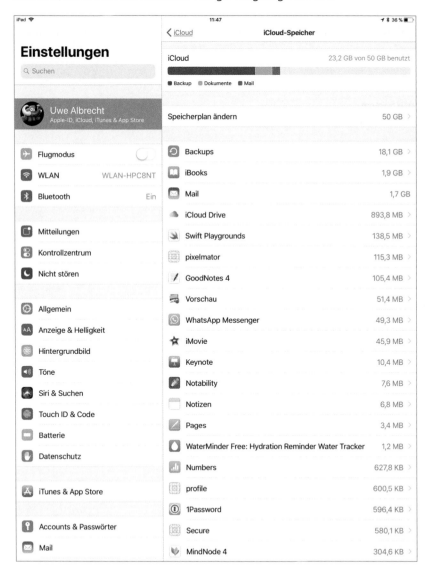

iCloud-Verwendung weiterer Apps unterbinden

Falls Sie verhindern wollen, dass eine bestimmte App eines Drittanbieters iCloud nutzt und darauf zugreift, dann gehen Sie so vor:

1. Öffnen Sie die *Einstellungen* und tippen Sie nacheinander auf Ihren Benutzernamen und dann auf *iCloud*.

2. Blättern Sie ganz nach unten, bis Sie den Namen der App finden, und schalten Sie die iCloud-Nutzung aus. Beachten Sie, dass dann gewisse Daten und Einstellungen der entsprechenden App nicht mehr mit iCloud und Ihren anderen Geräten abgeglichen werden.

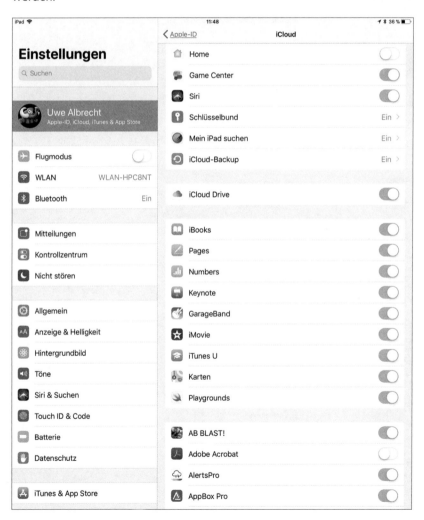

Welche Geräte sind bei iCloud angemeldet?

Falls Sie wissen möchten, auf welchen Geräten Sie mit Ihrem iCloud-Konto angemeldet sind, tippen Sie in den *Einstellungen* auf Ihren Benutzernamen. Mit einem Fingertipp auf das Gerät erfahren Sie, um welches Gerät es sich genau handelt und unter welchem Betriebssystem es läuft. Im Fall des Verkaufs oder wenn Sie es weggeben oder entsorgen, können Sie es nach einem Fingertipp auf den Gerätenamen zudem *Aus dem Account entfernen*.

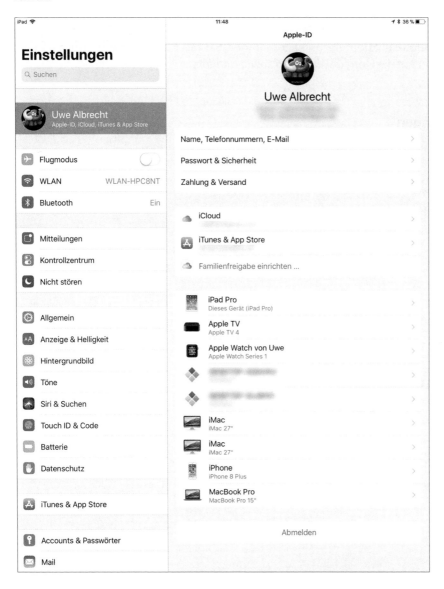

3.9 Handoff

Bei Handoff handelt es sich um eine ebenfalls über iCloud verwaltete Funktion, die es möglich macht, die begonnene Arbeit an einem Gerät – wie dem Mac – an einem anderen Gerät – etwa dem iPad – fortzusetzen. Die Voraussetzung ist, dass Sie auf beiden Geräten mit der gleichen Apple-ID (und damit dem iCloud-Konto) angemeldet sind. Zudem muss die entsprechende App auf beiden Geräten gestartet und im Dock sein.

Handoff aktivieren

Um die Handoff-Funktion einzuschalten, öffnen Sie die *Einstellungen* und tippen dort nacheinander auf die Einträge *Allgemein* sowie *Handoff*.

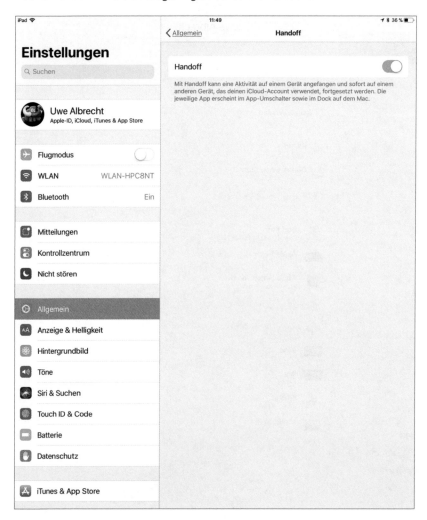

3.10 Das iPad »taufen«

Normalerweise erhält Ihr iPad einen neutralen Namen bei der Einrichtung wie „iPad" oder „iPad Pro". Möchten Sie dies ändern, gehen Sie so vor:

1. Öffnen Sie die *Einstellungen* und tippen Sie auf *Allgemein* sowie *Info*.
2. Dort finden Sie oben den aktuellen Namen Ihres iPads. Um ihn zu ändern, tippen Sie darauf und geben dann den neuen Namen ein, wie „iPad der Familie Müller".

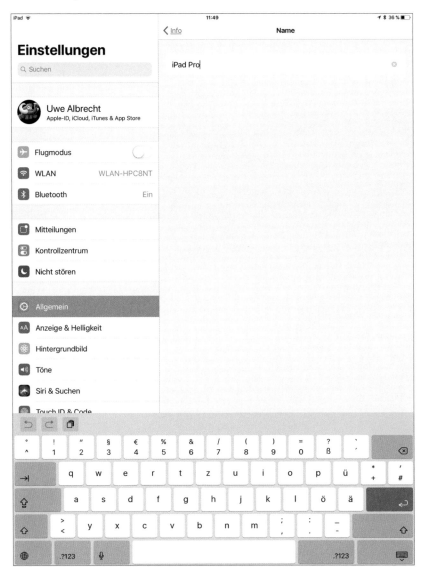

4. Mit dem iPad im Internet

Zwar lässt sich Ihr iPad auch ohne Internetzugang nutzen, zum Beispiel um Musik zu hören, einen Film anzuschauen, zu spielen oder einen Text zu verfassen. Allerdings müssen Sie dann auf viele Funktionen verzichten beziehungsweise funktionieren zahlreiche Apps schlichtweg nicht oder nicht richtig.

Sie können das Ganze einfach einmal ausprobieren, indem Sie im Kontrollzentrum den *Flugmodus* aktivieren. Sie werden bemerken, dass in diesem Fall zahlreiche Apps nur noch teilweise funktionieren oder ihren Dienst ganz verweigern.

Ein Internetzugang, ob über das Mobilfunknetz oder WLAN, ist für das iPad daher in der Regel erforderlich. Apples Tablet wird, ebenso wie das iPhone oder die Mobilgeräte anderer Hersteller, von den meisten Anwendern ohnehin vorwiegend fürs Surfen im Internet, Film- und Musikstreaming, soziale Netzwerke oder um mit anderen Personen zu kommunizieren, genutzt.

In diesem Kapitel gebe ich Ihnen weitere zum Teil weniger bekannte Tipps und Tricks an die Hand, mit denen Sie die zahlreichen Netzwerkfunktionen Ihres iPads noch besser beherrschen und gewinnbringend einsetzen.

4.1 Safari

Auf Ihrem iPad mit iOS surfen Sie in der Regel mit Apples Webbrowser Safari durchs Internet. Safari hat nahezu den gesamten Funktionsumfang seines Pendants für den Mac oder der am Windows-PC gebräuchlichen Webbrowser.

Selbstverständlich ist es auf Multi-Touch-Bedienung ausgelegt und optimiert und kann auch nicht mit Plug-ins erweitert werden. Ansonsten bietet Safari alles, was das Surferherz begehrt, und vielleicht noch ein bisschen mehr.

Suchmaschine ändern

Die Standardsuchmaschine von Safari ist Google.

Falls Sie eine andere Suchmaschine bevorzugen, können Sie die Einstellungen von Safari entsprechend ändern:

1. Öffnen Sie die *Einstellungen* und tippen Sie dort in der linken Spalte auf den Eintrag *Safari*.
2. Über den Eintrag *Suchmaschine* rechts wählen Sie die neue Suchmaschine aus.

Sie haben – neben Google – die Wahl zwischen *Yahoo*, *Bing* und der alternativen Suchmaschine *DuckDuckGo*.

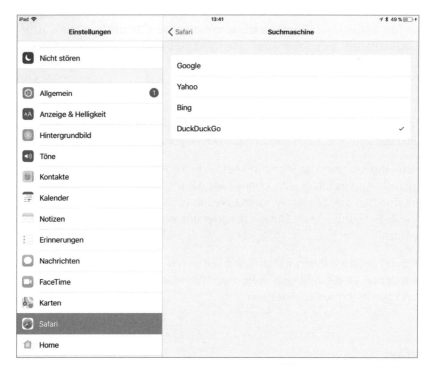

Lesemodus verwenden

Mit dem Webbrowser einen längeren Text zu studieren, kann mühsam und unkomforta-
bel sein. Während sich die Textgröße in der Regel ändern lässt, stören Werbeanzeigen und
anderes Beiwerk den Lesefluss. Daher gibt es in Safari den Lesemodus, den Sie wie folgt
nutzen können:

1. Öffnen Sie eine Webseite mit Safari. Ist darauf ein längerer Text zu finden, etwa ein
   Onlineartikel, dann erscheinen ganz links in der Adresszeile vier kleine Striche, die an-
   zeigen, dass es sich dabei um eine textlastige Seite handelt, die im Lesemodus von
   Safari betrachtet werden kann.

2. Tippen Sie auf diese vier kleinen Striche, dann wird der Artikel im Lesemodus von
   Safari angezeigt und damit ohne Werbung sowie besser lesbar formatiert. Im Text vorhandene Links bleiben aber ebenso erhalten wie zum Text gehörende Abbildungen.

3. Sie können den Lesemodus von Safari auch anpassen. Tippen Sie dazu – bei aktivier-
   tem Lesemodus – rechts in der Adresszeile auf die zwei kleinen Buchstaben. Anschließend haben Sie folgende Möglichkeiten, den Lesemodus zu ändern:

- Schriftgröße
- Hintergrundfarbe
- Schriftart

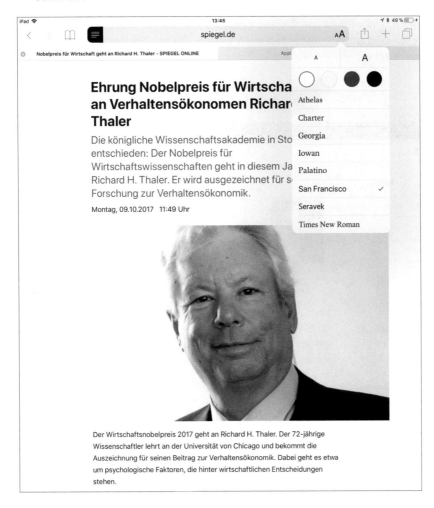

Leseliste nutzen

Möchten Sie einen Artikel oder eine Internetseite nicht sofort lesen, sondern erst später, sie aber auch nicht dauerhaft archivieren oder ein Lesezeichen davon anlegen, dann können Sie die Leseliste von Safari verwenden. In diese nehmen Sie alle Artikel auf, die Sie interessieren, aber erst nach und nach studieren möchten.

1. Öffnen und laden Sie die Webseite mit Safari. Dann tippen Sie rechts oben auf das Teilen-Feld.

2. Hier tippen Sie auf das Symbol *Zur Leseliste hinzufügen* und entscheiden dann, ob Sie die Artikel der Leseliste auch offline lesen wollen. Ist dies der Fall, werden sie auf dem iPad zwischengespeichert.

3. Um später auf die Leseliste zuzugreifen, tippen Sie links oben in Safari auf das Lesezeichensymbol und wählen das Register *Leseliste*. Nun können Sie die darin gesicherten Seiten lesen und unter Umständen auch wieder löschen, indem Sie auf dem Eintrag nach links wischen.

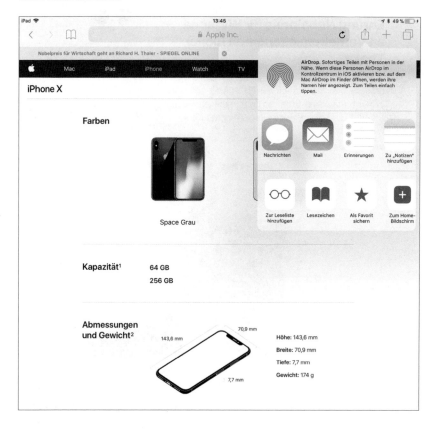

Privatmodus

Beim Surfen im Internet hinterlassen Sie auf Ihrem Gerät – egal ob auf iPad, Computer oder Smartphone – Spuren. Jeder, der Zugriff auf Ihr iPad oder eines Ihrer anderen Geräte, auf denen Sie mit Ihrer Apple-ID angemeldet sind, hat, kann Ihr Surfverhalten nachvollziehen. Wollen Sie dies unterbinden, nutzen Sie den Privatmodus von Safari.

1. Starten Sie Safari und tippen Sie auf das Tab-Symbol rechts oben (zwei kleine Quadrate).

2. Möchten Sie privat surfen, tippen Sie anschließend – ebenso rechts oben – auf *Privat*. Nun wird der „private Surfmodus" aktiviert.

3. Erstellen Sie nun über den Plus-Schalter rechts oben einen neuen Tab, dann wird dieser im Privatmodus geöffnet. Der Verlauf wird dabei von Safari ebenso wenig gespeichert wie andere Daten, mit denen Sie sich auf Webseiten anmelden und identifizieren.

4. Um den Privatmodus wieder abzuschalten, tippen Sie erneut auf *Privat*. Solange dieser aktiviert ist, ist der Hintergrund eines Safari-Fensters dunkelgrau eingefärbt.

Auf einer Internetseite suchen

Möchten Sie nicht das ganze Internet durchsuchen, sondern nur die gerade geöffnete Webseite, dann ist auch das mit Safari unter iOS möglich.

1. Öffnen Sie gewünschte Webseite in Safari. Geben Sie den Suchbegriff in die Adressleiste ein.

2. Safari schlägt Ihnen nun Webseiten vor, in denen dieser Begriff oder die Begriffe vorkommen.

3. Möchten Sie nur auf der aktuell geöffneten Seite suchen, blättern Sie ganz nach unten zum Eintrag *Auf dieser Seite*. Darunter ist der eingegebene Suchbegriff zu finden.

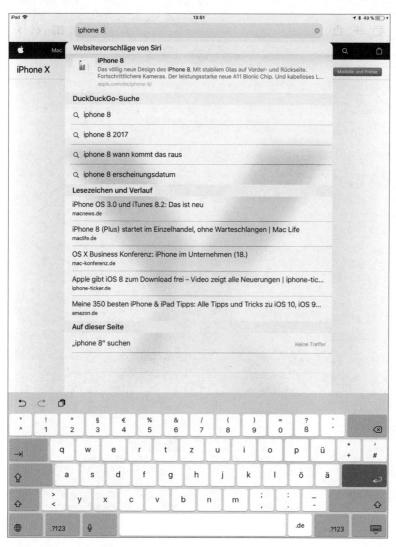

4. Tippen Sie auf den Suchbegriff, wird die aktuelle Webseite durchsucht und es wird die erste Fundstelle gelb unterlegt.

5. Möchten Sie zum nächsten oder vorherigen Treffer wechseln, tippen Sie links unten auf der Statusleiste auf den nach unten beziehungsweise den nach oben weisenden Pfeil. Zum Beenden tippen Sie auf *Fertig*.

Favoriten festlegen

Ihre wichtigsten und oft aufgerufenen Lesezeichen legen Sie in den Favoriten ab. Sie finden diese, indem Sie links oben über das Symbol eines aufgeschlagenen Buches die Lesezeichen anzeigen und dann auf den Eintrag *Favoriten* tippen.

1. Möchten Sie den Favoriten-Ordner festlegen oder ändern, welche Ordner unter den Favoriten erscheinen, öffnen Sie die *Einstellungen* und tippen dort auf *Safari*.

2. Hier wählen Sie über *Favoriten* den gewünschten Ordner aus.

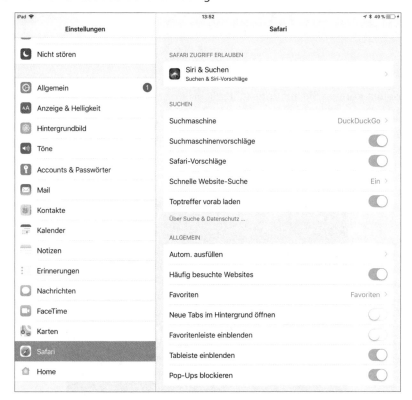

Favoriten bearbeiten

Ihre bevorzugten Websites – Favoriten – lassen sich auch sortieren, bearbeiten und löschen.

1. Starten Sie Safari. Normalerweise werden die Favoriten angezeigt.

2. Wollen Sie die Reihenfolge ändern, ziehen Sie das Symbol der Website einfach an die gewünschte Stelle.

3. Zum Löschen und Bearbeiten tippen Sie so lange auf das Symbol, bis das schwarze Kontextmenü angezeigt wird. Dort wählen Sie den Eintrag *Löschen* oder *Bearbeiten*.

Webseite als Favorit speichern

Wichtige Webseiten können Sie auf unterschiedliche Weise in Ihre Favoriten aufnehmen.

1. Drücken Sie so lange auf die Internetadresse in der Adresszeile, bis sie sich aus der Adresszeile loslösen und verschieben lässt. Links an der Internetadresse erscheint zudem ein kleines Plus-Symbol.

2. Ziehen Sie die Internetadresse in Ihre Favoriten. Diese blenden Sie vorher ein, indem Sie auf das Symbol eines Buches links oben tippen.

3. Alternativ tippen Sie, nachdem die Website aufgerufen wurde, auf das Teilen-Feld rechts oben und dann auf das Symbol *Als Favorit sichern*.

Favoriten ordnen

1. Tippen Sie auf das Symbol eines Buches links oben, um die Lesezeichen einzublenden, und dann auf das Register *Favoriten*.

2. Zum Bearbeiten tippen Sie links unten auf den entsprechenden Eintrag. Nun können Sie Favoriten löschen, neue Ordner erstellen oder Favoriten und Ordner verschieben, indem Sie diese an den drei kleinen Strichen rechts an die gewünschte Position ziehen.

Verlauf anzeigen

Alle Webseiten, die Sie besucht haben, finden Sie automatisch im Verlauf wieder. Dort können Sie beispielsweise nachschlagen, wenn Sie die Adresse einer bereits besuchten Webseite wissen möchten, die Sie nicht in die Leseliste, die Lesezeichen oder Favoriten aufgenommen haben.

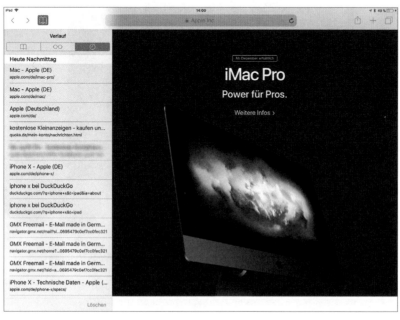

Den Verlauf zeigen Sie auf diese Weise an:

1. Tippen Sie auf das Symbol eines Buches links oben, um die Lesezeichen einzublenden.
2. Als Nächstes tippen Sie auf das Uhrsymbol. Dann wird der gesamte Verlauf angezeigt – und zwar chronologisch sortiert.

Verlauf löschen

Zum Löschen des gesamten Verlaufs gehen Sie so vor:

1. Tippen Sie auf das Symbol eines Buches links oben, um die Lesezeichen einzublenden.
2. Als Nächstes tippen Sie auf das Uhrsymbol. Dann wird der gesamte Verlauf angezeigt.
3. Zum Löschen des Verlaufs tippen Sie links unten auf *Löschen* und wählen dann aus, bis zu welchem Zeitpunkt der Verlauf gelöscht werden soll – von *Insgesamt* bis *Letzte Stunde*.
4. Sogar einzelne Einträge lassen sich aus dem Verlauf entfernen, indem Sie einfach von links nach rechts über den gewünschten Eintrag im Verlauf wischen und dann auf *Löschen* tippen.

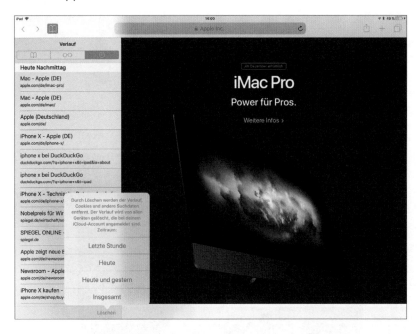

Verlauf über die Einstellungen löschen

Alternativ können Sie den Verlauf auch über die Einstellungen Ihres iPads löschen:

1. Öffnen Sie die *Einstellungen* und tippen Sie dort in der linken Spalte auf den Eintrag *Safari*.

2. Nun blättern Sie nach unten bis zum Eintrag *Verlauf und Websitedaten löschen* in blauer Schrift.

3. Tippen Sie darauf, erscheint eine Sicherheitsabfrage, die Sie bestätigen müssen, bevor der Verlauf auf allen Ihren Geräten, auf denen Sie mit der Apple-ID angemeldet sind und zudem das Synchronisieren des Verlaufs und der Lesezeichen von Safari in den Einstellungen von iCloud aktiviert ist, gelöscht wird.

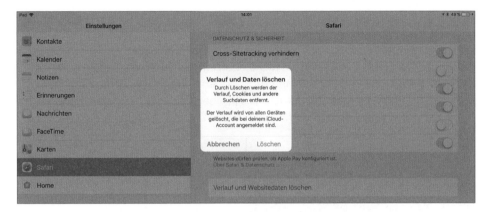

Webadresse in neuem Tab öffnen

Wie Sie bereits wissen, unterstützt Safari die von den populären Webbrowsern für den Mac oder Windows-PC bekannten Tabs, um mehrere Webseiten in einem Fenster zu öffnen.

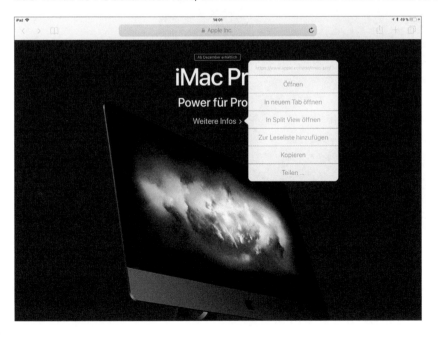

Möchten Sie eine Webadresse gleich in einem neuen Tab öffnen, dann gehen Sie auf diese Weise vor:

1. Drücken Sie so lange auf den Link, bis dessen Kontextmenü erscheint.
2. Dort wählen Sie den Eintrag *In neuem Tab öffnen*. Die dazugehörige Webseite wird in einem neuen Tab angezeigt.

Alle Tabs auf einmal schließen

Im Laufe der Zeit sammeln sich viele Tabs und Fenster in Safari an. Meist vergisst man, diese wieder zu schließen. Damit Sie nicht jeden einzelnen Tab per Fingertipp oder Wischgeste schließen müssen, gibt es einen Trick: Tippen Sie so lange auf die zwei kleinen Quadrate rechts oben, über die Sie normalerweise einen neuen Tab erstellen, bis das Kontextmenü erscheint. Hier wählen Sie *Alle Tabs schließen*.

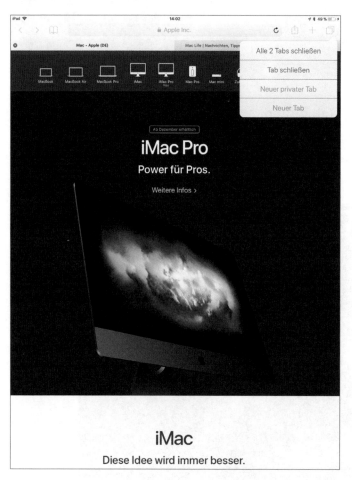

Alle Tabs anzeigen

Um alle Tabs anzuzeigen, die Sie gerade geöffnet haben, gibt es zwei Möglichkeiten:

- Tippen Sie auf die zwei Quadrate oben rechts, dann werden alle geöffneten Tabs von Safari angezeigt.
- Sie ziehen auf dem im Vollbild geöffneten Tab Daumen und Zeigefinger schnell zusammen.

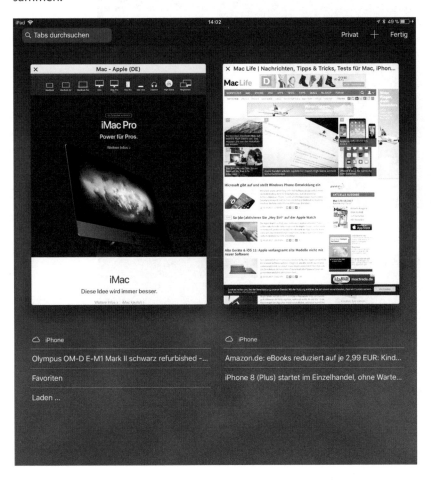

Tabs sortieren

Möchten Sie die geöffneten Tabs in eine andere Reihenfolge bringen und sortieren, tippen Sie auf die verkleinerte Seite und ziehen sie an die gewünschte Position. Dort legen Sie sie ab.

Zuletzt geschlossene Tabs öffnen

Um die zuletzt geschlossenen Tabs zu öffnen, müssen Sie nicht den Verlauf bemühen. Tippen Sie dazu einfach etwas länger auf das kleine Plus-Symbol, bis die Liste der letzten fünf geschlossenen Tabs erscheint, und wählen Sie dann den gewünschten Tab aus, um ihn erneut zu öffnen.

Zwei Fenster nebeneinander im Split View öffnen

Vor allem auf dem großen iPad Pro 12,9" ist die *Split View* genannte Funktion von Safari, die es ermöglicht, zwei Fenster nebeneinander anzuzeigen, sehr praktisch. Funktionieren tut sie natürlich auch auf dem iPad Pro 10,5" oder dem normalen iPad.

1. Starten Sie Safari und rufen Sie wie gewohnt eine Webseite im Vollbild auf.
2. Tippen Sie so lange auf die zwei kleinen Quadrate, bis das Kontextmenü erscheint. Hier tippen Sie auf *Split View öffnen*, und ein zweites Safari-Fenster wird rechts daneben geöffnet.
3. Hier geben Sie die neue Webadresse ein oder tippen auf den gewünschten Favoriten oder ein vorhandenes Lesezeichen. Die dazugehörige Seite wird im zweiten Safari-Fenster geöffnet.

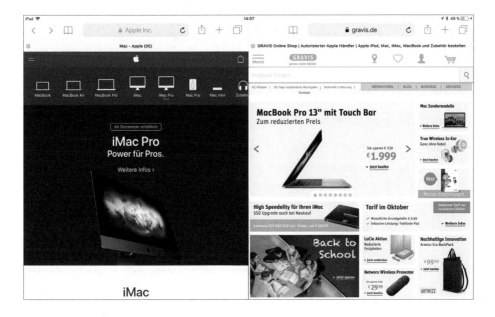

Tabs zusammenführen

Falls Sie verschiedene Tabs oder Fenster in der Split View wieder – in einem Fenster – zusammenführen wollen, erreichen Sie das auf die folgende Weise:

1. Drücken Sie auf die zwei kleinen Quadrate, bis das Kontextmenü erscheint. Hier tippen Sie auf den Eintrag *Alle Tabs zusammenführen*.

2. Die beiden in der Split View angezeigten Tabs werden nun in einem Fenster zusammengeführt, sodass Sie wieder per Fingertipp auf den Tab zwischen ihnen wechseln können.

Webseiten vergrößern

Wollen Sie eine Webseite vergrößert anzeigen, haben Sie folgende Möglichkeiten:

- Tippen Sie doppelt auf die Seite, wird sie ein wenig größer angezeigt.
- Bewegen Sie auf dem Bildschirm Daumen und Zeigefinger auseinander – und zwar so weit, bis die Webseite in der gewünschten Größe angezeigt wird. Zum Verschieben ziehen Sie diese mit einem Finger an die entsprechende Position.

URLs mit Endungen schnell eingeben

Um URL-Endungen wie *.com*, *.de*, *.net* oder auch *.org* einzugeben, müssen Sie diese nicht unbedingt ausschreiben.

1. Geben Sie die Webadresse wie gewohnt ins Adressfeld von Safari ein.

2. Tippen Sie dann unten rechts neben der Leertaste auf *.de* und halten Sie den Finger so lange gedrückt, bis ein Pop-up-Menü erscheint, aus dem Sie die passende URL-Endung auswählen können. Diese fügen Sie per Fingertipp ein.

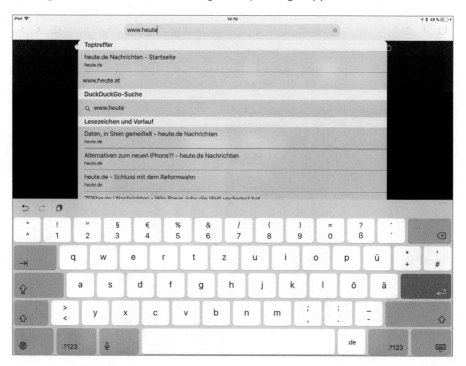

Internetadresse versenden

Möchten Sie eine Internetadresse (Link) versenden, haben Sie dazu bei Safari mehrere Möglichkeiten.

1. Tippen Sie rechts oben auf das Teilen-Feld und wählen Sie dort die Nachrichten- oder Mail-App aus, je nachdem, welche App Sie zum Versenden nutzen wollen.

2. Geben Sie nun den Empfänger ein, gegebenenfalls einen kurzen Begleittext und schicken Sie die E-Mail oder Nachricht auf die Reise.

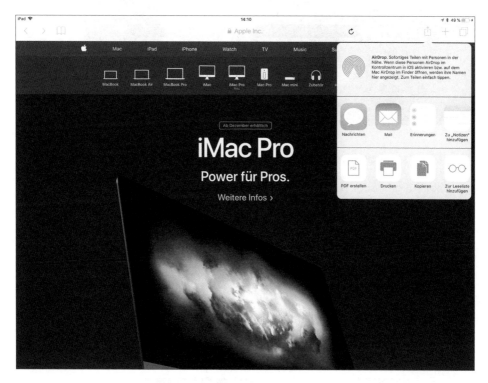

Internetadresse schnell mit anderen teilen

Eine Internetadresse – vornehmlich ein Link auf einer Webseite – lässt sich schnell „teilen" – das heißt versenden oder in sozialen Netzwerken veröffentlichen:

1. Drücken Sie so lange auf den Link, bis dessen Kontextmenü erscheint. Wählen Sie dort den Eintrag *Teilen*.

2. Nun entscheiden Sie, auf welchem Weg Sie die Webadresse teilen, per Nachrichten-App und Mail versenden oder via Twitter veröffentlichen wollen etc.

Abbildungen kopieren und sichern

Um Abbildungen oder Fotos zu speichern, die Sie auf einer Webseite finden, gehen Sie so vor:

1. Tippen Sie so lange auf die Abbildung, bis das Kontextmenü erscheint. Zum Sichern wählen Sie *Bild sichern*. In diesem Fall wird es in einem Album der Fotos-App abgelegt.

2. Zweitens können Sie es über *Kopieren* in die Zwischenablage kopieren und dann in einem Dokument oder einer kompatiblen App einfügen. Dort bearbeiten Sie es dann bei Bedarf weiter.

3. Drittens können Sie es über *Teilen* versenden, veröffentlichen oder einfach in der Dateien-App sichern. Bitte beachten Sie in jedem Fall das Urheberrecht.

Text einer Webseite übernehmen

Falls Sie vorhaben, die Textpassage einer Website in ein eigenes Dokument zu übernehmen, dann gibt es auch dafür einen Tipp. In diesem Fall ist es nämlich nicht erforderlich, den gesamten Artikel oder die Webseite im PDF-Format zu speichern.

1. Vergrößern Sie die Textstelle durch Doppeltippen oder indem Sie Zeigefinger und Daumen auseinanderziehen.

2. Nun tippen Sie so lange auf den Text, bis das Kontextmenü erscheint. Ziehen Sie jetzt die linke und rechte Textbegrenzung an die Stelle, wo Sie sie haben möchten, um den gewünschten Text auszuwählen.

3. Über einen Fingertipp auf *Kopieren* übernehmen Sie diesen in die Zwischenablage. Um ihn direkt an eine andere App weiterzugeben, tippen Sie auf *Teilen* und dann auf den Namen der App.

Webseite auf dem Home-Bildschirm ablegen

Eine wichtige Webseite können Sie ganz einfach auf dem Home-Bildschirm ablegen – genauer ihr Symbol mit der dazugehörigen Internetadresse. Klicken Sie dann auf dieses, startet Safari und die Webseite wird geöffnet. Praktisch ist das beispielsweise bei Nachrichten-Webseiten.

1. Starten Sie Safari und rufen Sie die entsprechende Webseite auf.
2. Tippen Sie auf das Teilen-Feld und suchen Sie in der unteren Reihe nach dem Symbol *Zum Home-Bildschirm*.
3. Tippen Sie darauf, wird ein Symbol der Webseite auf dem Home-Bildschirm abgelegt, dessen Bezeichnung Sie bei Bedarf noch anpassen.

Desktop-Version einer Webseite anzeigen

Viele Webseiten sind so programmiert, dass sie es „erkennen", ob sie von einem Mobilgerät, wie einem Smartphone oder Tablet, aufgerufen werden.

Möchten Sie stattdessen die „normale" Version für Schreibtisch-Computer und Laptop betrachten, erreichen Sie das auf die folgende Weise.

1. Rufen Sie zunächst wie gewohnt die Webseite mit Safari auf und tippen Sie rechts oben auf das Teilen-Feld.

2. Suchen Sie in der unteren Reihe das Symbol *Desktop-Site anfordern* und tippen Sie darauf. Die Website wird nun in der für Schreibtisch-Computer und Laptops geeigneten Version angezeigt. Unter Umständen müssen Sie die Ansicht etwas vergrößern.

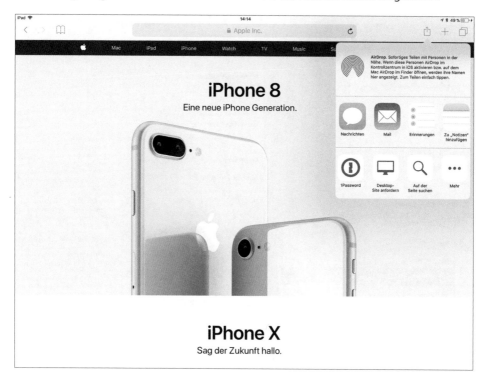

Webformulare schnell ausfüllen

Das Ausfüllen von Webformularen, zum Beispiel, wenn Sie sich in einem Onlineshop anmelden oder bei einem E-Mail-Dienst registrieren, kann schnell lästig werden. Aus diesem Grund besitzt Safari eine Funktion, die das für Sie übernimmt. Diese bedient sich in der Kontakte-App und übernimmt von dort Ihre Kontaktdaten.

Damit das klappt, nehmen Sie bei Bedarf folgende Einstellungen vor:

1. Öffnen Sie die *Einstellungen* und wählen Sie dort in der linken Spalte *Safari*.

2. Nun tippen Sie rechts auf den Eintrag *Autom. ausfüllen*. Hier aktivieren Sie folgende Einträge:

   ■ *Kontaktinfo benutzen*

   ■ *Meine Infos* (Ihr Name)

Bei Bedarf aktivieren Sie auch die folgenden Einstellungen (genauere Erläuterungen zum Verwalten Ihrer Passwörter finden Sie in Kapitel 9.5):

- *Namen und Passwörter*
- *Kreditkarten*

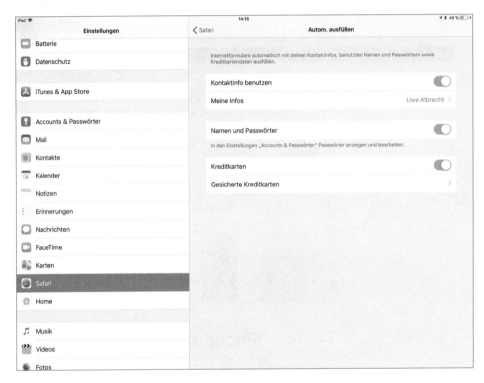

PDF-Dateien aus Webseiten erzeugen

Möchten Sie Webseiten oder genauer Artikel von Webseiten auf Dauer archivieren, empfiehlt es sich am Mac oder Windows-PC, diese im PDF-Format zu speichern.

Unter iOS 11 ist das auch auf dem iPad möglich, und zwar auf die folgende Weise.

1. Rufen Sie die Webseite und den Artikel mit Safari auf. Aktivieren Sie bei Bedarf den Lesemodus, indem Sie links im Adressfeld auf die vier kleinen Striche klicken.
2. Tippen Sie rechts oben auf das Teilen-Feld. Suchen Sie in der zweiten Reihe das Symbol *PDF erstellen* und tippen Sie darauf.
3. Das PDF wird im Nu erstellt und Sie können es erneut über das Teilen-Feld auf dem iPad *In Dateien sichern* oder per E-Mail oder Nachrichten-App versenden.

4. Wählen Sie *In Dateien sichern*, dann haben Sie die Wahl, die PDF-Datei auf dem iPad oder auch auf iCloud Drive zu speichern. Verwenden Sie dazu am besten den Ordner *Vorschau* oder den Ordner einer anderen PDF-kompatiblen App.

Kennwörter automatisch sichern

Wenn Sie sich neu auf einer Website oder bei einem Internetdienst anmelden, bietet Safari Ihnen an – sofern noch nicht geschehen –, Benutzernamen und Kennwort zu sichern, damit Sie es bei der nächsten Anmeldung nicht erneut eingeben müssen.

Die Vorgehensweise ist dabei folgende:

1. Rufen Sie die Webseite auf und starten Sie die Anmeldung. Geben Sie alle erforderlichen Daten und den Benutzernamen ein. Unter Umständen können Sie dabei Namen und Adresse automatisch aus der Kontakte-App übernehmen. (Die entsprechenden Funktionen finden Sie direkt über der Bildschirmtastatur.)
2. Geben Sie das Kennwort ein, fragt Safari nach, ob Sie die Benutzerdaten speichern wollen. Stimmen Sie der Frage zu.

Kennwörter automatisch abrufen

Wenn Sie eine Webseite aufrufen, bei der Sie sich zuvor angemeldet haben (und bei der Sie es Safari erlaubt haben, das Kennwort zu sichern), müssen Sie es beim erneuten Besuch nicht wieder selbst eingeben – und es sich vor allem nicht merken. Safari unterstützt Sie dabei:

1. Rufen Sie die Webseite auf und geben Sie – falls erforderlich – den Benutzernamen ein.
2. Links unten erscheint ein Symbol zum Einfügen des Kennworts. Tippen Sie darauf, wird es ins entsprechende Texteingabefeld eingefügt. Und Sie können sich anmelden.

4.2 Soziale Netzwerke

Die bekanntesten sozialen Netzwerke werden von iOS 11 unterstützt, in der Regel, indem Sie die entsprechende App im App Store herunterladen.

Twitter einrichten

Um Twitter nutzen zu können, laden Sie die Twitter-App aus dem App Store herunter und geben dann Ihre Benutzerdaten ein.

1. Öffnen Sie den App Store und suchen Sie dort nach *Twitter*. Tippen Sie auf *Laden*, um die Twitter-App herunterzuladen. Wurde die Twitter-App bereits heruntergeladen, finden Sie hier den Schalter *Öffnen*.

2. Starten Sie die App und geben Sie Ihre Benutzerdaten ein. Anschließend können Sie anfangen zu twittern.

Aus einer App heraus twittern

Haben Sie Ihr Twitter-Benutzerkonto angegeben, können Sie nicht nur über die Twitter-App selbst Nachrichten veröffentlichen.

1. Tippen Sie dazu in der entsprechenden App auf das Teilen-Feld rechts oben und wählen Sie in der ersten Reihe *Twitter* aus.

2. Tippen Sie auf den Eintrag. Eine Voransicht des Tweets oder die einer Webseite beziehungsweise einer Abbildung wird angezeigt.

3. Veröffentlichen Sie den Eintrag über Ihren Twitter-Account.

Facebook

1. Öffnen Sie den App Store und suchen Sie dort nach *Facebook*. Tippen Sie auf *Laden*, um die Facebook-App herunterzuladen.

2. Geben Sie Benutzername und Kennwort ein und melden Sie sich an.

Flickr und Vimeo

Falls Sie über Flickr oder Vimeo Fotos und Videos veröffentlichen wollen, können Sie auch diese Benutzerkonten – soweit vorhanden – aktivieren und dann aus den Apps heraus Ihre Fotos und Filme veröffentlichen.

1. Öffnen Sie den App Store und suchen Sie dort nach *Flickr* oder *Vimeo*. Tippen Sie zuerst auf *Laden*, um die Apps herunterzuladen.

2. Geben Sie jeweils Benutzername und Kennwort ein und melden Sie sich an.

Soziale Netzwerke in Apps nutzen

Wollen Sie aus Apps heraus auf die erwähnten sozialen Netzwerke zugreifen, sollten diese bereits eingerichtet sein – ansonsten müssen Sie die Anmeldung nachholen.

1. Tippen Sie in der jeweiligen App rechts oben auf das Teilen-Feld. Und wählen Sie dann in der ersten Reihe das soziale Netzwerk aus.
2. Wenn Sie den gewünschten Eintrag des sozialen Netzwerks dort nicht finden, tippen Sie auf *Mehr* und aktivieren ihn in der Liste.

4.3   iCloud

Schon die Konfiguration Ihres – neuen – iPads ist ohne die Einrichtung einer Apple-ID und damit auch eines iCloud-Kontos nicht möglich. Über die Apple-ID und das iCloud-Konto werden nicht nur Ihre Einkäufe im iTunes Store, iBooks Store und App Store abgewickelt, iCloud beinhaltet auch ein E-Mail-Konto und es ist für die Synchronisierung der Daten zwischen Ihren Macs, Windows-PCs und iOS-Geräten zuständig. Des Weiteren können Sie ein Backup Ihres iPads über iCloud erstellen und sonstige Dateien jeglicher Art auf iCloud Drive sichern und mit anderen Geräten austauschen. In diesem Kapitel finden Sie die besten Tipps dazu.

Was kostet mehr Speicherplatz bei iCloud?

Je intensiver Sie iCloud nutzen, vor allem als Backup-Speicher oder auch, um dort Dokumente und Fotos abzulegen, desto schneller ist der kostenlose Speicherplatz von 5 GByte belegt. Besitzen Sie also ein iPad und vielleicht noch ein iPhone, dann reicht der Speicherplatz dort vielleicht nicht aus, um Backups von beiden Geräten auf iCloud zu erstellen. In diesem Fall benötigen Sie ebenso mehr Speicher, als wenn Sie dort Ihre Foto-Mediathek ablegen. Bei Apple können Sie zusätzlichen Speicher erwerben:

- 50 GByte kosten 0,99 Euro/Monat.
- 200 GByte kosten 2,99 Euro/Monat.
- 2 TByte kosten 9,99 Euro/Monat.

Mehr Speicherplatz erwerben

Möchten Sie mehr Speicherplatz für iCloud erwerben, gehen Sie so vor:

1. Öffnen Sie die *Einstellungen* und tippen Sie dort auf Ihre Apple-ID (Ihren Namen) sowie anschließend in der zweiten Spalte auf *iCloud*.
2. Hier finden Sie ganz oben den Eintrag *Speicher verwalten*. Tippen Sie darauf.

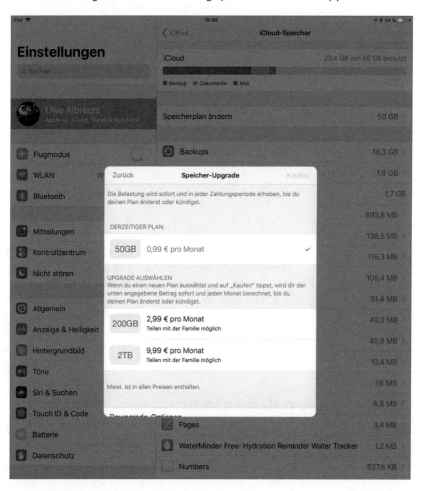

3. Benötigen Sie mehr Speicher, dann tippen Sie auf *Speicherplan ändern* und wählen die gewünschte Größe aus. Die Bezahlung wird über die von Ihnen im iTunes Store hinterlegte Bezahlmethode abgewickelt. Den erweiterten Speicher können Sie umgehend nutzen.

Welche Apps verwenden iCloud?

Neben den in iOS 11 integrierten Apps nutzen auch andere Anwendungen iCloud, um dort ihre Daten abzulegen oder diese mit anderen Geräten abzugleichen. Welche dies sind, finden Sie leicht heraus:

1. Öffnen Sie die *Einstellungen* und tippen Sie dort auf Ihre Apple-ID (Ihren Namen) sowie anschließend in der zweiten Spalte auf *iCloud*.
2. Blättern Sie nach unten, erscheint die Liste aller *Apps, die iCloud verwenden*. Falls Sie dies einer bestimmten App untersagen wollen, tippen Sie auf den Schalter rechts und deaktivieren die Funktion.

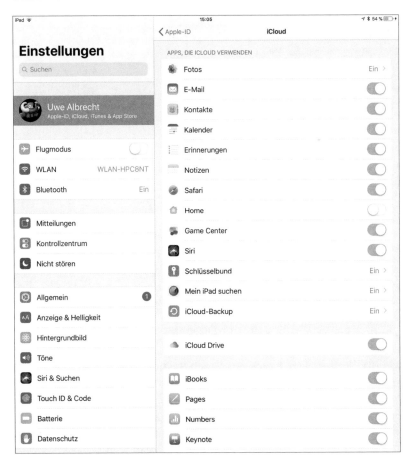

Wie viel Speicher von iCloud nutzen meine Apps?

1. Öffnen Sie die *Einstellungen* und tippen Sie dort auf Ihre Apple-ID (Ihren Namen) sowie anschließend in der zweiten Spalte auf *iCloud*.

2. Hier finden Sie ganz oben den Eintrag *Speicher verwalten*. Tippen Sie darauf.

3. Nun werden Ihre Apps aufgelistet und wie viel an iCloud-Speicher sie momentan nutzen. Die App mit dem höchsten Speicherverbrauch befindet sich oben.

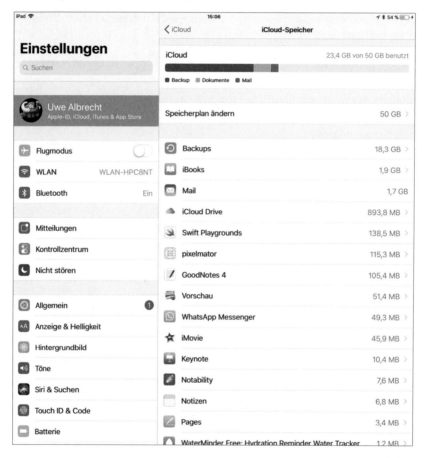

Dateien auf iCloud Drive speichern

Einige Apps wie die Notizen-App, Pages oder auch Keynote speichern die Dokumente automatisch auf iCloud Drive. Apps anderer Hersteller nutzen ihre eigene Cloud und man muss ihnen erst „beibringen", stattdessen iCloud Drive zu verwenden. Die entsprechenden Einstellungen sind von App zu App verschieden. Besitzt die App ein Teilen-Feld, können Sie dieses nutzen. Tippen Sie auf das Teilen-Feld und wählen Sie dort den Eintrag *iCloud* oder *Auf iCloud speichern*. Dessen Bezeichnung kann variieren.

Weitere Speicherorte neben iCloud aktivieren

Neben iCloud gibt es zahlreiche Cloud-Dienste weiterer Anbieter, wie OneDrive von Microsoft oder Google Drive, die Sie ebenfalls nutzen können. Allerdings müssen Sie diese erst aktivieren – und zwar in der Dateien-App.

1. Starten Sie die Dateien-App und tippen Sie bei Bedarf links oben auf den Eintrag *Speicherorte*.

2. Ebenfalls links oben tippen Sie auf *Bearbeiten*. Schalten Sie nun die gewünschten weiteren Speicherorte ein.

3. Möchten Sie deren Reihenfolge verschieben, ziehen Sie sie an den drei kleinen Strichen rechts an die gewünschte Position.

4. Wollen Sie auf den jeweiligen Dienst zugreifen, müssen Sie sich zunächst über das dazugehörige Benutzerkonto anmelden.

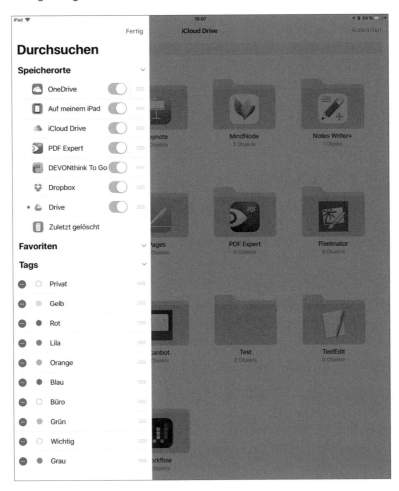

4.4   Die Mail-App

Ebenso wie Safari steht die Mail-App seinen Pendants unter macOS oder Windows kaum nach. Ihre E-Mail-Korrespondenz können Sie damit fast ebenso gut bewältigen oder verwalten. Einerlei, ob es um das Schreiben oder Verwalten von E-Mails geht, um das Versenden und Empfangen von Anhängen und Abbildungen, das Programm lässt nichts zu wünschen übrig. Zudem ist die Mail-App eng mit den anderen Apps verzahnt und Sie können aus vielen Apps heraus auf die App *Mail* zugreifen und Dokumente oder Daten versenden.

Besitzen Sie ein iPad Pro und einen Apple Pencil, lassen sich Ihre E-Mails zudem handschriftlich markieren, und Sie können darin kleine Skizzen erstellen. Mit unseren zahlreichen Tipps holen Sie alles aus der App *Mail* heraus.

Standardkonto festlegen

Falls Sie auf Ihrem iPad mehrere E-Mail-Konten nutzen und verwalten, können Sie eines als Standardkonto festlegen. Dieses findet immer dann Verwendung, wenn Sie beispielsweise aus einer anderen App heraus eine E-Mail versenden wollen oder an eine auf einer Webseite befindliche E-Mail-Adresse antworten:

1. Öffnen Sie die *Einstellungen* und wählen Sie dort in der linken Spalte den Eintrag *Mail*.
2. Blättern Sie in der rechten Spalte ganz nach unten zum Eintrag *Standardaccount*. Tippen Sie darauf, können Sie anschließend das gewünschte Standardkonto festlegen.

Drei Spalten für Apple Mail

Besitzen Sie ein iPad mit einem größeren Bildschirm und drehen Sie es ins Querformat, können Sie den Dreispaltenmodus von *Mail* mit einer zusätzlichen Spalte für Ihre Postfächer nutzen.

1. Bringen Sie Ihr iPad ins Querformat. Tippen Sie nun links oben auf das Symbol für die Postfächer, dann werden diese in der ersten Spalte angezeigt.
2. Dort können Sie dann einfach und schnell per Fingertipp zwischen den oftmals zahlreichen Postfächern wechseln.

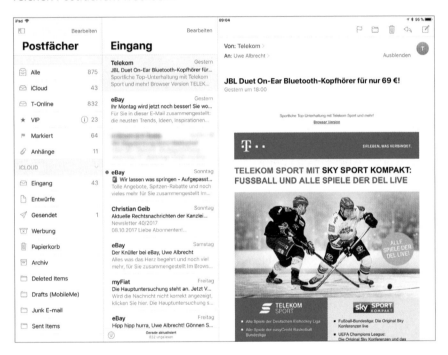

Signatur anlegen

Ihre E-Mails können Sie – bei Bedarf – mit einer sogenannten Signatur ausstatten. Dies dürfen Ihre Kontaktdaten ein, ein Zitat, das Ihnen gefällt, oder einfach ein kleiner Werbetext. Sobald Sie eine neue E-Mail erstellen, wird diese Signatur am Ende der E-Mail angefügt. Eine bestimmte Signatur ist Ihnen sicher schon einmal aufgefallen. So handelt es sich bei dem in manchen E-Mails enthaltenen Satz *Von meinem iPad/iPod gesendet* um eine Signatur. Sie können Ihre Signatur ganz einfach ändern:

1. Öffnen Sie die *Einstellungen* und tippen Sie in der linken Spalte auf den Eintrag *Mail*.
2. In der rechten Spalte finden Sie unten die Option *Signatur*. Tippen Sie darauf.

3. Nun entscheiden Sie, ob für alle E-Mail-Konten dieselbe Signatur verwendet wird (*Alle Accounts*) oder für jedes Konto eine andere (*Pro Account*).

4. Tippen Sie unten die Signatur oder Signaturen für die E-Mail-Konten ein. Erstellen Sie eine neue E-Mail, wird die jeweilige Signatur dann hinzugefügt.

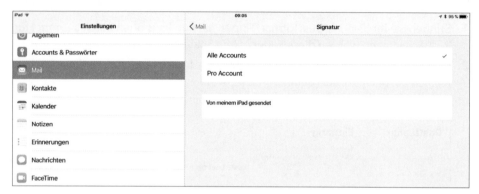

Absender auf die Schnelle wechseln

Vor dem Versenden einer E-Mail können Sie bei Bedarf noch schnell die E-Mail-Adresse ändern, die als Absender-Adresse angezeigt wird.

1. Schreiben Sie die E-Mail und tippen Sie vor dem Versenden zunächst auf die Zeile *Kopie/Blindkopie, Von*.

2. Nun erscheint eine neue Zeile mit der Bezeichnung *Account*. Dort tippen Sie etwas länger auf den Absender und wählen dann aus dem Menü die gewünschte andere E-Mail-Adresse aus. Versenden Sie die E-Mail dann wie gewohnt.

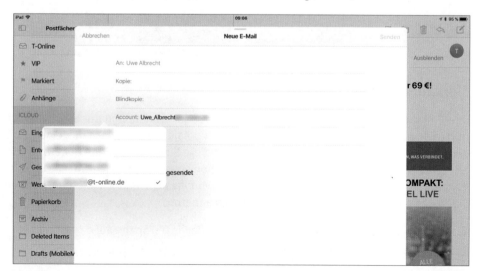

Blindkopie nutzen

Manchmal ist es erforderlich, dieselbe E-Mail nicht nur an den eigentlichen Adressaten, sondern noch an weitere Empfänger zu schicken, die aber nichts voneinander wissen sollen. In diesem Fall versenden Sie die Kopien als „Blindkopie" oder „Bcc". Das heißt, der Adressat findet in der E-Mail nur seine E-Mail-Adresse und die des Absenders, aber nicht die der anderen Empfänger. Hierzu gehen Sie wie folgt vor:

1. Wählen Sie den Empfänger aus und verfassen Sie die E-Mail. Tippen Sie vor dem Versenden zunächst auf die Zeile *Kopie/Blindkopie, Von*.

2. Geben Sie nun in das Feld *Blindkopie* alle anderen Empfänger ein. Oder wählen Sie diese über den Plus-Schalter rechts aus der Kontakte-App aus.

3. Haben Sie alle Empfänger hinzugefügt, tippen Sie auf *Senden*.

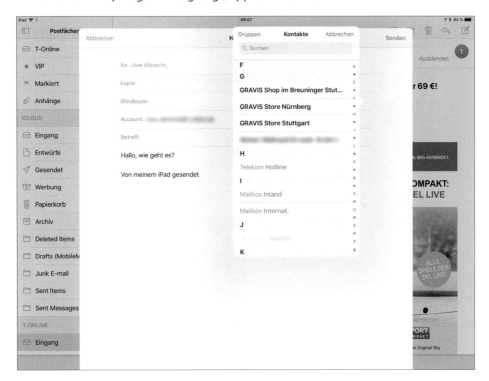

Zu weiteren E-Mail-Entwürfen wechseln

E-Mails, die Sie bearbeitet und gespeichert, aber noch nicht versandt haben, sind normalerweise im Postfach *Entwürfe* des verwendeten E-Mail-Kontos zu finden. Möchten Sie schnell zu einem dieser Entwürfe wechseln, genügt ein längerer Fingertipp auf das Symbol *Neue E-Mail*, und eine Liste vorhandener Entwürfe wird angezeigt. Wählen Sie dort den gewünschten Entwurf aus und bearbeiten Sie ihn weiter.

E-Mail teilweise zitieren

Beantworten Sie eine E-Mail, dann ist es nicht immer erforderlich, diese im Ganzen zu zitieren. Der besseren Übersichtlichkeit wegen beschränken Sie sich auf die relevanten Textpassagen:

1. Öffnen Sie die E-Mail und tippen Sie auf die gewünschte Textpassage, bis das Kontextmenü erscheint.
2. Ziehen Sie den linken und rechten Textbegrenzer an die gewünschte Stelle, bis die Textpassage markiert ist.
3. Tippen Sie als Nächstes auf das Symbol *Beantworten* (geschwungener Pfeil), wird als Antwort eine neue E-Mail erstellt, die den markierten Text als Zitat enthält. Geben Sie Ihren Kommentar oder Ihre Antwort ein und tippen Sie auf *Senden*.

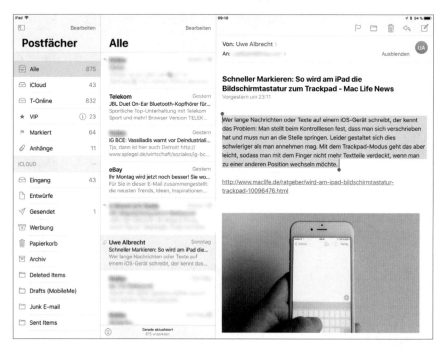

E-Mails suchen

Wollen Sie in *Mail* Ihre E-Mails durchsuchen, vermissen Sie unter Umständen ein Suchfeld, in das Sie die Suchbegriffe eingeben. Natürlich hat Apple das nicht vergessen, es ist nur etwas versteckt. Zur Suche gehen Sie auf die folgende Weise vor:

1. Nach dem Start von *Mail* wählen Sie zunächst das gewünschte Postfach aus.
2. Wischen Sie dann auf den angezeigten E-Mails von oben nach unten, um das Suchfeld anzuzeigen.

3. Bereits während der Eingabe werden die Suchergebnisse, strukturiert nach *Toptreffer*, *Personen*, *Betreff* und so weiter angezeigt. Oben tippen Sie auf *Alle Postfächer*, um in allen Postfächern zu suchen, oder *Aktuelles Postfach*, um nur im gewählten Postfach eine Suche durchzuführen.

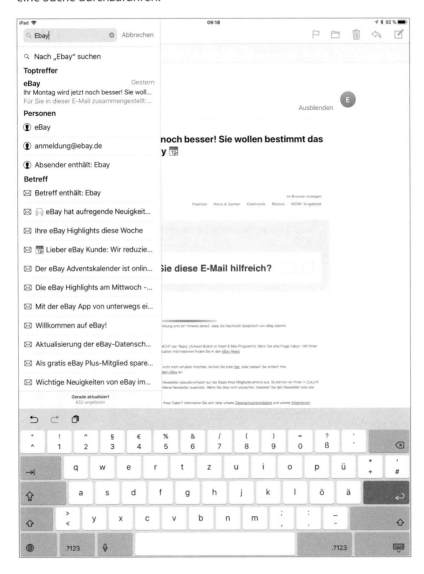

E-Mails verschieben

Ab und zu kommt es vor, dass Sie E-Mails von einem Postfach in ein anderes verschieben wollen oder müssen, etwa weil Sie eine E-Mail aus Versehen gelöscht haben und sie wieder zurück in ihr altes Postfach soll.

Zum Verschieben von E-Mails gehen Sie bei *Mail* auf die beschriebenen Arten vor:

1. Wählen Sie die E-Mail aus und drücken Sie so lange darauf, bis sie sich von der Liste löst.

2. Nun ziehen Sie diese E-Mail einfach in das gewünschte Postfach.

3. Alternativ können Sie in der E-Mail-Liste auf der besagten E-Mail von rechts nach links wischen und dann auf die drei weißen Punkte tippen.

4. Hier wählen Sie den Befehl *E-Mail bewegen* und anschließend den Zielordner. Umgehend wird die E-Mail in den Zielordner verschoben.

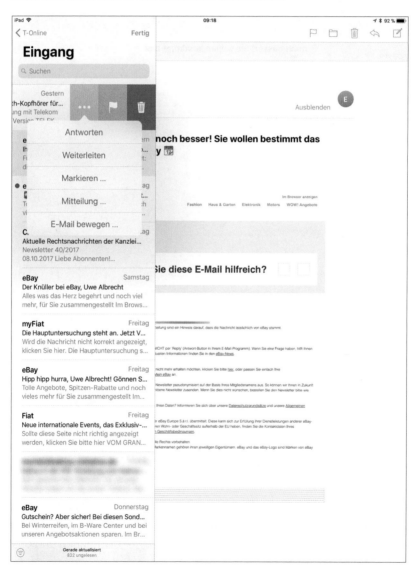

E-Mails als Werbung kennzeichnen

Mail besitzt einen eingebauten Spamfilter zum Erkennen von Werbe-E-Mails. Dieser ist zudem lernfähig und Sie können ihm „beibringen", weitere Werbe-E-Mails in das entsprechende Postfach einzusortieren:

1. Wischen Sie in der E-Mail-Liste auf der Werbe-E-Mail von rechts nach links und tippen Sie dann auf die drei weißen Punkte.

2. Hier wählen Sie den Befehl *Markieren* und anschließend *In „Werbung" bewegen*. Die E-Mail wird anschließend in den Ordner *Werbung* des jeweiligen Postfachs verschoben.

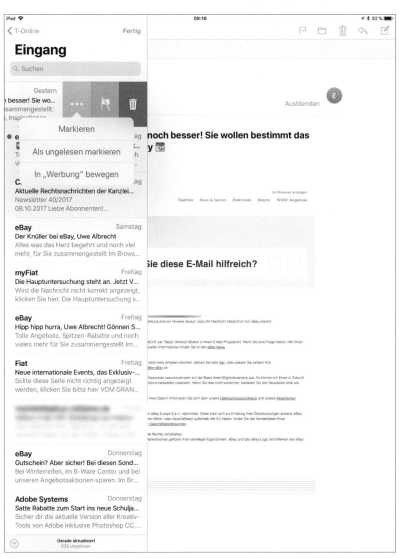

E-Mails markieren

Möchten Sie E-Mails markieren, um sie weiterzubearbeiten, dann gibt es dazu verschiedene Wege.

- Um mehrere E-Mails zu markieren, tippen Sie rechts oben an der E-Mail-Liste des entsprechenden Postfachs auf *Bearbeiten*. Nun können Sie per Fingertipp auf den Kreis links die E-Mail auswählen.
- Bei einzelnen E-Mails wischen Sie auf der E-Mail-Liste von rechts nach links, tippen auf die drei kleinen Punkte und dann auf den Eintrag *Markieren* oder auch *Als ungelesen markieren*.

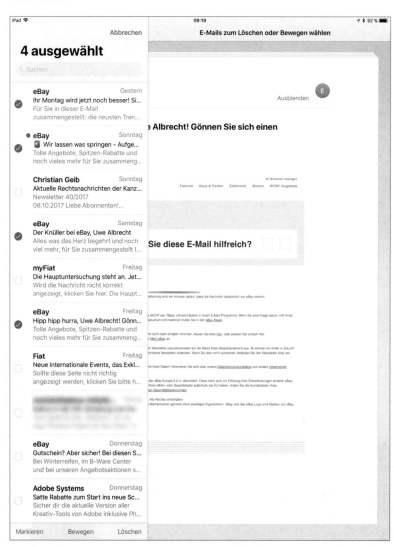

E-Mail als wichtig kennzeichnen

Bei den vielen E-Mails, die tagtäglich eintreffen, ist es nicht immer einfach, den Überblick zu bewahren. Daher wäre es praktisch, wenn man wichtige E-Mails entsprechend kennzeichnen könnte. Bei *Mail* ist das auf die folgende Weise möglich:

1. Wischen Sie in der E-Mail-Liste auf der E-Mail von rechts nach links und tippen Sie dann auf das Fahnensymbol.
2. Die E-Mail wird durch eine orange Fahne farblich markiert.
3. Alle auf diese Weise markierten E-Mails sind über das Postfach *Markiert* zu finden.
4. Um statt einer kleinen Fahne einen orangefarbenen Punkt anzuzeigen, öffnen Sie die *Einstellungen*, dann in der ersten Spalte *Mail* und ändern rechts den *Markierungsstil* von *Symbol* in *Farbe*.

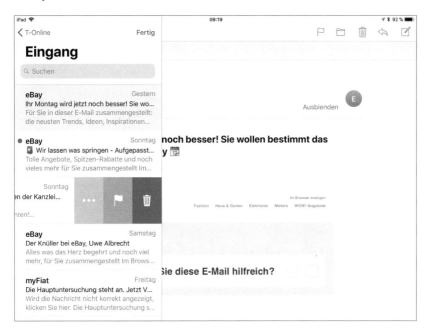

E-Mail als VIP-E-Mail markieren

Möchten Sie E-Mails bestimmter Absender immer im Blick haben, weisen Sie diesen einen besonderen Status, den VIP-Status, zu.

1. Wählen Sie eine E-Mail des Absenders aus. Tippen Sie auf die E-Mail-Adresse.
2. Nun erscheint ein Fenster, in dem Sie nach unten blättern und dort auf *Zu VIP hinzufügen* tippen.

3. Anschließend wird – sofern noch nicht geschehen – ein VIP-Postfach angelegt, in dem Sie auf die E-Mails aller VIP-Adressen zugreifen können.

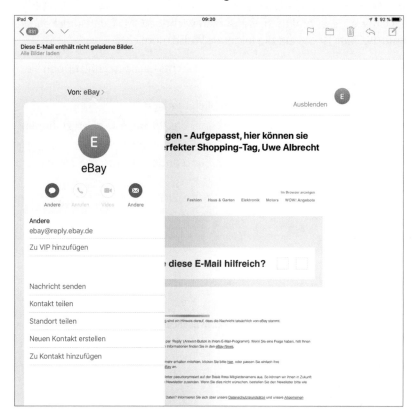

E-Mail löschen oder doch archivieren?

Bevor Sie eine E-Mail löschen, haben Sie die Möglichkeit, sie stattdessen zu archivieren.

1. Wählen Sie die E-Mail aus und tippen Sie rechts oben am Fenster etwas länger auf das Papierkorbsymbol.

2. Im folgenden Fenster wählen Sie den Befehl *E-Mail archivieren*. Archivierte E-Mails finden Sie später im Unterordner *Archiv* des jeweiligen E-Mail-Kontos.

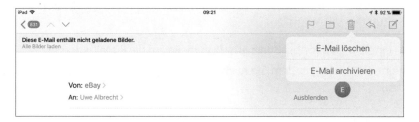

Beantwortete E-Mails anzeigen

Wenn Sie eine E-Mail beantworten, wird sie links mit einem geschwungenen Pfeil versehen. Die dazugehörige Antwort ist nicht zu sehen. Wollen Sie alle E-Mails einer Konversation einblenden, erreichen Sie das auf die folgende Weise:

1. Wischen Sie in der E-Mail-Liste auf der E-Mail von rechts nach links und tippen Sie dann auf die drei weißen Punkte.
2. Um alle E-Mails einer Konversation anzuzeigen, tippen Sie auf *Zugehörige E-Mails einblenden*.

Konversation anzeigen

Um eine gesamte Konversation anzuzeigen, tippen Sie rechts oben in der E-Mail auf den blauen Doppelpfeil. Umgehend wird die Konversation unterhalb dieser E-Mail eingeblendet und Sie können diese noch einmal nachvollziehen.

Konversationen mit neuester Nachricht oben anzeigen

Lassen Sie in der Mail-App eine Konversation anzeigen, dann findet sich normalerweise die aktuellste E-Mail immer unten. Um das so zu ändern, dass sie künftig oben angezeigt wird, gehen Sie wie folgt vor:

1. Wischen Sie in der E-Mail-Liste auf der E-Mail von rechts nach links und tippen Sie auf die drei weißen Punkte.
2. Um die aktuellste E-Mail einer Konversation anzuzeigen, tippen Sie auf *Neueste Nachricht ganz oben*.

Vollständige Konversationen anzeigen

Um zu erreichen, dass die App *Mail* – bei der entsprechenden Funktion zum Anzeigen einer Konversation – tatsächlich alle E-Mails anzeigt, müssen Sie dies in den Einstellungen von *Mail* aktivieren:

1. Öffnen Sie die *Einstellungen* und wählen Sie in der linken Spalte *Mail*.
2. In der rechten Spalte schalten Sie die Funktion *Vollständige Konversation* ein. Nun werden in der Konversation auch E-Mails angezeigt, die gegebenenfalls in einen anderen Ordner verschoben wurden.

Gesprächsverlauf einer Konversation zeigen

Wenn Sie auf die in der E-Mail-Liste angezeigte aktuellste E-Mail einer Konversation tippen, werden die dazugehörigen E-Mails darunter aufgelistet. Um diese zu lesen, blättern Sie einfach nach unten und tippen auf die entsprechende E-Mail.

Zwischen E-Mail und Postfächern wechseln

Falls Sie beim Verfassen einer E-Mail schnell einmal einen Blick in ein Postfach werfen wollen oder die aktuellen E-Mails checken, dann können Sie die Arbeit an der E-Mail ganz einfach unterbrechen:

1. Ziehen Sie das geöffnete E-Mail-Fenster an seiner Titelleiste an den unteren Bildschirmrand. Arbeiten Sie dann wie gewohnt weiter, indem Sie Postfächer öffnen oder neue E-Mails betrachten.

2. Wollen Sie später an der angefangenen E-Mail weiterarbeiten, tippen Sie auf die Titelleiste und zeigen diese wieder an.

3. Sie können auf diese Weise sogar an mehreren E-Mails parallel schreiben. Tippen Sie in diesem Fall auf die Titelleiste, können Sie durch die geöffneten Fenster von *Mail* blättern.

E-Mail filtern und sortieren

Sie können die E-Mails in Ihren Postfächern sortieren oder filtern – nach unterschiedlichen Kriterien wie *Ungelesen*, *Markiert* oder auch *Nur E-Mails mit Anhang*:

1. Wählen Sie mit einem Fingertipp das gewünschte Postfach aus oder gleich das Postfach *Alle*.

2. Unterhalb der E-Mail-Liste finden Sie ein kleines Symbol, einen Kreis mit drei Strichen. Darauf tippen Sie. Nun werden die E-Mails nach dem gewählten Kriterium sortiert – dies ist normalerweise *Ungelesen*.

3. Um die E-Mails anders zu sortieren oder zu filtern, tippen Sie auf *Ungelesen* und wählen ein anderes oder weitere Kriterien aus, wie das Postfach, *Markiert* oder *Nur von VIP*.

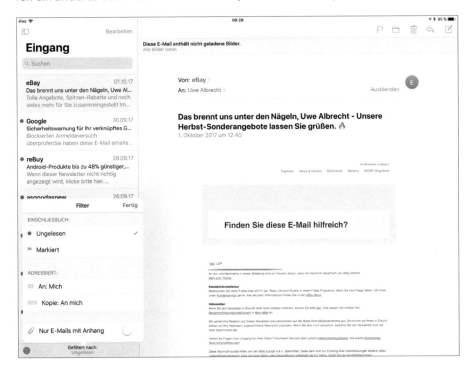

Abbildungen nicht herunterladen

Enthält eine E-Mail zahlreiche Abbildungen – oft ist das sogar nur Werbung –, dann dauert die Ladezeit entsprechend länger und es besteht auch die Gefahr, Datenmüll oder Malware zu erhalten. Daher lässt sich die Anzeige von Abbildungen in E-Mails unterbinden.

1. Öffnen Sie die *Einstellungen* und wählen Sie in der linken Spalte *Mail*.

2. In der rechten Spalte schalten Sie die Funktion *Bilder von Webservern laden* aus. Diese werden nun nicht mehr automatisch angezeigt. Möchten Sie sie später dennoch be-

trachten, tippen Sie einfach in der E-Mail auf die entsprechende Funktion beziehungsweise den Platzhalter.

Foto oder Video versenden

Mit Ihrem iPad lassen sich auch Fotos und Videos verschicken – direkt über *Mail* oder aus
anderen Apps heraus.

1. Erstellen Sie eine neue E-Mail, indem Sie rechts oben auf das Symbol *Neue E-Mail* tippen. Geben Sie den Empfänger ein sowie den Betreff.
2. Verfassen Sie nun den Text mit der Bildschirmtastatur. Auf dieser befindet sich rechts
ein Kamerasymbol.
3. Tippen Sie auf das Kamerasymbol, erhalten Sie Zugriff auf die mit der Fotos-App ver-
walteten Fotoalben. Wählen Sie das gewünschte Foto aus.
4. Alternativ können Sie auf das geöffnete E-Mail-Fenster tippen – das Textfenster –, bis
das Kontextmenü erscheint. Dann wählen Sie den Befehl *Foto od. Video einfügen*.
5. Das Foto wird nun als Vorschau angezeigt. Um es in die E-Mail zu übernehmen, tippen
Sie auf *Verwenden*. Anschließend verschicken Sie es über einen Fingertipp auf *Senden*.

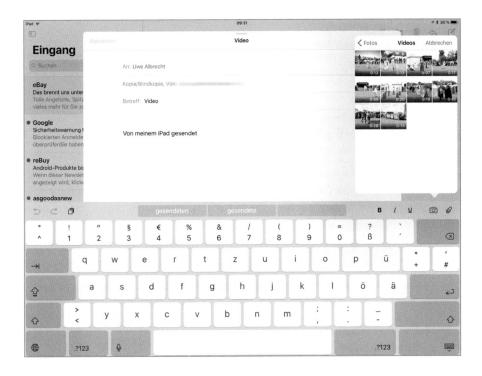

Dateigröße vor dem Versenden reduzieren

Fotos (und Videos) sind oft zu groß zum Versenden. In diesem Fall können Sie die Bildgröße selbst verringern.

1. Erstellen Sie eine E-Mail und fügen Sie, wie im vorherigen Tipp beschrieben, die Fotos hinzu.

2. Tippen Sie rechts oben in der Zeile für den Empfänger auf *Bilder: xxx KB*.

3. Nun können Sie die Bildgröße bestimmen. Von *Klein* bis *Originalgröße*. Hiermit lässt sich der Dateianhang erheblich verkleinern.

Andere Dateien versenden

Selbstverständlich können Sie mit *Mail* auch andere Dateien, etwa Textdokumente, Tabellenkalkulationen oder PDF-Dokumente, verschicken. Hierbei ist die Vorgehensweise eine etwas andere:

1. Erstellen Sie eine neue E-Mail, indem Sie rechts oben auf das Symbol *Neue E-Mail* tippen. Geben Sie den Empfänger ein sowie den Betreff.

2. Verfassen Sie nun den Text mit der Bildschirmtastatur. Auf dieser befindet sich rechts ein Büroklammer-Symbol.

3. Tippen Sie darauf, wird die Dateien-App geöffnet. Dort wählen Sie über *Verlauf* eine Datei aus oder tippen auf *Durchsuchen*, um sie in den unterschiedlichen Ordnern oder auch bei den integrierten Cloud-Diensten zu suchen.

4. Tippen Sie auf das Symbol einer Datei, wird diese in die E-Mail übernommen und Sie können die E-Mail über einen Fingertipp auf *Senden* verschicken.

Dateianhang betrachten und weitergeben

Haben Sie eine E-Mail mit einem Dateianhang erhalten, können Sie diesen nicht nur auf dem iPad betrachten, sondern auch sichern und ablegen sowie – eine kompatible App vorausgesetzt – weiterbearbeiten.

Hierbei gehen Sie so vor:

- Möchten Sie den Anhang – wie eine PDF-Datei – betrachten, dann tippen Sie doppelt auf das Symbol. Zum Beenden tippen Sie auf *Fertig*.
- Soll der Anhang mit einer anderen App angezeigt oder dort weiterbearbeitet werden, tippen Sie etwas länger auf das Symbol, bis das *Teilen*-Menü erscheint. Dort wählen Sie in der ersten Reihe die gewünschte App aus.

Dateianhang sichern

Möchten Sie den erhaltenen Dateianhang sichern und aufbewahren, dann kopieren Sie ihn auf Ihr iPad oder auf iCloud Drive.

1. Starten Sie *Mail*, öffnen Sie die E-Mail mit dem Anhang und warten Sie gegebenenfalls, bis der Anhang vollständig geladen ist.
2. Starten Sie die Dateien-App parallel, indem Sie diese vom Dock an den rechten Rand des Bildschirms bewegen.
3. Nun ziehen Sie den Anhang von der geöffneten E-Mail auf den passenden Ordner der Dateien-App.

4. Alternativ tippen Sie etwas länger auf das Symbol des Anhangs, bis das *Teilen*-Menü erscheint. Dort wählen Sie in der zweiten Reihe *In Dateien sichern* aus.

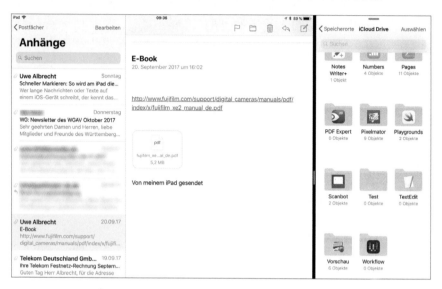

Dateianhang markieren und beschriften

Ein Dateianhang, wie ein Foto oder ein PDF-Dokument, kann auch markiert und beschriftet werden. Hierfür sind ein iPad Pro sowie der Apple Pencil am besten geeignet, auch wenn für einfachere Markierungen Ihr Finger ausreicht. In diesem Fall gehen Sie so vor:

1. Drücken Sie auf das Symbol des Anhangs, bis er geladen ist. Tippen Sie nun rechts oben auf das Bleistiftsymbol.

2. Die Datei wird im Bearbeiten-Modus geöffnet. Zum Markieren tippen Sie unten links auf das entsprechende Zeichenwerkzeug und rechts auf die Farbe und nehmen dann die Markierungen vor. Dies können natürlich auch handschriftliche Kommentare sein.

3. Soll ein Textkommentar hinzugefügt werden, tippen Sie rechts auf das Plus-Symbol und wählen dort *Text* aus.

4. Über das Pfeilsymbol weisen Sie auf Textstellen hin. Und über *Unterschrift* können Sie sogar ein Dokument unterschreiben.

5. Mit *Fertig* versenden Sie das Dokument, über das Teilen-Feld rechts oben können Sie es sichern oder an eine andere App weitergeben.

Archivdatei betrachten

Viele Dateianhänge werden auch – um Zeit und Datenvolumen zu sparen – als komprimiertes ZIP-Archiv versandt. Erhalten Sie eine derartige Datei, können Sie diese auch am iPad öffnen und weitergeben.

1. Öffnen Sie die E-Mail und warten Sie gegebenenfalls, bis der Anhang vollständig
geladen wurde.

2. Tippen Sie auf das Dateisymbol des Anhangs, wird die Größe der ZIP-Datei angezeigt und wie viele Dateien enthalten sind.

3. Über einen Fingertipp auf *Inhaltsvorschau* öffnen Sie die Archivdatei. Die erste darin
befindliche Datei wird angezeigt.

4. Um auf die weiteren Dateien – soweit vorhanden – zuzugreifen, tippen Sie links oben
auf die drei kleinen Striche. Dort greifen Sie auf die weiteren Dateien zu.

5. Über das Teilen-Feld lassen Sie die Dateien mit der Dateien-App sichern oder an andere Apps weitergeben. Tippen Sie dazu auf die passenden Symbole.

Mailing-Listen abbestellen

Mit der Zeit verstopfen zahlreiche E-Mails von Mailing-Listen und Newslettern Ihr Postfach. Um die einzelnen Mailing-Listen abzumelden, müssen Sie normalerweise die dazugehörige Webseite besuchen und dort einige Fragen beantworten. Doch es geht unter
Umständen auch schneller:

1. Wählen Sie die entsprechende E-Mail im Postfach aus und öffnen Sie sie.

2. Oberhalb der E-Mail finden Sie den Eintrag *Diese E-Mail ist von einer Mailing-Liste* und
darunter *Abmelden*.

3. Zum Abmelden tippen Sie darauf und bestätigen die Sicherheitsfrage ebenfalls über
einen Fingertipp auf *Abmelden*.

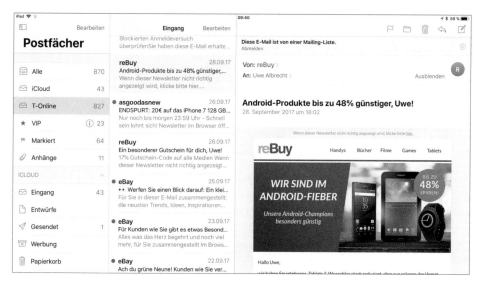

4.5   Nachrichten

Die Nachrichten-App dient dazu, mit anderen Mac- oder iPhone-/iPad-Anwendern schnell und kostenlos (Kurz-)Nachrichten auszutauschen oder auch – ein entsprechender Mobilfunkvertrag vorausgesetzt – SMS oder MMS zu versenden und zu empfangen. Wie Sie diese Funktionen nutzen und alles aus der Nachrichten-App herausholen, erfahren Sie auf den folgenden Seiten.

iMessage aktivieren

Um Nachrichten zwischen Apple-Geräten, wie Mac, iPad, iPhone und iPod touch, über eine Datenverbindung – WLAN oder Mobilfunk – austauschen zu können, müssen Sie die Funktion *iMessage* aktivieren. Ist iMessage nicht aktiviert, werden die Nachrichten als – kostenpflichtige – SMS oder MMS versandt. iMessage schalten Sie so ein:

1. Öffnen Sie die *Einstellungen* und tippen Sie dort in der linken Spalte auf *Nachrichten*.
2. Schalten Sie in der rechten Spalte *iMessage* ein. Als Adresse dient – sofern vorhanden – die Mobilfunknummer oder Ihre für die Apple-ID angegebene E-Mail-Adresse.
3. iMessage selbst ist kostenlos, allerdings benötigen Sie einen Internetzugang über WLAN oder unterwegs das Mobilfunknetz.

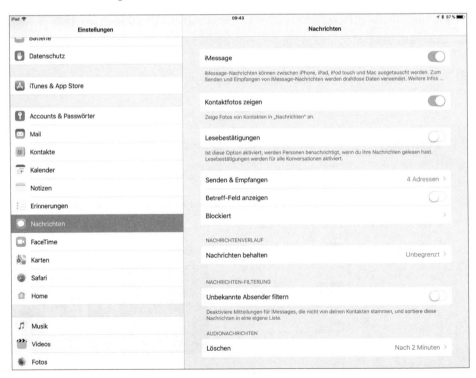

> **Nachrichten in iCloud**
>
> In einem der kommenden Updates von iOS 11 wird Apple eine Funktion integrieren, die es ermöglicht, Ihre Nachrichtenverläufe in iCloud zu sichern und damit auf allen Ihren Mac- und iOS-Geräten, auf denen Sie mit Ihrer Apple-ID angemeldet sind, auf dem gleichen Stand zu halten.

Gesamte Konversationen löschen

Sicherlich wollen Sie nicht alle Ihre Konversationen auf ewig behalten.

Bei Bedarf können Sie sie einfach löschen:

1. Wechseln Sie – falls erforderlich – mit dem Pfeil oben links in die oberste Ebene der Nachrichten-App, um einen Überblick über alle Konversationen zu erhalten.
2. Wischen Sie auf der zu löschenden Konversation von rechts nach links. Es erscheint der rote Schalter *Löschen*.
3. Tippen Sie auf *Löschen*, wird die Konversation umgehend entfernt.

Einzelne Nachrichten löschen

Einzelne Nachrichten können Sie ebenfalls löschen, auch wenn dies auf den ersten Blick nicht ersichtlich ist:

1. Drücken Sie so lange auf die Nachricht, die Sie löschen wollen, bis am unteren Rand des Bildschirms das Kontextmenü erscheint.

2. Dort tippen Sie auf *Mehr*, dann taucht links an den Nachrichten eine Checkliste auf, mit der Sie einzelne Nachrichten zum Löschen markieren.

3. Haben Sie alle gewünschten Nachrichten markiert, tippen Sie links unten auf das Papierkorbsymbol, um sie zu löschen.

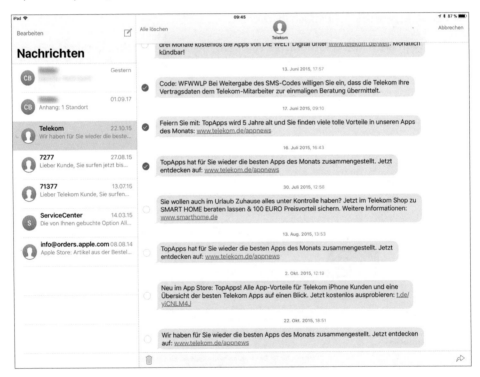

Akustische Hinweise ausschalten

In der Regel werden Sie über neu eintreffende Nachrichten sofort akustisch informiert. Sie können dies für einzelne Absender abschalten.

1. Wählen Sie die gewünschte Konversation aus und tippen Sie rechts oben auf das kleine Informationen-Symbol *i*.

2. Um die akustischen Hinweise über neue Nachrichten abzuschalten, tippen Sie auf den Schalter *Hinweise ausblenden*.

Abbildungen oder Anhänge aus den Nachrichten löschen

Abbildungen, die Sie mit der Nachrichten-App versenden oder empfangen, werden leider nicht automatisch gelöscht, sondern bleiben in der Konversation erhalten. Um diese später zu löschen, gehen Sie so vor:

1. Wählen Sie die gewünschte Konversation aus und tippen Sie rechts oben auf das kleine Informationen-Symbol *i*.

2. Wollen Sie überprüfen, welche Abbildungen und Anhänge in der jeweiligen Konversation vorhanden sind, tippen Sie auf das Register *Bilder* oder *Anhänge*.

3. Um eine Abbildung oder einen Anhang zu löschen, tippen Sie etwas länger darauf, bis das Kontextmenü erscheint. Darin wählen Sie *Löschen* und tippen dann bei der Sicherheitsabfrage erneut auf *Löschen*.

Nachricht auf dem Sperrbildschirm beantworten

Eingehende Nachrichten lassen sich übrigens gleich auf dem Sperrbildschirm beantworten. So können Sie schnell auf eine Nachricht reagieren, ohne sich erst anmelden zu müssen.

1. Tippen Sie etwas fester auf die eingegangene Nachricht. Diese wird angezeigt, und unter der Nachricht erscheint ein kleines Texteingabefeld.

2. Geben Sie in dieses Texteingabefeld Ihre Nachricht ein und versenden Sie diese.

Lesebestätigung für einzelne Empfänger abschalten

Falls Sie nicht möchten, dass bestimmte Empfänger nachvollziehen können, ob eine Nachricht von Ihnen gelesen wurde oder nicht, ist auch das möglich.

1. Wählen Sie die gewünschte Konversation aus und tippen Sie rechts oben auf das kleine Informationen-Symbol *i*.

2. Schalten Sie rechts die Einstellung *Lesebestätigungen senden* mit einem Fingertipp ab.

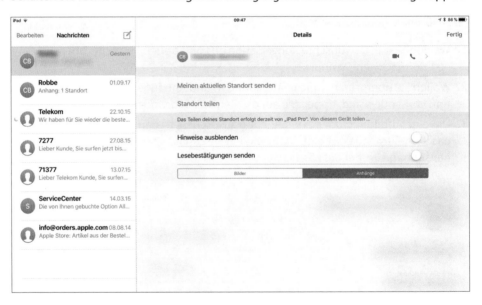

Nachrichtendatum herausfinden

Auf den ersten Blick ist nicht ersichtlich, an welchem Datum und zu welcher Zeit eine Nachricht versandt oder empfangen wurde. Dies herauszufinden, ist eigentlich ganz einfach. Ziehen Sie die Nachrichten einfach so lange nach links, bis an der rechten Seite die Zeiten erscheinen, an denen sie verfasst oder empfangen wurden. Das Datum selbst ist jeweils in der Mitte oberhalb der Nachrichten eines Tages zu finden.

Standort versenden

Falls Sie Ihren Freunden und Bekannten mitteilen wollen, wo Sie sich während einer Konversation über die Nachrichten-App gerade befinden, dann erreichen Sie dies auf die folgende Weise:

1. Aktivieren Sie zunächst in den Einstellungen von iCloud die Standortfreigabe. Öffnen Sie die *Einstellungen* und tippen Sie dort auf Ihre Apple-ID.
2. Dort wählen Sie den Eintrag *iCloud* und blättern ganz nach unten zum Eintrag *Standort teilen*.
3. Schalten Sie die Funktion mit einem Fingertipp ein. Falls Sie mehrere Geräte unter dieser Apple-ID angemeldet haben, wählen Sie zusätzlich das entsprechende Gerät aus.
4. Als Nächstes wählen Sie in der Nachrichten-App die gewünschte Konversation aus und tippen rechts oben auf das kleine Informationen-Symbol *i*.
5. Hier tippen Sie auf den Eintrag *Standort teilen* und entscheiden, wie lange dieser geteilt werden soll – eine Stunde lang, bis zum Tagesende oder unbegrenzt. Zudem wählen Sie aus, von welchem Ihrer Geräte der Standort geteilt wird.

Internetadresse versenden

Um eine Internetadresse zu versenden, müssen Sie nicht immer die App *Mail* verwenden. Dies geht auch mit der Nachrichten-App. Der Empfänger erhält sogar eine kleine Vorschau. Bei Adressen aus dem iTunes Store ist das Cover enthalten und der Titel lässt sich gleich anspielen.

1. Kopieren Sie zunächst die Internetadresse in die Zwischenablage. Tippen Sie dazu auf die Adresse im Adressfeld, bis das Kontextmenü erscheint. Dort tippen Sie auf *Kopieren*.

2. Wählen Sie in der Nachrichten-App die gewünschte Konversation aus und drücken Sie auf das Texteingabefeld, bis dort das Kontextmenü erscheint.

3. Fügen Sie über den Befehl *Einsetzen* die Internetadresse in das Texteingabefeld ein und versenden Sie die Nachricht.

Webadresse per Ziehen & Ablegen versenden

Eine Internetadresse können Sie sogar noch einfacher versenden. Starten Sie die Nachrichten-App und ziehen Sie das Symbol von Safari vom Dock an die rechte Seite des Bildschirms. Nun befinden sich beide Programmfenster nebeneinander.

Wählen Sie im Adressfeld die Webadresse aus, indem Sie länger darauf tippen, und ziehen Sie diese einfach auf das Texteingabefeld der Nachrichten-App.

Zum Schluss versenden Sie die Nachricht.

Fotos und Videos verschicken

Um einem Empfänger Fotos und Videos zukommen zu lassen, benötigen Sie nicht in jedem Fall die Mail-App. Auch über die Nachrichten-App können Sie Abbildungen und Filme verschicken. Hier ist es jedoch ratsam, die Dateien möglichst nicht in der höchsten Auflösung zu verschicken, da Ihr Gegenüber unter Umständen nicht über WLAN, sondern über das Mobilfunknetz mit dem Internet verbunden ist.

1. Starten Sie die Nachrichten-App und wählen Sie eine bestehende Konversation aus oder erstellen Sie über das entsprechende Symbol rechts oben eine neue Nachricht.
2. Tippen Sie auf das Kamerasymbol unten links. Nun wird die Kamera-App eingeblendet sowie Ihre auf dem iPad befindlichen Fotos.
3. Sie können direkt ein Foto schießen oder ein Video aufnehmen und dieses versenden, indem Sie auf *Kamera* tippen. Andernfalls wählen Sie das oder die Fotos über die Fotos-App aus.
4. Zum Versenden tippen Sie auf *Verwenden*, geben den Nachrichtentext ein und schicken die Nachricht ab.
5. Über „Ziehen und Ablegen" geht es noch komfortabler. Starten Sie die Nachrichten-App und ziehen Sie die Fotos-App vom Dock an die rechte Seite des Bildschirms. Jetzt befinden sich beide Programmfenster nebeneinander. Wählen Sie das Foto oder Video aus, indem Sie länger darauf tippen, und ziehen Sie es auf das Texteingabefeld der Nachrichten-App. Versenden Sie die Nachricht.

Fotos vor dem Versenden markieren und bearbeiten

Auf Wunsch können Sie ein Foto, das Sie versenden wollen, vorher bearbeiten und markieren:

1. Tippen Sie in der Nachrichten-App auf das Kamerasymbol unten links. Nun werden die Kamera-App sowie Ihre auf dem iPad befindlichen Fotos eingeblendet. Wählen Sie ein Foto per Fingertipp aus. Es erscheint im Texteingabefeld.

2. Zum Bearbeiten tippen Sie doppelt auf das Foto. Möchten Sie das Foto markieren, tippen Sie nun links auf *Markieren* und zum Bearbeiten auf *Bearbeiten* rechts.

3. Die Markierungen führen Sie mit dem Apple Pencil durch, indem Sie auf die Schreib- und Zeichenwerkzeuge tippen und auf die Farbpalette. Sind Sie damit fertig, tippen Sie auf *Sichern*.

4. Wollen Sie stattdessen das Foto bearbeiten, nehmen Sie die Änderungen nach dem Fingertipp auf *Bearbeiten* rechts vor. Die entsprechenden Symbole für *Zuschneiden*, *Drehen*, *Filter anwenden* oder *Kontrast und Belichtung anpassen* finden Sie unten. Zum Bestätigen tippen Sie auf den Haken rechts unten.

Videobotschaft versenden

In manchen Fällen kann auch eine kurze Videonachricht – beispielsweise aus dem Urlaub, um Ihren Freunden und Verwandten einen Eindruck vom Urlaubsort zu verschaffen – sinnvoll sein. Auch hierfür können Sie Ihr iPad und die Nachrichten-App verwenden.

1. Starten Sie die Nachrichten-App und wählen Sie die entsprechende Konversation aus oder erstellen Sie eine neue Nachricht. Sorgen Sie dafür, dass die Nachrichten-App im Vollbild dargestellt wird.

2. Tippen Sie zuerst links auf das Kamerasymbol und dann auf *Kamera*. Um die Video-botschaft mit der Frontkamera aufzunehmen, tippen Sie auf das entsprechende Symbol. Tippen Sie dann auf *Video*.

3. Zur Aufnahme und zum Beenden des Videos tippen Sie auf den Auslöser. Falls Sie das Video noch schneiden möchten (jeweils am Anfang oder am Ende), tippen Sie auf *Bearbeiten*.

4. Zum Abschluss tippen Sie zweimal hintereinander auf *Fertig*, schreiben eventuell einen kurzen Kommentar und versenden die Videobotschaft.

Videos und Fotos in geringerer Qualität verschicken

Um Ihre Fotos in etwas geringerer Auflösung und Qualität zu versenden, müssen Sie die Nachrichten-App entsprechend konfigurieren. Tippen Sie dazu auf die *Einstellungen* und dort in der linken Spalte auf *Nachrichten*. Hier aktivieren Sie in der rechten Spalte *Bildmodus: niedrige Qualität*.

Audionachrichten versenden

Als Alternative zur Videobotschaft können Sie mit der Nachrichten-App auch eine Audionachricht verschicken. Hierbei gehen Sie auf diese Weise vor:

1. Starten Sie die Nachrichten-App und wählen Sie die entsprechende Konversation aus oder erstellen Sie eine neue Nachricht.

2. Tippen Sie rechts auf das Mikrofon-Symbol und lassen Sie den Finger auf dem Symbol, während Sie Ihre Audionachricht sprechen.

3. Zum Beenden der Audionachricht heben Sie Ihren Finger wieder an. Zum Verschicken tippen Sie auf *Senden*. Alternativ können Sie über die entsprechenden Symbole die Audionachricht löschen oder noch einmal anhören.

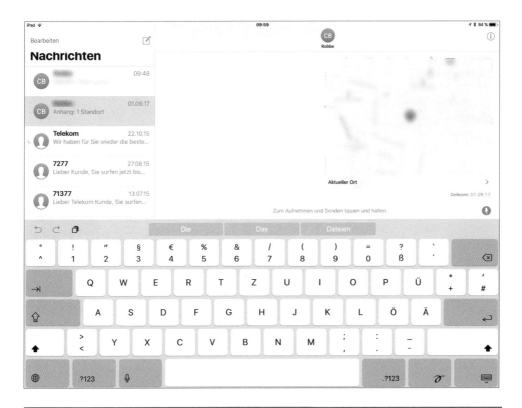

Audionachricht behalten statt löschen

Normalerweise werden Ihre Audionachrichten nach dem Versenden nach kurzer Zeit gelöscht. Möchten Sie das verhindern, tippen Sie dazu auf die *Einstellungen* und dort in der linken Spalte auf *Nachrichten*. Danach schalten Sie in der rechten Spalte die Option *Audionachrichten löschen: Nie* ein.

Handschriftliche Nachricht versenden

Um die Konversation persönlicher zu gestalten, können Sie mit der Nachrichten-App auch handschriftliche Nachrichten (als Abbildungen) versenden.

1. Bringen Sie dazu Ihr iPad ins Querformat und tippen Sie rechts unten an der Bildschirmtastatur auf das handgeschriebene Zeichen.

2. Nun können Sie mit dem Apple Pencil – sofern Sie ein iPad Pro besitzen – oder dem Finger den Text schreiben.

3. Alternativ wählen Sie links unten über das Uhrsymbol eine kurze handgeschriebene Botschaft aus. Zum Versenden tippen Sie auf das entsprechende Symbol rechts im Texteingabefeld.

Nachricht mit einer Animation versehen

Falls Sie Ihren Nachrichten eine besondere Note geben möchten, versenden Sie diese doch mit einer Animation – in Form einer Sprechblase oder auch mit einem animierten Hintergrund:

1. Geben Sie Ihre Nachricht in das Texteingabefeld der Nachrichten-App ein. Tippen Sie nun rechts länger auf *Senden*.

2. Wollen Sie Ihre Nachricht als animierte Sprechblase verschicken, tippen Sie oben auf das Register *Sprechblase* und wählen rechts die passende Form der animierten Sprechblase aus. Eine Vorschau wird jeweils angezeigt.

3. Soll hingegen der Hintergrund Ihrer Nachricht animiert dargestellt werden, tippen Sie auf das Register *Hintergrund* und suchen per Wischgeste die gewünschte Animation wie *Ballons*, *Konfetti* oder *Feuerwerk*.

4. Möchten Sie die Wahl rückgängig machen, tippen Sie rechts auf das kleine Kreuz. Ansonsten tippen Sie auf *Senden*.

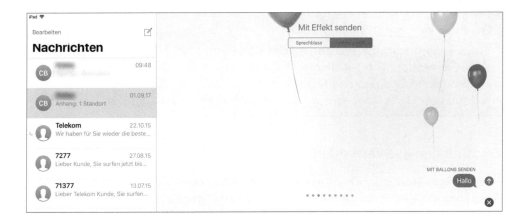

Mit Symbolen auf Nachrichten reagieren

Eingegangene Nachrichten können Sie mit Symbolen in einer Sprechblase kommentieren, indem Sie sich zum Beispiel erfreut zeigen, überrascht, erheitert oder eher ablehnend:

1. Tippen Sie fest auf eine Nachricht, bis die Sprechblase mit den Symbolen erscheint.
2. Wählen Sie in der Sprechblase das gewünschte Symbol aus und lassen Sie den Finger wieder los. Das Symbol wird der Nachricht hinzugefügt – natürlich auch beim Absender der Nachricht.

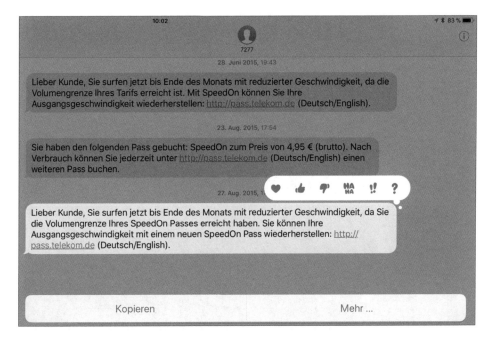

> **Emojis als Wortvorschläge**
>
> Verfassen Sie Nachrichten mit bestimmten Wörtern, zum Beispiel „Löwe", „Elefant" oder auch „iPhone", dann können diese Wörter auf Wunsch durch Emojis ersetzt werden. Das entsprechende Emoji erscheint dann neben den Wortvorschlägen oberhalb der Bildschirmtastatur. Dort übernehmen Sie es mit einem Fingertipp in das Texteingabefeld.

Zeichnungen live versenden

Einerlei, ob es Strichmännchen sind, Herzen oder komplexere Zeichnungen, mit *Digital Touch* können Sie nicht nur Zeichnungen als solche verschicken, sondern sogar Zeichnungen, bei denen der Empfänger verfolgen kann, wie sie entstanden sind:

1. Tippen Sie dazu links neben der Texteingabezeile auf das Symbol für den *App Store für iMessage*. Wählen Sie dann das zweite Symbol, das Herzsymbol, aus.

2. Anschließend erscheint die Oberfläche von Digital Touch. Links wählen Sie die Farben aus, in der Mitte ist die Zeichenfläche und rechts können Sie die Zeichnung noch mit einem Video unterlegen.

3. Falls erforderlich tippen Sie oben am Fenster auf den Pfeil, um dieses zu vergrößern. Erstellen Sie Ihre Zeichnung mit dem Finger oder – beim iPad Pro – mit dem Apple Pencil und versenden Sie sie.

Apps und Sticker herunterladen

Neben Animationen und Zeichnungen können Sie Ihre Nachrichten mit Stickern verschönern. Sie laden diese entweder kostenlos oder kostenpflichtig im App Store für iMessage herunter:

1. Tippen Sie dazu links neben der Texteingabezeile auf das Symbol für den *App Store für iMessage*. Wählen Sie das erste Symbol für den App Store aus.

2. Tippen Sie auf *Store öffnen*. Hier können Sie nach Stickern unterschiedlicher Genres suchen. In der Kategorie *Gratis* finden Sie alle kostenlosen Sticker.

3. Bei einem kostenlosen Sticker tippen Sie auf *Laden*, bei einem kostenpflichtigen Sticker auf den Preis. Die Bezahlung erfolgt über die im iTunes Store angegebene Bezahlmethode.

4. Über einen Fingertipp auf das Symbol erhalten Sie zudem eine Vorschau des Inhalts der Sticker-Sammlung.

5. Nachdem Sie die Sticker heruntergeladen oder erworben haben, finden Sie sie in Ihrer Sammlung und können über die App- und Stickerleiste darauf zugreifen.

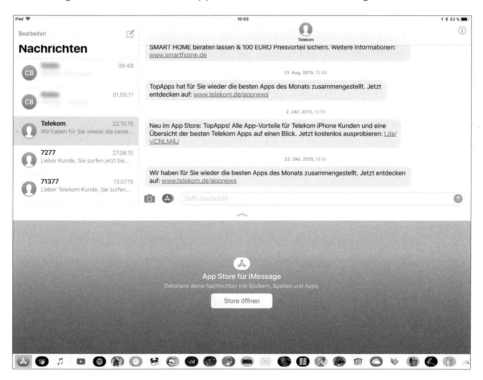

Sticker und Android- oder Windows-Geräte

Senden Sie an Benutzer anderer Geräte mit Android- oder Windows-Betriebssystemen eine Nachricht mit Sticker, wird diese – gegebenenfalls als kostenpflichtige – MMS (Multimedia-Message) verschickt. Wollen Sie dies unterbinden, müssen Sie die Funktion in den Einstellungen der Nachrichten-App deaktivieren.

Sticker versenden

Möchten Sie Ihre Nachrichten mit Stickern aufpeppen, gehen Sie so vor:

1. Wählen Sie die Konversation aus oder erstellen Sie eine neue Nachricht. Tippen Sie links neben der Texteingabezeile auf das Symbol für den *App Store für iMessage*.

2. Wählen Sie unten in der Stickerleiste die gewünschte Sticker-Sammlung aus. Wenn Sie auf die Leiste tippen, wird sie etwas vergrößert dargestellt. Um Ihre gesamten Sticker zu sehen, tippen Sie ganz rechts auf die drei kleinen Punkte.

3. Nachdem Sie eine Sticker-Sammlung gewählt haben, erscheinen oberhalb der Stickerleiste die enthaltenen Sticker.

4. Tippen Sie auf einen Sticker, wird dieser ins Texteingabefeld eingefügt. Über das kleine Kreuz rechts am Sticker entfernen Sie ihn wieder. Andernfalls geben Sie den Nachrichtentext ein und versenden ihn.

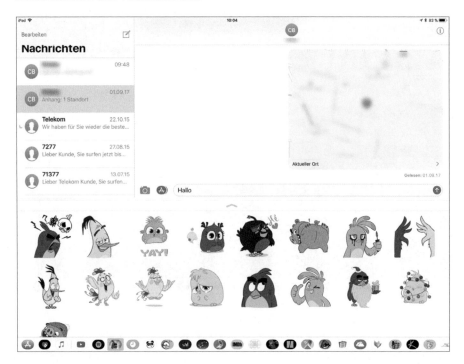

Apps in iMessage

Neben Stickern gibt es für iMessage auch kleine Apps, mit denen Sie beispielsweise mitteilen können, welche Musik Sie gerade hören, wo Sie sich aufhalten oder welche Filme in einem Kino in Ihrer Nähe laufen. Oft gehören diese iMessage-Apps zu den auf Ihrem iPad vorinstallierten Anwendungen oder Sie laden sie separat aus dem App Store für iMessage herunter. Die Apps befinden sich ebenfalls in der Stickerleiste, die Sie mit einem Fingertipp auf das *App Store für iMessage*-Symbol aufrufen. Neben Apps gibt es auch kleine Spiele für iMessage, die Sie dort ebenfalls beziehen können.

Stickerauswahl anpassen

Je mehr Sticker Sie installieren, desto unübersichtlicher wird die Stickerleiste. Daher können Sie selbst beeinflussen, welche Sticker (und Apps) dort erscheinen und welche Ihre Favoriten sind.

1. Um Ihre gesamten Sticker und Apps zu sehen, ziehen Sie die Stickerleiste nach links und tippen dann rechts auf die drei kleinen Punkte. Oben finden Sie die Favoriten und unten die restlichen in alphabetischer Reihenfolge.

2. Um die Zusammensetzung der Favoriten und der Stickerleiste zu ändern, tippen Sie auf *Bearbeiten* rechts oben.

3. Möchten Sie Sticker und Apps ausblenden, tippen Sie rechts auf den dazugehörigen Schalter.

4. Wollen Sie hingegen Sticker zu den Favoriten hinzufügen, tippen Sie auf das Plus-Symbol, zum Entfernen auf das Minus-Symbol.

5. Zu guter Letzt können Sie auch noch die Reihenfolge der Favoriten ändern, indem Sie diese rechts an den drei kleinen Strichen in die passende Reihenfolge verschieben.

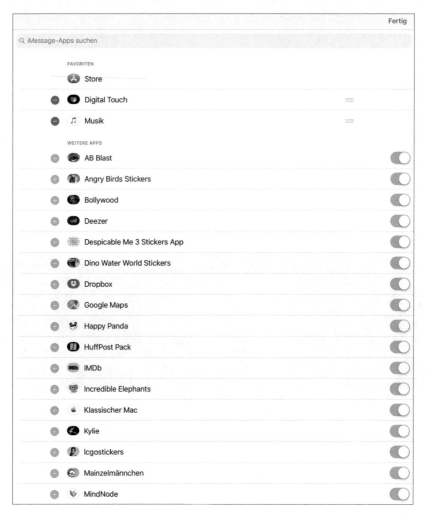

Die zuletzt versandten Fotos anzeigen

Möchten Sie die zuletzt aufgenommenen und versandten Fotos anschauen, tippen Sie links neben dem Texteingabefeld auf das Kamerasymbol und wischen nach rechts. Die aufgenommenen Fotos finden Sie links.

4.6   FaceTime

Mit Ihrem iPad ist – über FaceTime – auch Videotelefonie möglich, wenn Sie und Ihr Gegenüber bestimmte Voraussetzungen erfüllen. Zusätzliche Kosten fallen dafür in der Regel keine an. Damit Sie jemanden per FaceTime erreichen, muss dieser ebenfalls über ein iPad, ein iPhone oder einen Mac mit einer FaceTime-Kamera verfügen und selbstverständlich ebenfalls mit dem Internet verbunden sein.

Telefonieren mit dem iPad über FaceTime

Besitzen Sie auch ein iPhone, dann können Sie sogar normale Telefongespräche über Ihr iPad führen. Hierfür wird zusätzlich noch Folgendes vorausgesetzt:

- Auf dem iPhone und dem iPad sind Sie mit der gleichen Apple-ID angemeldet.
- Ihr iPhone läuft mindestens unter iOS 8.
- Ihr iPad und iPhone befinden sich im selben WLAN-Netzwerk.
- In den FaceTime-Einstellungen auf Ihrem iPad schalten Sie die Funktion *Anrufe vom iPhone* ein.

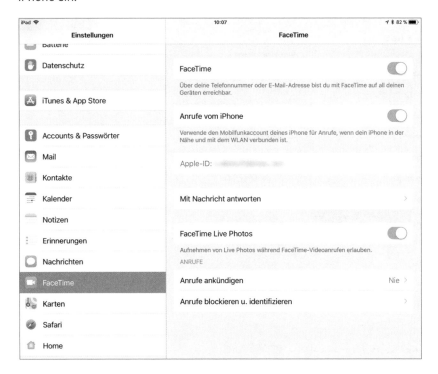

Live Photos über FaceTime

Verfügt Ihr FaceTime-Gesprächspartner ebenfalls über ein aktuelles iPad oder iPhone mit iOS 11, dann können Sie von ihm ein Live Photo erstellen. Tippen Sie dazu während des Gesprächs auf den Auslöser links unten auf dem Bildschirm. Der Ton wird dabei natürlich nicht mitgeschnitten. Die Live Photos landen wie üblich in der Foto-Mediathek.

Fotografieren verboten

Wollen Sie verhindern, dass jemand über FaceTime ein Live Photo von Ihnen macht, nehmen Sie folgende Einstellung vor:

1. Öffnen Sie die *Einstellungen* und wählen Sie in der linken Spalte den Eintrag *FaceTime*.
2. Nun schalten Sie in der rechten Spalte die Einstellung *FaceTime Live Photos* ab.

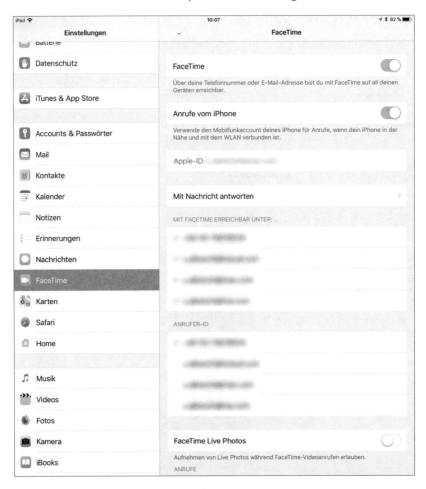

5. Mit dem iPad arbeiten

Auch wenn es auf den ersten Blick nicht so aussehen mag und viele Anwender mit dem iPad vor allem Surfen, Chatten, Musikhören, Filmeschauen oder Spiele in Verbindung bringen, können Sie mit Apples Tablet auch ganz prima arbeiten. Nicht nur die bereits installierten Apps ermöglichen dies, es gibt weitere Anwendungen anderer Hersteller, wie etwa Microsoft Office, mit denen das iPad zum Arbeiten genutzt werden kann.

Hierbei kann es – je nach Ansprüchen und Ausstattung – durchaus einen Klapprechner ersetzen. Vor allem das neue iPad Pro 10,5 Zoll oder das iPad Pro 12,9 Zoll wurden von Apple auch für professionelle Anwender konzipiert. Sie sind nicht nur schneller als mancher Laptop, dank iOS 11, das einige Funktionen beinhaltet, die man bisher nur bei Laptops wie dem MacBook fand, sowie dem Apple Pencil und dem Smart Keyboard sind sie auch für Profianwender gut geeignet. Die in diesem Kapitel zusammengestellten Tipps unterstützen Sie bei Ihrer Arbeit am iPad zusätzlich.

5.1 Kalender

Mit der Kalender-App vergessen Sie nie wieder einen Termin, sie hilft Ihnen bei der Terminplanung ebenso wie bei der Erinnerung an wichtige Termine. Zudem bleiben Sie – dank iCloud – auf allen Ihren Geräten mit iOS oder macOS, ja sogar mit Windows immer auf dem aktuellen Stand.

Kalender importieren

Bei Bedarf können Sie mit der Kalender-App auf dem iPad bereits bestehende Kalender importieren, zum Beispiel die Schulferien.

In diesem Fall gehen Sie – beispielhaft – wie folgt vor:

1. Öffnen Sie die Webseite http://www.schulferien.org/deutschland/ical/ mit Safari. Wählen Sie das passende Bundesland aus und das Jahr.
2. Tippen Sie doppelt auf den Eintrag und nach der Sicherheitsabfrage auf *Downloadlink anfordern*.
3. Im nächsten Fenster tippen Sie auf *Download*, und der Kalender wird auf das iPad heruntergeladen.
4. Nachdem Sie per Fingertipp entschieden haben, welche Ferientermine und in welchen bereits bestehenden Kalender sie übernommen werden, fügen Sie diese über *Fertig* der Kalender-App hinzu.

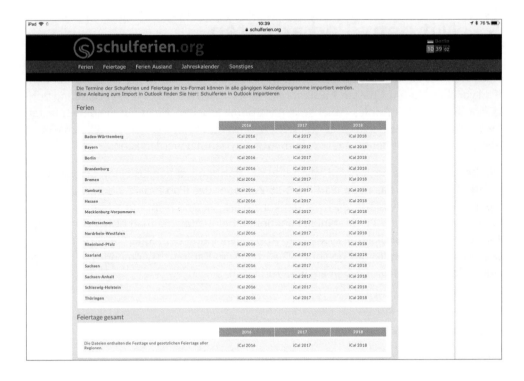

Kalender abonnieren

Im Gegensatz zum Import eines Kalenders, der auf Ihr iPad kopiert wird und nur von Ihnen selbst bearbeitet und geändert werden darf, können Sie einen Kalender auch abonnieren. Dies hat den Vorteil, dass etwaige Termine automatisch ohne Ihr Zutun angepasst und aktualisiert werden.

1. Öffnen Sie die *Einstellungen* und wählen Sie dort in der linken Spalte den Eintrag *Accounts & Passwörter*.
2. Hier tippen Sie auf *Account hinzufügen* sowie *Andere*.
3. Dort wählen Sie *Kalenderabo hinzufügen* und geben die dazugehörige Internetadresse des Kalenders ein.

Kalenderwochen anzeigen

Üblicherweise werden in der Kalender-App die praktischen Kalenderwochen nicht angezeigt. Um dies zu ändern, gehen Sie so vor:

1. Öffnen Sie die *Einstellungen* und tippen Sie in der linken Spalte auf *Kalender*.
2. In der rechten Spalte aktivieren Sie die Einstellung *Kalenderwochen*. Nun werden oben links die Kalenderwochen angezeigt.

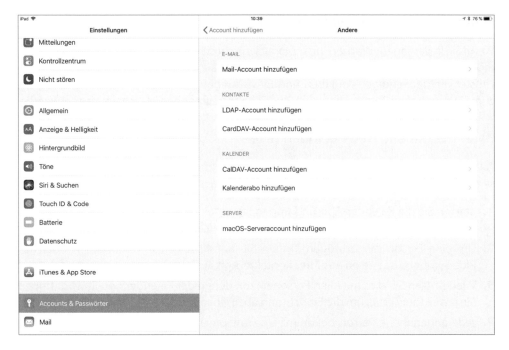

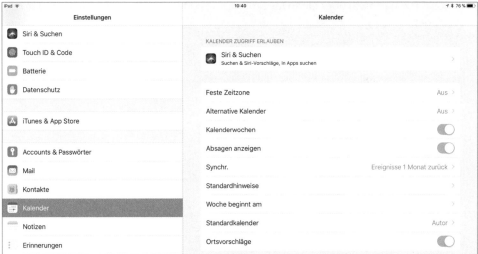

Alle Termine anzeigen

Benötigen Sie einen schnellen und kompletten Überblick über alle vor Ihnen liegenden Termine, dann hilft auch hier die Kalender-App weiter. Allerdings ist diese Funktion etwas versteckt. Tippen Sie auf das Lupensymbol rechts oben, wird eine Liste aller Termine angezeigt.

Schnell einen Termin eingeben

Wenn Sie in der Tages-, Wochen- oder Monatsansicht schnell einen neuen Termin eingeben möchten, genügt es, fest auf die Uhrzeit oder den Tag zu tippen und dann im folgenden Fenster die notwendigen Angaben und Einstellungen vorzunehmen. Der reguläre Weg zum Eintragen eines Termins über den Plus-Schalter rechts oben ist nicht immer notwendig.

Kalender mit anderen Personen teilen

Falls Sie Ihre Termine mit anderen Personen abstimmen müssen oder wollen, beispielsweise mit Kollegen oder Familienmitgliedern und Freunden, gehen Sie folgendermaßen vor:

1. Starten Sie die Kalender-App und tippen Sie unten in der Mitte auf *Kalender*. Wählen Sie den gewünschten Kalender aus und tippen Sie auf das kleine *i*-Symbol rechts.

2. Um eine Person hinzuzufügen, tippen Sie auf *Neue Person* und wählen über das Plus-Symbol eine Person aus Ihrer Kontakte-App aus.

3. Wiederholen Sie dies mit allen Personen, mit denen der Kalender geteilt wird. Tippen Sie jeweils auf *Fertig*, um die Einrichtung abzuschließen.

4. Jede angegebene Person bekommt eine entsprechende Einladung, um auf den Kalender zugreifen und ihn seinen Kalendern hinzufügen zu können. Selbstverständlich muss derjenige auch über einen Mac mit macOS oder ein iOS-Gerät mit Kalender-App verfügen.

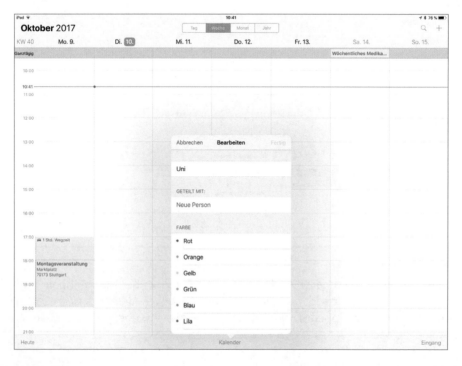

Bearbeitung des Kalenders zulassen

Sollen andere Personen den mit Ihnen geteilten Kalender auch bearbeiten können, müssen Sie das im Einzelnen erlauben.

1. Tippen Sie unten in der Mitte auf *Kalender*. Wählen Sie den gewünschten Kalender aus und tippen Sie auf das kleine *i*-Symbol rechts.

2. Tippen Sie nun auf die entsprechende Person sowie auf *Bearbeiten*.

3. Hier aktivieren Sie die Einstellung *Bearbeitung zulassen*. Nun kann die entsprechende Person Eintragungen in dem Kalender vornehmen.

4. Wollen Sie die Bearbeitung durch die entsprechende Person wieder beenden, tippen Sie auf *Freigabe stoppen*.

Kalender veröffentlichen

Wollen Sie einen Kalender nicht nur ausgewählten Personen verfügbar machen, sondern online veröffentlichen, sodass jeder ein Blick darauf werfen kann, erreichen Sie das auf die folgende Weise:

1. Tippen Sie unten in der Mitte auf *Kalender*. Wählen Sie den gewünschten Kalender aus und tippen Sie auf das kleine *i*-Symbol rechts.

2. Blättern Sie nach unten, bis der Eintrag *Öffentlicher Kalender* erscheint. Diesen aktivieren Sie.

3. Um den Kalender öffentlich zu machen, tippen Sie auf *Link teilen* ...

4. Anschließend können Sie die Webadresse Ihres Kalenders in einem sozialen Netzwerk veröffentlichen, per E-Mail oder Nachrichten-App verschicken oder über die Zwischenablage einem anderen Dokument hinzufügen.

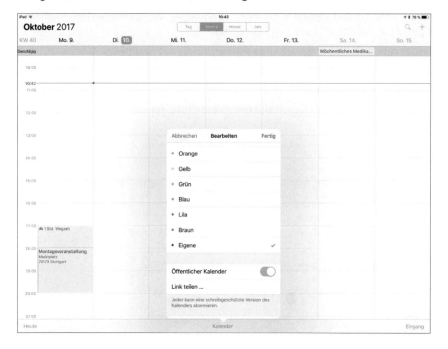

5.2 Kontakte

Mit der Kontakte-App verwalten Sie Ihr persönliches Adress- und Telefonbuch. Es ist ratsam, dieses sorgfältig zu pflegen und auf dem aktuellen Stand zu halten. Zahlreiche Apps greifen auf die Kontakte-App zu, um dort beispielsweise Telefonnummern, Adressen oder E-Mail-Adressen zu übernehmen oder zu ergänzen.

Neue Kontakte übernehmen

Finden Sie in einer E-Mail oder auf einer Webseite Adress- oder Kontaktinformationen, können Sie diese per Mausklick in Ihre Kontakte-App übernehmen.

1. Tippen Sie fest auf die Kontaktinformationen, erscheint ein Kontextmenü mit den dazugehörigen Befehlen.

2. Möchten Sie die Kontaktinformationen übernehmen, tippen Sie auf *Zu Kontakten*.

3. Entscheiden Sie nun, ob die Kontaktinformation zu einem bestehenden Kontakt hinzugefügt werden soll oder ein neuer Kontakt erstellt wird.

4. Füllen Sie die etwaigen fehlenden Daten aus und tippen Sie auf *Fertig*. Die Daten eines bestehenden Kontakts werden aktualisiert oder der neue Kontakt angelegt.

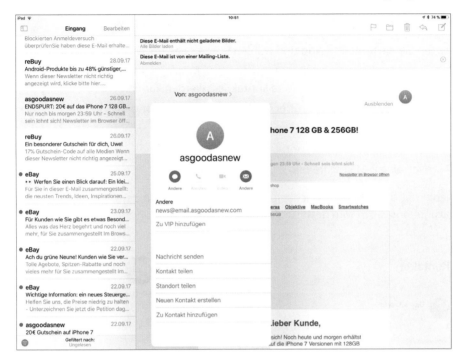

Keine Kontakte in Apps anzeigen

Suchen Sie auf Ihrem iPad über Spotlight nach einem Namen, werden bei der Suche – neben der Kontakte-App – auch Apps berücksichtigt, in denen dieser Name auftaucht. Wollen Sie das – beispielsweise aus Datenschutzgründen – unterbinden, gehen Sie wie folgt vor.

1. Öffnen Sie die *Einstellungen* und wählen Sie dort den Eintrag *Kontakte* in der linken Spalte.

2. Dann tippen Sie in der rechten Spalte auf *Siri & Suchen* und schalten die Funktion *In anderen Apps suchen* ab.

Einen Kontakt anschreiben und anrufen

Falls Sie jemanden anrufen oder ihm eine Nachricht beziehungsweise E-Mail schreiben möchten, können Sie das auch direkt aus der Kontakte-App heraus.

1. Starten Sie die Kontakte-App und wählen Sie den gewünschten Kontakt aus.

2. Unterhalb des Namens finden Sie mehrere Symbole, die Ihnen zeigen, auf welche Weise diejenige Person oder Firma kontaktiert werden kann:

   ■ *Nachricht*: eine Nachricht über die Nachrichten-App senden

   ■ *Anrufen*: telefonieren

   ■ *FaceTime*: über FaceTime anrufen

   ■ *Privat*: eine E-Mail schreiben

3. Wählen Sie die Kontaktmöglichkeit, die Ihnen zusagt, und tippen Sie auf das Symbol. Die dazugehörige App wird gestartet und die Person auf die gewählte Weise kontaktiert.

Adresse aus einem anderen Land eingeben

Falls Sie einmal eine Adresse aus einem anderen Land eingeben müssen, beispielsweise aus den USA, haben Sie ein kleines Problem. Die Adressfelder der Kontakte-App entsprechen bei einer deutschen Version von iOS den hiesigen Gepflogenheiten. In diesem Fall geben Sie bei der Eingabe der Daten einfach zuerst das Land, hier USA, ein. Dann passen sich die anderen Adressfelder automatisch an und Sie können die Adressdaten wie dort üblich angeben.

Wichtige Kontakte immer erlauben

Über die Einstellung *Nicht stören*, die Sie im Kontrollzentrum aktivieren können, lässt Sie Ihr iPad weitgehend in Ruhe. Das heißt, Sie hören keine Nachrichten und Klingeltöne, und zwar von keinem, der Sie kontaktieren möchte. Um zu ermöglichen, dass Sie die Nachrichten und Anrufe Ihnen wichtiger Personen erreichen, gehen Sie so vor:

1. Öffnen Sie die Kontakte-App und wählen Sie den gewünschten Kontakt aus.

2. Tippen Sie auf *Bearbeiten* und suchen Sie die Einträge *Klingelton* sowie *Nachrichtenton*.

3. Dort schalten Sie jeweils die *Notfallumgehung* ein. In diesem Fall werden Sie über den Anruf beziehungsweise die Nachricht der entsprechenden Person auch dann informiert, wenn *Nicht stören* eingeschaltet ist.

Spitznamen ergänzen

Familienmitgliedern, Freunden und Bekannten können Sie in der Kontakte-App auch einen Spitznamen geben, beziehungsweise Sie können diesen dort eintragen.

1. Öffnen Sie die Kontakte-App und wählen Sie den gewünschten Kontakt aus.

2. Tippen Sie auf *Bearbeiten* und blättern Sie bis ganz nach unten. Dort tippen Sie auf *Feld hinzufügen*.

3. Wählen Sie als neues Feld *Spitzname* aus und fügen Sie dieses per Fingertipp hinzu. Es erscheint ganz oben unter dem Namen.

4. Geben Sie den Spitznamen ein und tippen Sie auf *Fertig*. Er erscheint nun in Anführungszeichen unterhalb des richtigen Namens.

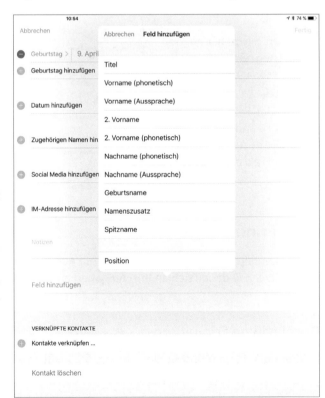

Geburtstag ergänzen

Kaum etwas ist so peinlich, wie den Geburtstag von Familienmitgliedern, Freunden, Bekannten oder Geschäftspartnern und Kollegen zu vergessen. Auch hierbei können Ihnen die Kontakte-App und die Kalender-App assistieren. Dazu müssen Sie allerdings erst einmal den Geburtstag desjenigen oder derjenigen eintragen:

1. Öffnen Sie die Kontakte-App und wählen Sie den gewünschten Kontakt aus.

2. Tippen Sie auf *Bearbeiten* und blättern Sie bis ganz nach unten, bis der Eintrag *Geburtstag* erscheint. Tippen Sie zunächst auf *Geburtstag* und wählen Sie den passenden Kalender aus, etwa den Standardkalender.

3. Geben Sie nun den Geburtstag ein, indem Sie Tag, Monat und Jahr auswählen.

4. Falls das Feld *Geburtstag* nicht zu finden ist, ergänzen Sie es zuerst über den Befehl *Feld hinzufügen*.

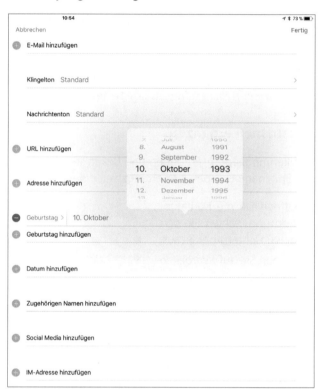

5.3 Erinnerungen

Mit der Erinnerungen-App verwalten Sie Ihre Aufgaben und legen To-do-Listen an. Diese unterstützen Sie dabei, sich an Ihre Aufgaben am richtigen Ort und zur richtigen Zeit zu erinnern.

Regelmäßige Erinnerungen erstellen

Zahlreiche Aufgaben sind wiederkehrend, das heißt, in einem bestimmten Zeitraum wiederholen sie sich, wie die Müllabfuhr, Rechnungen bezahlen und so weiter. Mit der Erinnerungen-App können Sie auch solche Erinnerungen erstellen.

1. Starten Sie die Erinnerungen-App und erstellen Sie über den Plus-Schalter links in der Mitte eine neue Erinnerung.

2. Geben Sie die Bezeichnung ein wie „Hausmüll". Bestätigen Sie die Eingabe mit der ⏎-Taste.

3. Um die Zeit für die Erinnerung festzulegen, tippen Sie auf das kleine *i*-Symbol rechts. Dort legen Sie über *Wecker* das Datum und die Zeit fest.

4. Ist es ein wiederkehrender Termin, tippen Sie zudem auf *Wiederholen* und geben den Zeitraum ein.

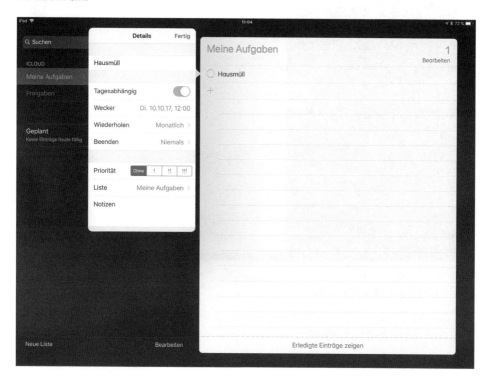

Erledigte Erinnerungen anzeigen

Um alle bereits erledigten Erinnerungen aufzulisten, tippen Sie unten am Fenster auf *Erledigte Einträge zeigen*. Alle alten Erinnerungen werden aufgelistet, wobei die Terminangabe rot, also als verstrichen, angezeigt wird.

Erledigte Erinnerungen löschen

Je nachdem, wie intensiv Sie die Erinnerungen-App nutzen, wird die Liste der erledigten Aufgaben und Erinnerungen immer länger.

Selbstverständlich können Sie diese auch löschen:

1. Tippen Sie unten im Fenster auf *Erledigte Einträge anzeigen*. Diese werden aufgelistet.

2. Um einen Eintrag zu entfernen, wischen Sie auf dem Eintrag von rechts nach links und tippen dann auf *Löschen*. Der Eintrag wird sofort entfernt.

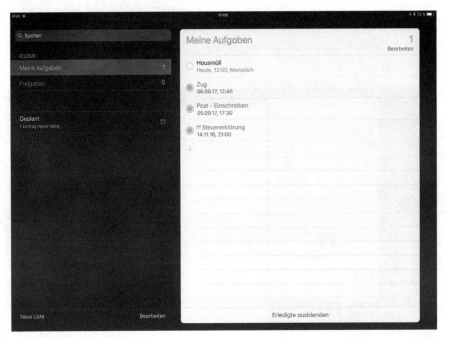

Erinnerungen freigeben

Ihre Erinnerungen – genauer die entsprechenden Listen – können Sie auch mit anderen Personen teilen und freigeben.

1. Wählen Sie links die gewünschte Liste mit den Erinnerungen aus. Tippen Sie dann rechts oben auf *Bearbeiten*.

2. Rechts oberhalb der Aufgaben tippen Sie dann auf *Teilen* sowie *Person hinzufügen*.

3. Suchen Sie die entsprechende Person oder fügen Sie sie über den Plus-Schalter aus der Kontakte-App hinzu. Die Person wird benachrichtigt und kann die Aufgabenliste bei sich hinzufügen.

Reihenfolge der Erinnerungen anpassen

Die Reihenfolge der Erinnerungen – genauer der Erinnerungslisten – lässt sich von Hand anpassen, und zwar auf diese Weise:

1. Wählen Sie die gewünschte Liste mit den Erinnerungen aus. Tippen Sie dann links unten auf *Bearbeiten*.

2. Es erscheinen rechts an den Einträgen drei Striche. Tippen Sie darauf und ziehen Sie die Erinnerungsliste an die gewünschte Position.

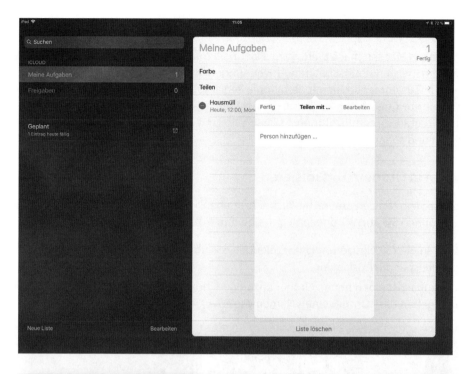

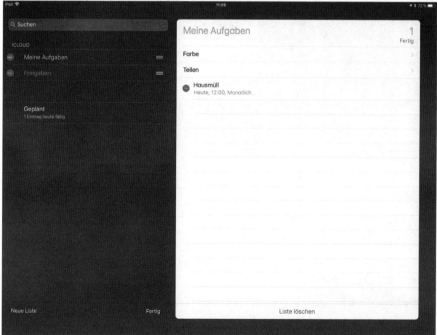

5.4   Notizen

Nicht nur am Mac mit macOS, auch am iPad und iPhone unter iOS gehört die Notizen-App zu den am meisten unterschätzten Anwendungen. Besonders unter iOS 11, auf dem iPad Pro und in Zusammenarbeit mit dem Apple Pencil spielt sie ihre Stärken aus. Aber Sie können nicht nur Checklisten und Notizen anlegen, diesen Abbildungen, PDF-Dokumente und Internetadressen hinzufügen. Es lassen sich mit der Notizen-App auch Zeichnungen erstellen und sogar Dokumente scannen.

Notizen in Ordnern organisieren

Wenn Sie viele Notizen unterschiedlicher Art haben, wird die App schnell unübersichtlich. Daher können Sie auch Ordner anlegen und Ihre Notizen passend einordnen:

1. Starten Sie die Notizen-App und blenden Sie über das Übersichtssymbol oben links die dreispaltige Ansicht ein.

2. Um zunächst einen neuen Ordner anzulegen, tippen Sie links unten auf *Neuer Ordner* und geben dem Ordner einen Namen wie *Privat*.

3. Nachdem Sie dem Ordner einen Namen gegeben haben, taucht er in der linken Spalte auf.

4. Tippen Sie nun auf die gewünschte Notiz in der zweiten Spalte und ziehen Sie diese in den Ordner.

5. Alternativ wischen Sie auf der Notiz (Titel der Notiz in der zweiten Spalte) von rechts nach links und dann auf das Ordnersymbol. Dann wählen Sie den Ordner für die Notiz aus und diese wird dorthin verschoben.

Texte formatieren

Der besseren Übersichtlichkeit wegen ist es sinnvoll, Ihre Notizen passend zu formatieren. Einfache Formatierungen sowie die Verwendung anderer Schriften sind auf unterschiedlichen Wegen möglich:

1. Legen Sie über das Symbol *Neue Notiz* erst eine neue Notiz an. Geben Sie Ihren Text wie gewohnt ein.

2. Tippen Sie auf den Text, um dessen Kontextmenü anzuzeigen. Dort wählen Sie den Text aus, der formatiert werden soll, indem Sie die Textbegrenzer links und rechts entsprechend verschieben.

3. Um den gewählten Text zu formatieren, tippen Sie im Kontextmenü auf *BIU* und wählen die gewünschte Formatierung aus.

4. Alternativ können Sie die Formatierung des Textes bereits während des Verfassens über das Symbol *Aa* rechts oberhalb der Bildschirmtastatur vornehmen, indem Sie die gewünschte Formatierung aus dem Menü auswählen.

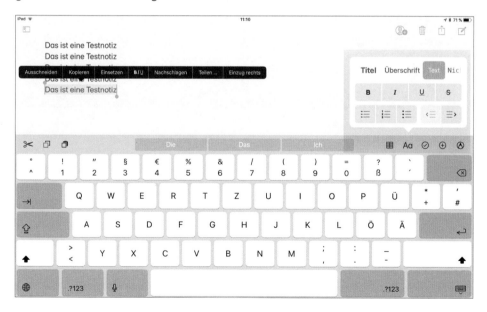

> **Andere Schriften verwenden?**
>
> Bislang ist es nicht möglich, mit der Notizen-App auf dem iPad andere Schriftarten und Schriftfarben zu verwenden. Allerdings ist es möglich, den Text am Mac entsprechend zu formatieren. Schriftarten, Schriftfarben und Formatierungen werden über iCloud auf dem iPad zumindest angezeigt.

Checklisten erstellen

Die Notizen-App ist auch für Einkaufslisten und andere Listen gut geeignet. Diese lassen sich entsprechend formatieren:

1. Legen Sie über das Symbol *Neue Notiz* eine neue Notiz an. Geben Sie die Liste ein und beenden Sie jeden Eintrag mit der ⏎ -Taste auf Ihrer Bildschirmtastatur.
2. Um eine Checkliste zu erstellen, bewegen Sie die Einfügemarke vor oder auf den Eintrag und tippen rechts unten auf das Symbol für die Checkliste.
3. Ist eine Aufgabe in Ihrer Checkliste erledigt, haken Sie sie ab, indem Sie auf das Checklistensymbol tippen.

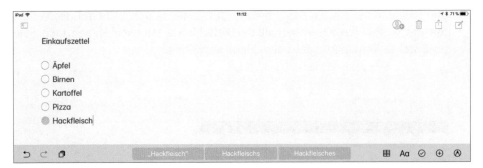

Tabellen erstellen

Mit der Notizen-App können Sie nun auch einfache Tabellen erstellen. Spalten und Zeilen lassen sich später einfach ergänzen, eine Formatierung der Tabelle oder gar die Verwendung von Funktionen zum Rechnen sind aber nicht möglich. Allerdings können Sie den enthaltenen Text formatieren.

1. Legen Sie über das Symbol *Neue Notiz* eine neue Notiz an. Um eine neue Tabelle zu erstellen, tippen Sie rechts unten auf das Tabellensymbol.
2. Es wird eine einfache Tabelle mit zwei Spalten und zwei Zeilen angelegt. Diese können Sie erweitern.
3. Tippen Sie zum Hinzufügen einer weiteren Spalte auf die drei kleinen Punkte links und zum Hinzufügen einer weiteren Linie auf die drei kleinen Punkte oben.

4. Geben Sie nun den Text in die Tabelle ein. Diesen können Sie über das Symbol *Aa* rechts oben an der Bildschirmtastatur formatieren.

5. Zum Löschen einzelner Spalten oder Linien wählen Sie die Tabelle aus und tippen auf die drei kleinen Punkte links oder oben. Dort tippen Sie auf *Spalte löschen* oder *Zeile löschen*.

6. Möchten Sie die gesamte Tabelle löschen, tippen Sie rechts unten auf das Tabellensymbol und dann auf *Tabelle löschen*, soll der darin enthaltene Text erhalten bleiben, auf *In Text konvertieren*.

Medien einfügen

Ihren Notizen lassen sich unterschiedliche Medien wie Abbildungen, Fotos oder Videos hinzufügen.

1. Legen Sie über das Symbol *Neue Notiz* eine neue Notiz an. Um ein Medium einzufügen, tippen Sie auf das Plus-Symbol unten rechts.

2. Dort wählen Sie aus der Foto-Mediathek ein Foto beziehungsweise Video aus oder nehmen eines mit der Kamera auf.

3. Fügen Sie das Foto über einen Fingertipp auf *Fertig* der Notiz hinzu.

Webseiten einfügen

Webseiten können Sie auf unterschiedliche Weise einer Notiz hinzufügen, als reine URL oder als URL mit Voransicht.

1. Öffnen Sie Safari und rufen Sie die gewünschte Website auf. Tippen Sie in die Adressleiste und wählen Sie im Kontextmenü *Kopieren* aus.

2. Wechseln Sie zur Notizen-App und bewegen Sie die Einfügemarke dorthin, wo die Webadresse eingefügt werden soll.

3. Tippen Sie auf diese Stelle und wählen Sie aus dem Kontextmenü den Befehl *Einsetzen* aus.

4. Alternativ ziehen Sie Safari vom Dock an die rechte Seite, sodass die Notizen-App und Safari nebeneinander zu sehen sind.

5. Tippen Sie auf die Internetadresse in der Adressleiste oder auch auf einen Link auf der Webseite.

6. Ziehen Sie die Internetadresse oder den Link auf die Notiz. Dieser wird dort mit einer kleinen Vorschau eingefügt. Tippen Sie später darauf, wird Safari gestartet und die dazugehörige Seite aufgerufen.

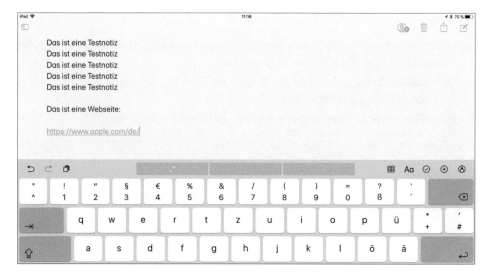

Weitere Dateien hinzufügen

Ihren Notizen können Sie auch andere – kompatible – Dateien hinzufügen wie beispielsweise PDF-Dateien oder Pages-Dokumente.

1. Ziehen Sie die Dateien-App vom Dock an die rechte Seite, sodass die Notizen-App und die Dateien-App nebeneinander zu sehen sind.

2. Suchen Sie in der Dateien-App die gewünschte Datei, beispielsweise im Ordner *Vorschau* oder *Pages*.

3. Tippen Sie auf diese Datei und ziehen Sie sie auf die Notiz. Die Datei wird umgehend eingefügt. Durch einen Doppeltipp kann sie vollständig geöffnet und gegebenenfalls markiert werden.

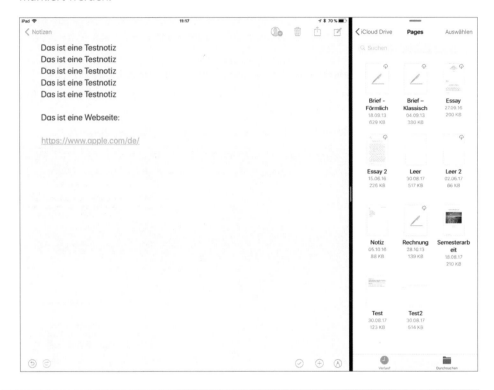

Kleine oder große Vorschau

Alle Dokumente, Abbildungen und Zeichnungen, die Sie eingefügt haben, können Sie als *Große Bilder* oder *Kleine Bilder* anzeigen lassen. Drücken Sie dazu auf die Vorschau der Datei in der Notizen-App, bis das Kontextmenü erscheint. Hier legen Sie die gewünschte Größe fest.

Notizen auf dem Sperrbildschirm erstellen

Als glücklicher Besitzer eines iPad Pro und Apple Pencil ist es möglich, das iPad auch dann als „Notizblock" zu verwenden, wenn es gesperrt ist. Wie das geht, erfahren Sie in Kapitel 10.4 unter den Tipps für den Apple Pencil.

Personen einladen

Sie können andere Personen einladen, um – ausgewählte – Notizen zu betrachten oder sogar daran mitzuarbeiten.

1. Wählen Sie in der linken Spalte die gewünschte Notiz aus und zeigen Sie sie an.

2. Tippen Sie rechts oben auf das kleine Personensymbol. Dort wählen Sie die App aus, über die die Einladung gesandt werden soll – zum Beispiel die Nachrichten- oder die Mail-App.

3. Geben Sie den Empfänger ein oder suchen Sie ihn in der Kontakte-App aus.

4. Versenden Sie die E-Mail. Der Empfänger kann dann auf seinen Geräten auf die freigegebenen Notizen zugreifen und diese auch ändern.

5. Den freigegebenen Notizen wird jeweils das Personensymbol vorangestellt.

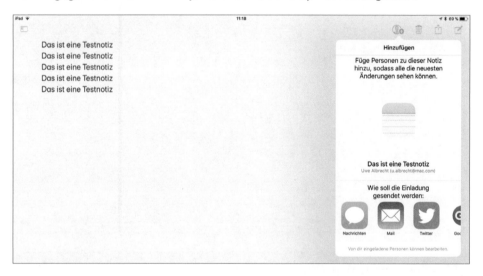

Notizen verschlüsseln

Bei Bedarf lassen sich private oder „geheime" Notizen verschlüsseln oder sperren:

1. Wählen Sie die private Notiz aus und wischen Sie auf dem Titel der Notiz (in der zweiten Spalte) von rechts nach links.

2. Nun erscheint unter anderem das Symbol eines Schlosses, auf das Sie tippen.

3. Geben Sie ein Kennwort ein, um die Notiz zu verschlüsseln. Wird diese Notiz später ausgewählt, wird statt der Notiz ein kleines Schloss eingeblendet und der Hinweis, dass Sie zum Öffnen ein Kennwort benötigen.

4. Alternativ können Sie rechts oben an der jeweiligen Notiz auf das Teilen-Feld tippen und dort in der unteren Reihe das Symbol *Notiz sperren* wählen.

Notizen anpinnen

Nicht immer ist es auf den ersten Blick ersichtlich, welche Ihrer Notizen wichtig sind und welche weniger wichtig. Die Notizen-App sortiert Ihre Aufzeichnungen nämlich ausschließlich nach dem Erstellungs- und Bearbeitungsdatum.

Besonders wichtige Notizen lassen sich aber oberhalb der Liste in einem gesonderten Bereich anheften.

1. Wischen Sie dazu in der Notizenliste auf der gewünschten Notiz mit etwas Schwung von links nach rechts.

2. Tippen Sie nun auf das Stecknadelsymbol, wird die Notiz oben angeheftet. Zum Entfernen der Notiz wischen Sie erneut von links nach rechts und tippen wieder auf das Stecknadelsymbol.

Anderen Hintergrund verwenden

Ihre einzelnen Notizen lassen sich auch mit alternativen Hintergründen versehen, wie kariertem oder liniertem Papier.

1. Wählen Sie links die Notiz aus und zeigen Sie sie an.
2. Tippen Sie rechts oben auf das Teilen-Feld und wählen Sie dort in der zweiten Reihe das Symbol *Linien und Gitter*. Der gewählte Hintergrund wird hinzugefügt.

Notieren und Skizzieren mit der Notizen-App

Mit der Notizen-App Ihres iPad Pro können Sie nicht nur Notizen aller Art erstellen, PDF-Dateien hinzufügen, Internetadressen und Medien, sondern auch regelrechte Skizzen und Zeichnungen erstellen:

1. Tippen Sie rechts oberhalb der (eingeblendeten) Tastatur auf das kleine Plus-Symbol und wählen Sie aus dem Menü den Befehl *Zeichnung hinzufügen* aus.
2. Anschließend erscheint die Zeichenoberfläche. Am unteren Bildschirmrand finden Sie die verschiedenen Schreib- und Zeichenwerkzeuge sowie Lineal, Radierer und Farbpalette.

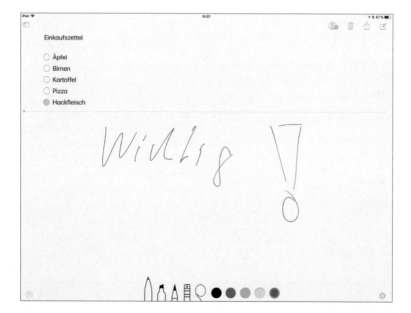

3. Erstellen Sie die Zeichnung. Wenn Sie die Arbeit beendet haben, tippen Sie links oben auf *Fertig* und die Zeichnung wird der aktuellen Notiz hinzugefügt.

4. Wenn Sie später Änderungen daran vornehmen möchten, tippen Sie erneut auf die Zeichnung und arbeiten weiter.

Schneller notieren und zeichnen

Mit dem iPad Pro und dem Apple Pencil ist es möglich, Notizen und Zeichnungen noch schneller zu erstellen. Beginnen Sie dazu einfach, auf der geöffneten Notiz zu schreiben und zu zeichnen. Die Zeichnung und die handschriftliche Notiz werden der getippten Notiz dann hinzugefügt und angehängt.

Handschriftenerkennung in der Notizen-App

Die Notizen-App verfügt über eine automatische und lernfähige Handschriftenerkennung. Das heißt, erstellen Sie eine handschriftliche Notiz, dann kann über das Suchfeld der App auch nach den dort notierten Begriffen gesucht werden. Allerdings funktioniert das bislang noch nicht problemlos und die App hat Mühe, alle Handschriften zu erkennen.

Dokumente scannen

Falls Sie ein Dokument nur gedruckt und in Papierform vorliegen haben, können Sie dieses dennoch im Nu in die Notizen-App übernehmen. Sie müssen es nur einscannen.

1. Starten Sie die Notizen-App und legen Sie eine neue Notiz an.

2. Tippen Sie rechts unten auf den kleinen Plus-Schalter. Im Menü wählen Sie den Befehl *Dokumente scannen* aus.

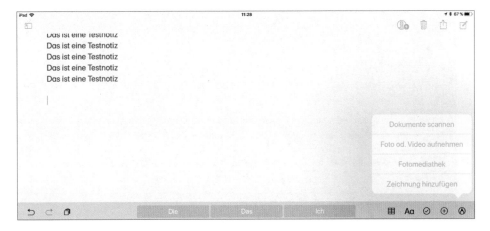

3. Die Kamera-App wird gestartet und Sie müssen das Dokument vor sich auf den Tisch legen und entsprechend „positionieren".

4. Tippen Sie nun auf den Auslöser. Anschließend ziehen Sie den Rahmen so auf, dass das Dokument oder der gewünschte Teil des Dokuments eingerahmt ist.

5. Über einen Fingertipp auf die Befehle *Scan behalten* und *Sichern* rechts unten wird der Scan gespeichert und in die Notiz aufgenommen.

6. Dort kann dieser Scan über einen Doppeltipp geöffnet und weiterbearbeitet werden.

7. Der Scan kann zugeschnitten und gedreht werden und Sie können mehrere Filter anwenden und ihn beispielsweise in Graustufen umwandeln.

5.5 Suchen

Um schnell alle gewünschten Informationen auf Ihrem iPad – und darüber hinaus auch online – zu finden, nutzen Sie Spotlight, die intelligente Suchfunktion von iOS 11. Daneben gibt es weitere Tipps und Tricks, um Ihre Suche einfacher zu gestalten. Diese finden Sie im aktuellen Abschnitt.

Spotlight schnell aufrufen

Eine schnelle Suche mit Spotlight starten Sie wie folgt:

1. Wischen Sie auf dem Home-Bildschirm von der Mitte des Bildschirms nach unten.

2. Nun geben Sie den oder die Suchbegriffe in das Suchfeld ein und starten die Suche mit der ⏎ -Taste.

3. Bereits während Sie Ihre Suchbegriffe eingeben, werden die Suchergebnisse geordnet nach den unterschiedlichen Fundstellen aufgelistet.

Vorherige Suchanfrage erneut aufrufen

Rufen Sie Spotlight auf, indem Sie von der Mitte des Bildschirms nach unten wischen.

Dann finden Sie unter *Siri-Suchvorschläge* bis zu sechs Ihrer früheren Suchanfragen und Suchbegriffe. Um diese erneut auszuführen, tippen Sie einfach auf den Begriff.

Innerhalb einer App suchen

Wollen Sie die Suche in der App durchführen oder fortsetzen, tippen Sie in den Such-ergebnissen rechts oberhalb der nach Apps und Kategorien sortierten Suchergebnisse auf *In App suchen*.

Anschließend wird die App gestartet und die Suche erneut durchgeführt. Die Suchergeb-nisse sind dann innerhalb der App zu finden.

Über die App suchen

Zahlreiche Apps besitzen ebenfalls eine Suchfunktion, wie zum Beispiel die Notizen-App, *Mail* oder auch Apps von Drittherstellern. Nutzen Sie diese, um innerhalb der Apps beziehungsweise in den geöffneten Dateien und Dokumenten zu suchen.

Die Suchfunktion finden Sie in der Regel über das Lupensymbol.

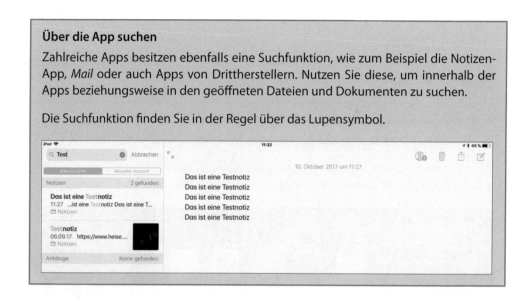

Eine App bei der Suche ausschließen

Wollen Sie eine App beziehungsweise deren Inhalte bei der Suche ausschließen, erreichen Sie das auf die folgende Weise:

1. Öffnen Sie die *Einstellungen* und wählen Sie in der linken Spalte den Eintrag *Siri & Suchen*.

2. Blättern Sie nach unten, bis Sie die gewünschte App gefunden haben. Tippen Sie auf den Namen der App.

3. Schalten Sie *Suchen & Siri-Vorschläge* aus.

Keine Suche in Wikipedia oder App Store

Spotlight von iOS 11 führt bei jeder Suchanfrage auch online eine Suche im App Store und in Wikipedia durch. Um das zu verhindern oder diese auszuschließen, gehen Sie so vor:

1. Öffnen Sie die *Einstellungen* und wählen Sie in der linken Spalte den Eintrag *Siri & Suchen*.
2. Dort tippen Sie in der rechten Spalte auf *App Store* und schalten *Suchen & Siri-Vorschläge* ab.
3. Tippen Sie nun ebenfalls in der rechten Spalte auf *Wikipedia* und schalten Sie *Suchen & Siri-Vorschläge* auch dort ab.

Suche in der Mitteilungszentrale

Eine Suche mit Spotlight können Sie auch in der Mitteilungszentrale von iOS 11 anzeigen. Geben Sie Ihren Suchbegriff ein und führen Sie die Suche über die ⏎-Taste der Bildschirmtastatur durch. Die Suchergebnisse werden sortiert nach den entsprechenden Apps und Kategorien aufgelistet.

iCloud Drive durchsuchen

Apples Onlinefestplatte iCloud Drive lässt sich gezielt durchsuchen:

1. Starten Sie die Dateien-App und wählen Sie links als Speicherort *iCloud Drive*.
2. Geben Sie oben im Suchfeld den oder die Suchbegriffe ein. Die passenden Dateien werden im Hauptfenster aufgelistet.

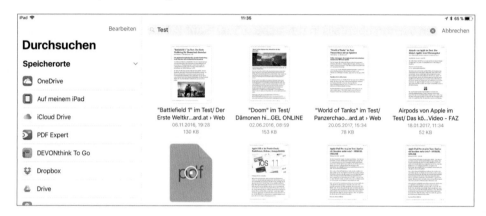

5.6 Diktieren

Sie haben keine Sekretärin, die Sie zum Diktat bitten könnten? Doch, es ist Ihr iPad. Dank Siri, der passenden App und der Diktierfunktion ist es möglich, Texte zu diktieren. Wie Sie die Diktierfunktion Ihres iPads nutzen, zeigen Ihnen diese Tipps.

Diktierfunktion aktivieren

Damit das iPad Ihr Diktat entgegennehmen kann, muss die Diktierfunktion selbstver-ständlich aktiviert sein. Dies erreichen Sie auf die folgende Weise:

1. Achten Sie darauf, dass Siri aktiviert ist. Hierzu muss in den Einstellungen für *Siri & Suchen* die Funktion *Für Siri Home-Taste drücken* eingeschaltet sein.
2. Über *Einstellungen/Allgemein* sowie *Tastaturen* müssen Sie die *Diktierfunktion aktivie-ren*.
3. Wählen Sie unterhalb der Einstellung *Diktierfunktion aktivieren* die passende Diktier-sprache aus.
4. Anschließend werden – falls noch nicht geschehen – die dazu notwendigen Dateien heruntergeladen, sodass Sie auch diktieren können, wenn Sie über keine Internetver-bindung verfügen.

Diktat starten

Jedem Programm, das über eine Texteingabefunktion verfügt, wie die Nachrichten-App, *Mail*, die Notizen-App oder auch Pages und Programme von Drittanbietern, können Sie den Text diktieren:

1. Starten Sie das Diktat, indem Sie auf der Bildschirmtastatur unten links auf die Mikrofon-Taste tippen. Die Tastatur wird aus- und das Diktierfenster eingeblendet.
2. Wählen Sie über das Weltkugel-Symbol unten links die richtige Sprache aus. Zur Auswahl stehen Deutsch und Englisch.
3. Sprechen Sie Ihren Text. In der Regel versteht Ihr iPad Sie gut. Korrekturen sind später meist nur wenige nötig.
4. Um das Diktat wieder zu beenden, tippen Sie rechts unten auf das Symbol *Tastatur einblenden*.

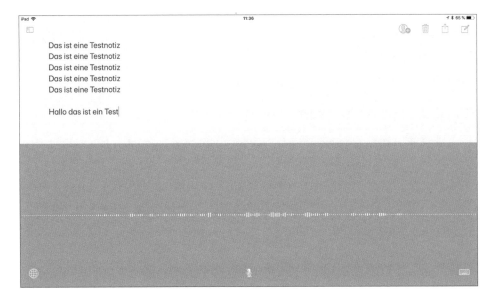

Neuen Absatz diktieren

Mit der Eingabe von Text ist es natürlich nicht getan. Sie möchten diesen ja sicher auch in Absätzen strukturieren und neue Zeilen anlegen. Dies sagen Sie Ihrem iPad ganz einfach auf die folgende Weise:

- Neuer Absatz

Satzzeichen und Sonderzeichen eingeben

Bei der Eingabe von Satzzeichen und Sonderzeichen sprechen Sie diese vollständig aus, zum Beispiel:

- Leerzeichen
- Komma
- Punkt
- Fragezeichen
- Bindestrich
- Gedankenstrich

- Zitat Anfang
- Zitat Ende
- Klammer auf
- Klammer zu
- Klammeraffe
- Eurosymbol

- Dollarzeichen
- Prozentzeichen
- Pluszeichen
- Minuszeichen

Emojis diktieren

Verfassen Sie eine Nachricht in der Nachrichten-App oder schreiben Sie eine E-Mail in *Mail*, dann wollen Sie diese vielleicht durch Emojis ergänzen. Auch diese lassen sich – jedenfalls die wichtigsten – diktieren.

Sehen Sie die folgenden Beispiele:

- Lachendes Gesicht :-D
- Trauriges Gesicht :-(
- Zwinkerndes Gesicht ;-)

Eingaben löschen und korrigieren

Um beim Diktat die vorherige Eingabe wieder zu löschen, genügt es leider nicht, den Befehl „Löschen" zu diktieren, denn das iPad gibt diesen wörtlich Buchstabe für Buchstabe ein.

Wollen Sie den zuletzt diktierten Text wieder löschen, müssen Sie selbst Hand anlegen.

1. Schütteln Sie das iPad kurz, wird die zuletzt vorgenommene Eingabe rückgängig gemacht.
2. Beenden Sie das Diktat und korrigieren Sie die Eingaben über die Bildschirmtastatur.

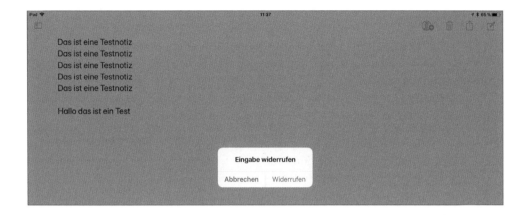

Sprachdateien fürs Diktat wieder entfernen

Möchten Sie die Diktierfunktion – offline – nicht mehr nutzen und die dazugehörigen Dateien wieder entfernen, gehen Sie wie folgt vor:

1. Über Einstellungen/*Allgemein* sowie *Tastatur* schalten Sie die Funktion *Diktierfunktion aktivieren* wieder ab.

2. Die dazugehörigen Dateien sollten dabei wieder vom iPad entfernt werden, wodurch Sie etwas Speicherplatz (ca. 1 GByte) einsparen.

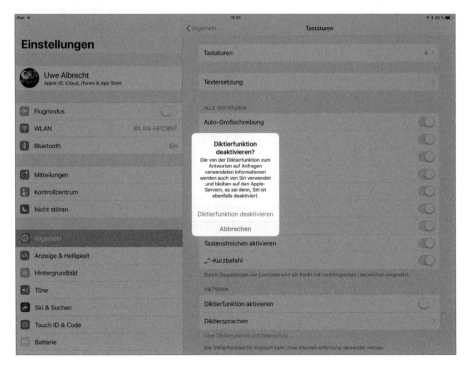

5.7 Drucken

Wer mit dem iPad arbeitet, möchte sicher ab und zu auch etwas zu Papier bringen – sprich drucken –, und das auch ohne dazu den Mac oder Windows-PC nutzen zu müssen. Dank AirPrint und einem kompatiblen Drucker ist das aus jeder mit einer Druckfunktion ausgestatteten App möglich. Entweder Sie finden diese Funktion in der App selbst, wie in den Microsoft-Office-Apps, oder über das Teilen-Feld. Im zweiten Fall gehen Sie so vor:

1. Tippen Sie auf das Teilen-Feld und dort in der zweiten Reihe auf den Befehl *Drucken*.

2. Im folgenden Fenster legen Sie den Drucker fest, wie viele Kopien Sie benötigen und welche Seiten gedruckt werden sollen.

3. Die weiteren Einstellungen hängen von Ihrem Druckermodell und dessen Funktionen ab.

4. Haben Sie alle Einstellungen vorgenommen, tippen Sie auf *Drucken* und bringen das Dokument zu Papier.

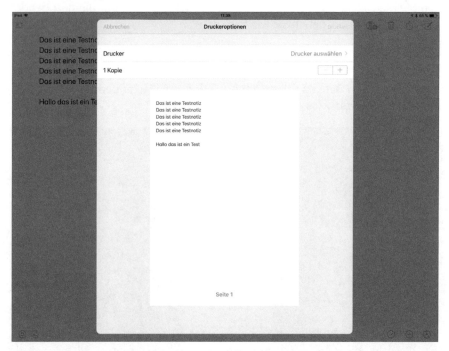

Drucken über AirPrint

Damit Sie mit dem iPad oder auch dem iPhone drucken können, müssen Sie über einen AirPrint-kompatiblen Drucker verfügen. Dieser wird über WLAN in das Netzwerk eingebunden und kann dann direkt vom iPad zum Drucken genutzt werden. Wie Sie einen entsprechenden Drucker installieren, finden Sie in Kapitel 10.5.

6. Kreativ am iPad

Ihr iPad ist nicht nur ein hervorragendes Gerät, um Fotos, Filme und andere Medien zu betrachten, Sie können damit auch selbst kreativ werden. Ob Sie Fotos schießen, filmen oder Fotos bearbeiten und Filme schneiden wollen, das iPad hat alle dazu notwendigen Funktionen und Apps mit an Bord. Besitzen Sie ein iPad Pro mit Apple Pencil, können Sie sogar selbst Skizzen und Zeichnungen erstellen.

6.1 Fotos aufnehmen

Auch wenn man ein iPad 12,9" oder 10,5" aufgrund seiner Größe nicht gerade als eine handliche Kompaktkamera oder sogar eine Spiegelreflex- oder Systemkamera bezeichnen kann, ist es dank der eingebauten und recht guten Kamera damit möglich, schnell mal ein Foto oder Video zu schießen – und das in durchaus guter Qualität. Vor allem bietet die Kamera-App Funktionen, die bei manchen richtigen Fotoapparaten fehlen, wie HDR-Aufnahmen, Live Photos, Panoramen oder Videos im Zeitraffer und in Zeitlupe. Und nicht zuletzt ist die „beste" Kamera immer die, die man dabeihat.

Kamera auf dem Sperrbildschirm aufrufen

Der Zugriff auf die Kamera des iPads ist schnell und problemlos möglich – und das auch direkt auf dem Sperrbildschirm, ohne sich am iPad anmelden zu müssen.

1. Wischen Sie auf dem Sperrbildschirm nach rechts und schon erscheint die Kamera-App.
2. Um das Foto zu schießen, genügt es, das iPad auf das Motiv zu richten und den Auslöser zu drücken.

Schnell ein Foto schießen

Ist die Kamera-App gestartet, können Sie schnell ein Foto schießen, indem Sie eine der beiden Lautstärketasten Ihres iPads drücken. Diese funktionieren dann wie der Auslöser einer Kamera. Betätigen Sie die Lautstärketaste länger, wird eine ganze Serie geschossen, aus der Sie dann das gewünschte Foto auswählen können.

Kamera wechseln

Falls erforderlich, zum Beispiel, wenn Sie ein Selfie aufnehmen möchten, tippen Sie in der Kamera-App auf das kleine Kamerasymbol. Die Kamera-App wechselt von der Rückkamera zur Frontkamera. Um wieder zur Rückkamera zurückzukehren, tippen Sie erneut auf das Symbol.

Fotoformat festlegen

Auf Wunsch können Sie gleich im Vorfeld das Format Ihres Fotos festlegen.

1. Starten Sie die Kamera-App und suchen Sie rechts nach den verschiedenen Möglichkeiten.

2. Wählen Sie das Fotoformat aus, wie *Foto* oder *Quadrat*. (Die anderen Möglichkeiten finden Sie in den folgenden Tipps.)

Plattformkompatibles Fotoformat einstellen

Besitzen Sie ein aktuelles iPad Pro 10,5" oder 12,9", können Sie mit der integrierten Kamera Aufnahmen in den neuen Foto- und Videoformaten von Apple, HEIF (**H**igh **E**fficiency **I**mage **F**ile Format H.265) sowie HEVC (**H**igh **E**fficiency **V**ideo **C**oding), erstellen. Diese benötigen nur halb so viel Speicherplatz. Allerdings werden sie von älteren Macs (iMac vor 2015 und MacBook Pro vor 2015) und Windows-PCs zunächst noch nicht unterstützt. Aus diesem Grund lassen sich Ihre Fotos auch weiterhin im JPEG-Format schießen. Dazu nehmen Sie folgende Einstellung vor:

1. Öffnen Sie die *Einstellungen* und wählen Sie in der ersten Spalte *Kamera* aus.

2. Tippen Sie in der zweiten Spalte auf *Formate* und *Maximale Kompatibilität*.

Raster einblenden

Nicht nur um schiefe Fotos zu verhindern, ist es sinnvoll, bei der Kamera-App ein Raster einzublenden. Dank dieses Rasters können Sie Ihre Aufnahmen auch besser komponieren, zum Beispiel auf Basis des Goldenen Schnitts.

1. Öffnen Sie die *Einstellungen* und wählen Sie in der linken Spalte den Eintrag *Kamera*.
2. Rechts schalten Sie die Funktion *Raster* mit einem Fingertipp ein. Künftig wird in der Kamera-App das Raster eingeblendet.

Vorherige Einstellungen beibehalten

Normalerweise wechselt die Kamera-App, nachdem sie beendet und wieder aufgerufen wurde, zu den Standardeinstellungen mit dem Format *Foto*. Wollen Sie das verhindern und stattdessen erreichen, dass die eigenen Einstellungen beibehalten werden, gehen Sie auf die folgende Weise vor:

1. Öffnen Sie die *Einstellungen* und wählen Sie in der linken Spalte den Eintrag *Kamera*.
2. In der rechten Spalte tippen Sie auf *Einstellungen beibehalten* und schalten den *Kameramodus* mit einem Fingertipp ein.

Belichtung anpassen

Die Kamera-App belichtet Ihr Foto normalerweise automatisch. Sagt Ihnen die Belichtung nicht zu oder möchten Sie diese immer selbst – ja nach Motiv – festlegen, dann gehen Sie wie folgt vor.

1. Richten Sie die Kamera auf das Motiv und tippen Sie zunächst auf die Stelle, auf die Sie fokussieren möchten.
2. Rechts am Fokusfeld erscheint ein Sonnensymbol mit einer Skala.
3. Zum Aufhellen wischen Sie nach oben und zum Abdunkeln nach unten. Sagt Ihnen die Belichtung zu, tippen Sie auf den Auslöser.

Serienbilder erstellen

Um sich bewegende Motive einzufangen, ist die Serienbildfunktion der Kamera-App sehr praktisch. Auf den ersten Blick ist allerdings nicht zu sehen, wie Sie diese aktivieren kön-nen. Wie bei Apple üblich geht dies aber ganz einfach.

1. Richten Sie die Kamera auf das Motiv und tippen Sie auf dem Display zunächst auf die Stelle, auf die Sie fokussieren möchten.
2. Drücken Sie nun so lange auf den Auslöser, bis Sie genug Serienbilder angefertigt ha-ben. Die Anzahl der erstellten Serienbilder sehen Sie rechts vom Auslöser.

Gezielt fokussieren

Die Kamera Ihres iPads verfügt über einen Autofokus. Dieser ist praktisch, fokussiert aber nicht immer auf die von Ihnen bevorzugte Stelle. Möchten Sie selbst fokussieren, gehen Sie so vor:

1. Richten Sie die Kamera auf das Motiv und tippen Sie auf dem Display auf die Stelle, auf die Sie fokussieren möchten.

2. Um diese Stelle festzulegen (für Fotografen: die AE/AF-Sperre zu aktivieren), tippen Sie etwas länger auf diese Stelle, bis die entsprechende Meldung erscheint.

3. Falls gewünscht, können Sie nun die Kamera etwas anders ausrichten, zum Beispiel, wenn das Hauptmotiv nicht direkt in der Mitte liegen soll, und dann den Auslöser drücken. Der Fokus ändert sich dabei nicht.

Panorama erstellen

Mit Ihrem iPad können Sie auch Panoramaaufnahmen erstellen, und zwar weit einfacher, als das mit mancher Kompakt- oder Spiegelreflexkamera möglich ist:

1. Drehen Sie Ihr iPad ins Hochformat und richten Sie die Kamera auf das Motiv aus.

2. Wählen Sie rechts die Funktion *Panorama* aus, indem Sie unterhalb des Auslösers nach unten wischen.

3. Nun tippen Sie auf den Auslöser und bewegen das iPad langsam, aber stetig von links nach rechts.

4. Achten Sie darauf, dass der Pfeil in der Mitte auf der Linie bleibt. Dazu müssen Sie unter Umständen das iPad nach vorne oder hinten neigen.

5. Um die Panoramaaufnahme zu beenden, tippen Sie erneut auf den Auslöser. Die Aufnahme wird in der Fotos-App unter *Panoramen* gespeichert.

HDR-Aufnahme

Nicht immer ist die Lichtsituation optimal. Vor allem bei starken Kontrasten und Gegenlicht wird das Foto oft unter- oder überbelichtet. In diesem Fall hilft Ihnen die HDR-Funktion (**H**igh **D**ynamic **R**ange) der Kamera weiter. Diese sorgt dafür, dass mehrere Fotos – in der Regel drei – mit unterschiedlicher Belichtung aufgenommen und dann miteinander zum HDR-Foto kombiniert werden. Auf diese Weise wird eine Unter- oder Überbelichtung ausgeglichen.

Auch mit dem iPad können Sie HDR-Aufnahmen erstellen.

1. Richten Sie die Kamera auf das Motiv und tippen Sie auf dem Display auf die Stelle, auf die Sie fokussieren möchten.

2. Tippen Sie dann oberhalb des Auslösers auf *HDR*. Um die Aufnahme zu erstellen, tippen Sie anschließend auf den Auslöser.

3. Hierbei wird die HDR-Aufnahme sowie ein Foto mit normaler unveränderter Belichtung erstellt. Beide Fotos finden Sie dann über die Fotos-App und Sie können die Unterschiede feststellen. Das HDR-Foto erkennen Sie an der Bezeichnung *HDR* links oben.

Kein normales Foto bei der HDR-Aufnahme behalten

Üblicherweise wird bei einer HDR-Aufnahme auch ein normal belichtetes Foto gespeichert – neben der HDR-Aufnahme. Nicht immer ist das notwendig.

So können Sie dies unterbinden – auch um etwas Speicherplatz zu sparen.

1. Öffnen Sie die *Einstellungen* und wählen Sie in der linken Spalte den Eintrag *Kamera*.

2. Tippen Sie unter *HDR (Hochkontrastbild)* auf *Normales Foto behalten*, um diese Funktion abzuschalten. Damit wird nur das HDR-Foto in der Fotos-App gespeichert.

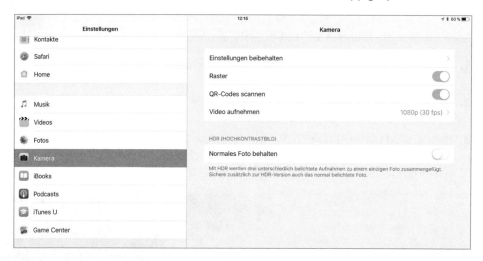

Filter bei der Aufnahme verwenden

Wollen Sie bereits bei der Aufnahme einen Filter anwenden und nicht erst später in der Fotos-App, tippen Sie vor der Aufnahme auf das Filter-Symbol rechts (drei Kreise) und wählen den entsprechenden Filter aus. Betätigen Sie den Auslöser, wird das Foto mit diesem Filter erstellt.

Gruppenfoto erstellen

Falls Sie sich selbst zusammen mit anderen Personen in einem Gruppenfoto verewigen wollen oder verhindern, dass – bei wenig Licht – das Foto verwackelt ist, können Sie den Selbstauslöser der Kamera-App verwenden. Mit einem Stativ oder einer Halterung, auf dem/der Sie Ihr iPad arretieren können, erreichen Sie das beste Ergebnis. Zur Not können Sie es auch nur irgendwo anlehnen – ein fester Untergrund und Halt ist allerdings ratsam.

Dann gehen Sie so vor:

1. Richten Sie die Kamera auf das Motiv aus und tippen Sie auf dem Display auf die Stelle, auf die Sie fokussieren möchten.

2. Tippen Sie auf das Uhrsymbol und wählen Sie dann aus, wann das Foto erstellt werden soll – in 3 oder 10 Sekunden.

3. Tippen Sie auf den Auslöser und begeben Sie sich zu den anderen Personen. Nach 3 oder 10 Sekunden, die auf dem Bildschirm heruntergezählt werden, wird das Foto erstellt.

Live Photos erstellen

Mit den aktuellen iPad-Pro-Modellen (ab dem iPad Pro 9,7") können auch die sogenannten Live Photos erstellt werden. Hierbei handelt es sich um eine kleine Videosequenz von 1,5 Sekunden, die Bewegtbild und Ton beinhaltet. Live Photos nehmen Sie wie folgt auf.

1. Starten Sie die Kamera-App, richten Sie die Kamera auf das Motiv und tippen Sie auf dem Bildschirm auf die Stelle, auf die Sie fokussieren möchten.

2. Tippen Sie nun auf das Symbol mit den drei ineinanderliegenden Kreisen und schalten Sie dort *Live* ein.

3. Tippen Sie auf den Auslöser, um das Live Photo zu erstellen. Bei der Aufnahme selbst stellen Sie keinen Unterschied fest. Das Foto wird wie üblich geschossen.

4. In der Fotos-App erkennen Sie an den drei kleinen Kreisen links am Bild, ob es sich um ein Live Photo handelt oder nicht. Betrachten Sie es, wird es normalerweise animiert angezeigt.

Live Photos bearbeiten

Die mit einem aktuellen iPad Pro (ab iPad Pro 9,7" aus dem Jahr 2016) aufgenommenen Live Photos können mit der Fotos-App von iOS 11 auch bearbeitet werden. Folgende Bearbeitungsmöglichkeiten gibt es:

- Filter anwenden
- Bildbearbeitungsfunktionen

1. Starten Sie die Fotos-App und wählen Sie das Album *Live Photos* sowie das Live Photo, das bearbeitet werden soll.

2. Tippen Sie nun rechts oben auf *Bearbeiten*, um den Bearbeitungsmodus zu öffnen.

3. Wählen Sie aus dem Filmstreifen das gewünschte Foto aus und tippen Sie dann auf *Als Schlüsselfoto festlegen*.

4. Über die entsprechenden Symbole können Sie das Format des Live Photos ändern, Belichtung und Farbe optimieren oder einen der vorhandenen Filter anwenden.

Live Photos mit Effekten verschönern

Ihre Live Photos lassen sich mit diversen Effekten aufwerten. Dies sind die Folgenden:

- Schlüsselfoto auswählen
- Endlosschleife
- Abpraller
- Langzeitbelichtung

1. Starten Sie die Fotos-App und wählen Sie das Album *Live Photos* sowie das Live Photo, das bearbeitet werden soll.

2. Wischen Sie auf dem Live Photo nach oben, um die Effekte anzuzeigen.

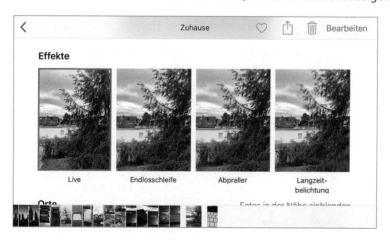

3. Um einen Effekt auf das Live Photo anzuwenden, tippen Sie auf die Vorschau.

4. Das Live Photo wird künftig mit dem gewählten Effekt angezeigt. Dieser kann später auf die gleiche Weise wieder geändert werden.

Digitalkamera mit iPad steuern

Ihr iPad kann nicht nur dazu genutzt werden, mit der integrierten Kamera Fotos oder Videos aufzunehmen, es kann auch Ihre Kompakt-, System- oder Spiegelreflexkamera steuern.

Allerdings muss Ihre Kamera dazu erstens WLAN-fähig sein und zweitens muss es eine App geben, die diese Funktion beinhaltet. Ist das der Fall, können Sie Ihre Kamera auf ein Stativ montieren und über das iPad fokussieren, Blende und Belichtungszeit einstellen sowie weitere Einstellungen vornehmen. Vor allem bei Aufnahmen im Studio, in der Nacht oder bei Langzeitbelichtungen kann das sehr praktisch sein.

Fotos von der Kamera importieren

Für Fotografen und Hobbyfotografen ist – vor allem – das iPad Pro als Werkzeug zum Sichten und Bearbeiten von Fotos unterwegs gut geeignet. Es besitzt einen hervorragenden Bildschirm und mit dem dazugehörigen Apple Pencil lassen sich Fotos einfach retuschieren. Außerdem sind im App Store genug Apps vorhanden, die durchaus auch professionellen Ansprüchen genügen.

Damit Ihre Fotos aufs iPad gelangen, müssen Sie diese natürlich importieren. Hierzu haben Sie drei Möglichkeiten:

- Über WLAN (WLAN-fähige Kamera und kompatible App vorausgesetzt).
- Über einen Lightning-auf-USB-3-Kamera-Adapter.
- Über ein Lightning-auf-SD-Kartenlesegerät.

Im Folgenden zeigen wir Ihnen, wie Sie Fotos über den Kamera-Adapter oder das erwähnte SD-Kartenlesegerät von Apple auf das iPad importieren:

1. Schließen Sie die Kamera über den Lightning-auf-USB-3-Kamera-Adapter an das iPad an oder nutzen Sie das Lightning-auf-SD-Kartenlesegerät.

2. Starten Sie nun die Fotos-App, dann finden Sie rechts unten den Eintrag *Importieren*.

3. Tippen Sie rechts oben auf den Eintrag *Alle importieren* oder wählen Sie gezielt die Fotos aus, die Sie importieren möchten.

4. Auf Wunsch werden nach dem Import die Fotos von der Speicherkarte/Kamera gelöscht. Tippen Sie dazu einfach im entsprechenden Fenster auf *Löschen*. Ansonsten bleiben sie erhalten.

5. Ihre zuletzt importierten Fotos finden Sie immer im Album *Letzter Import*.

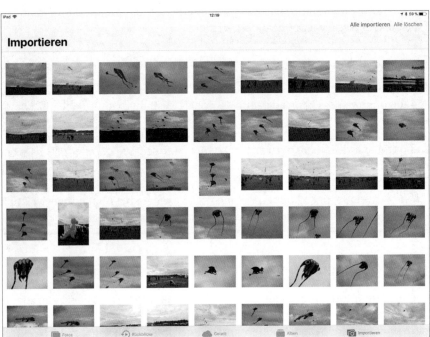

QR-Codes einlesen

Mit der Kamera Ihres iPads (und der Kamera-App) lassen sich nun auch die sogenannten QR-Codes (**Q**uick **R**esponse) einlesen, die Sie oft auf Produktverpackungen, auf Plakaten oder in Anzeigen finden:

1. Starten Sie die Kamera-App und halten Sie sie vor den QR-Code.

2. Auf dem Bildschirm erscheint die im QR-Code befindliche Information und mit einem Fingertipp öffnen Sie die entsprechende App.

3. Handelt es sich um eine Internetadresse, wird Safari und dann die dazugehörige Seite geöffnet.

6.2   Fotos bearbeiten

Die Fotos-App von iOS 11 besitzt zahlreiche Funktionen, mit denen Sie die importierten oder mit der Kamera des iPads aufgenommenen Fotos bearbeiten können. Für Gelegenheits- oder Amateurfotografen genügen diese vollauf. Anwender mit höheren Ansprüchen oder Profis finden im App Store entsprechende Apps, wie Adobe Lightroom Mobile, Pixelmator oder Affinity Photo.

Foto automatisch „verbessern"

Falls Sie nicht alles selbst anpassen wollen, wie Belichtung, Kontrast und so weiter, dann lassen Sie die Arbeit doch die Fotos-App machen.

1. Starten Sie die Fotos-App und öffnen Sie das gewünschte Album. Wählen Sie das Foto mit einem Fingertipp aus.
2. Zum Bearbeiten des Fotos tippen Sie rechts oben auf den gleichnamigen Eintrag.
3. Im Bearbeitungsfenster tippen Sie auf den kleinen Zauberstab. Das Foto wird wie von „Zauberhand" automatisch verbessert.
4. Sagen Ihnen die automatisch vorgenommenen Änderungen zu, bestätigen Sie diese mit einem Fingertipp auf den gelben Haken. Ist das nicht der Fall, tippen Sie auf das kleine blaue Kreuz.

Bearbeitung rückgängig machen

Falls Sie nicht ganz zufrieden sind, können Sie in der Fotos-App vorgenommene Bearbeitungen auch später noch rückgängig machen.

1. Wählen Sie dazu das bearbeitete Foto mit einem Fingertipp aus und zeigen Sie es an.
2. Tippen Sie auf *Bearbeiten*, wird das Foto im Bearbeitungsmodus geöffnet.
3. Nun sehen Sie in der rechten Ecke (unten oder oben) einen roten geschwungenen Pfeil. Tippen Sie darauf.

4. Es erscheint ein kleines Fenster, in dem Sie auf *Zurück zum Original* tippen. Das ursprüngliche Foto ohne die vorgenommenen Bearbeitungen wird wiederhergestellt und angezeigt.

Fotofilter nachträglich anwenden

Falls Sie aus einem Farbfoto ein schwarz-weißes zaubern wollen oder eine wärmere oder kältere Farbdarstellung bevorzugen, kommen die Filter der Fotos-App ins Spiel.

1. Wählen Sie das zu bearbeitende Foto mit einem Fingertipp aus und zeigen Sie es an.
2. Tippen Sie auf *Bearbeiten*, dann wird das Foto im Bearbeitungsmodus geöffnet.
3. Um die vorhandenen Filter anzuzeigen, tippen Sie auf das Symbol mit den drei Kreisen.
4. Wählen Sie nun den gewünschten Filter aus. Dieser wird umgehend auf das Foto angewandt.
5. Sagt Ihnen der Filter zu, bestätigen Sie ihn mit einem Fingertipp auf den gelben Haken. Ist dies nicht der Fall, tippen Sie auf das kleine blaue Kreuz und die Änderung wird rückgängig gemacht.

Fotos vergleichen

Wollen Sie Fotos vor und nach der Bearbeitung vergleichen, ist das recht einfach möglich: Tippen Sie dazu im Bearbeitungsmodus der Fotos-App nach der Bearbeitung auf das bearbeitete Bild, wird das „Original" angezeigt. Tippen Sie noch einmal, kommt wieder das bearbeitete Foto.

Fotos markieren

Sie können Ihre Fotos nicht nur bearbeiten, sondern – bei Bedarf – auch markieren. Zum Beispiel, wenn Sie auf einem Foto etwas hervorheben möchten oder jemandem mitteilen wollen, was daran bearbeitet werden soll. In diesem Fall lassen Sie der Person selbstverständlich das markierte und unbearbeitete Foto zukommen!

1. Wählen Sie das entsprechende Foto mit einem Fingertipp aus.
2. Tippen Sie auf *Bearbeiten*. Das Foto wird im Bearbeitungsmodus geöffnet.

3. Tippen Sie auf den Kreis mit den drei kleinen Punkten. Dort finden Sie Apps, an die Sie das Foto weitergeben können, sowie – falls installiert – zusätzliche Funktionen und Filter.

4. Tippen Sie auf *Markierungen* und nehmen Sie die Markierungen mit den Schreib- und Zeichenwerkzeugen und dem Apple Pencil vor.

5. Tippen Sie auf *Fertig* und anschließend, um die Änderungen zu sichern, auf den gelben Haken. Vergessen Sie nicht – soweit notwendig –, zuvor eine unbearbeitete Version des Fotos zu sichern oder zu versenden.

Foto an eine App weitergeben

Falls Sie ein in Ihrer Foto-Mediathek befindliches Foto mit einer anderen App, die mehr und professionellere Funktionen besitzt, weiterbearbeiten möchten, ist auch das möglich.

Gehen Sie dabei auf die beschriebene Weise vor:

1. Wählen Sie das Foto mit einem Fingertipp aus dem entsprechenden Fotoalbum aus.

2. Tippen Sie auf *Bearbeiten*. Das Foto wird nun im Bearbeitungsmodus geöffnet.

3. Tippen Sie auf den Kreis mit den drei kleinen Punkten. Dort finden Sie Apps, an die Sie das Foto weitergeben können.

4. Tippen Sie auf den Namen der App und nehmen Sie die Änderungen dort vor.

5. Danach tippen Sie zuerst auf *Fertig* und anschließend in der Fotos-App, um die Änderungen zu sichern, auf den gelben Haken.

Die besten Serienbilder behalten

Die Serienbildfunktion ist zum Fotografieren bewegter Motive sehr praktisch, produziert aber unter Umständen viel Ausschuss. Daher können Sie aus einer Serienbildaufnahme auch die besten Fotos auswählen und die anderen löschen.

1. Wählen Sie in der Alben-Ansicht der Fotos-App das Album *Serien*.
2. Wählen Sie eine Serie aus und öffnen Sie diese mit einem Fingertipp.
3. Tippen Sie rechts oben auf *Auswählen*. Alle Fotos der Serie werden angezeigt.
4. Wählen Sie das oder die Fotos aus, die Ihnen am besten gefallen, und tippen Sie auf *Fertig*.
5. Zum Abschluss entscheiden Sie, ob Sie nur die gewählten Fotos oder alles behalten wollen.

Alben erstellen und löschen

Ihre Fotos werden von der Fotos-App anhand unterschiedlicher Kriterien geordnet und sortiert. In *Sammlungen* nach dem Aufnahmedatum, in speziellen Alben nach dem Ort, nach Gesichtern oder der Herkunft sowie dem Format. Falls Sie Ihre Fotos auch nach eigenen Kriterien ordnen wollen, erstellen Sie einfach neue Alben:

1. Starten Sie die Fotos-App und wählen Sie unten die Ansicht *Alben*.
2. Um ein neues Album zu erstellen, tippen Sie links oben auf den Plus-Schalter.

3. Geben Sie den Namen für das neue Album ein und tippen Sie auf *Sichern*.

4. Nun können Sie einzelne Fotos oder komplette Momente aus den Sammlungen hinzufügen.

5. Falls Sie dieses oder ein anderes Album wieder löschen möchten, tippen Sie in der Ansicht *Alben* auf *Bearbeiten*. Dort tippen Sie auf das rote Minus-Symbol links am Album und bestätigen die Sicherheitsabfrage. Hierbei werden die eigentlichen Fotos allerdings nicht gelöscht.

Versehentlich gelöschte Fotos wiederherstellen

Löschen Sie aus Versehen Fotos auf Ihrem iPad, die sich in der Foto-Mediathek der Fotos-App befinden, können diese unter Umständen wiederhergestellt werden. Das Datum, an dem Sie die Fotos gelöscht haben, darf allerdings nicht länger als 30 Tage zurückliegen. Ist dies nicht der Fall, dann gehen Sie so vor:

1. Wählen Sie die Alben-Ansicht in der Fotos-App.

2. Wählen Sie dort das Album *Zuletzt gelöscht* aus.

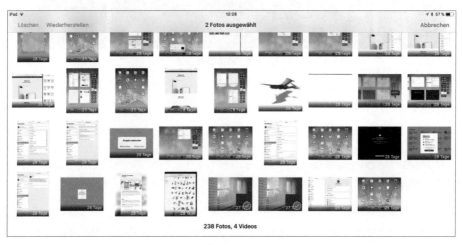

3. Tippen Sie auf *Auswählen* und wählen Sie einzelne Fotos per Fingertipp aus, die wiederhergestellt werden sollen.

4. Alternativ können Sie auch auf *Alle wiederherstellen* tippen. Die gewählten Fotos werden wieder an ihrem vorherigen Ort abgelegt.

Fotos endgültig löschen

Löschen Sie Fotos auf dem iPad, werden diese zunächst für 30 Tage im Album *Zuletzt gelöscht* abgelegt, damit aus Versehen gelöschte Fotos bei Bedarf wiederhergestellt werden können. Dort belegen sie freilich wertvollen Speicherplatz. Aus diesem Grund können Sie sie auch vorzeitig löschen.

1. Wählen Sie die Alben-Ansicht in der Fotos-App.

2. Wählen Sie dort das Album *Zuletzt gelöscht* aus.

3. Tippen Sie auf *Auswählen* und wählen Sie dann einzelne Fotos per Fingertipp aus, die Sie löschen möchten.

4. Tippen Sie dann links oben auf *Löschen*, werden diese endgültig von Ihrem iPad entfernt.

5. Um alle Fotos endgültig zu entfernen, tippen Sie stattdessen auf *Alle löschen* und bestätigen die Sicherheitsabfrage.

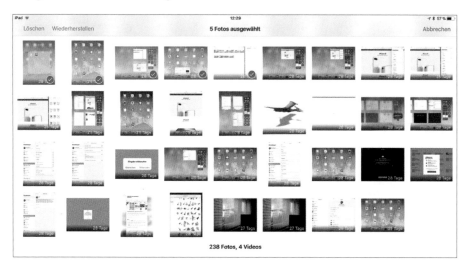

Fotos verstecken

In der Fotos-App finden Sie nahezu alle Fotos, die auf irgendeine Weise auf Ihr iPad gelangt sind, sei es als Aufnahme mit der integrierten Kamera, als Import oder zugesandt. Wollen Sie verhindern, dass fremde Personen diese Fotos sehen können, beispielsweise wenn Sie ihnen etwas auf dem iPad zeigen, dann verstecken Sie sie doch einfach:

1. Starten Sie die Fotos-App und wählen Sie das entsprechende Album beziehungsweise den Moment aus.

2. Tippen Sie auf *Auswählen*. Markieren Sie die Fotos mit einem Fingertipp.

3. Tippen Sie auf das Teilen-Feld und wählen Sie dann in der zweiten Reihe den Befehl *Ausblenden*.

4. Das Foto wird nun in allen Alben, in denen es sich unter Umständen befindet, ausgeblendet, ist aber in einem speziellen Album mit dem Namen *Ausgeblendet* weiter zu sehen.

5. Um es wieder einzublenden, gehen Sie den umgekehrten Weg. Wählen Sie das Foto im Album *Ausgeblendet* aus, tippen Sie auf das Teilen-Feld und wählen Sie dort in der zweiten Reihe den Befehl *Einblenden*.

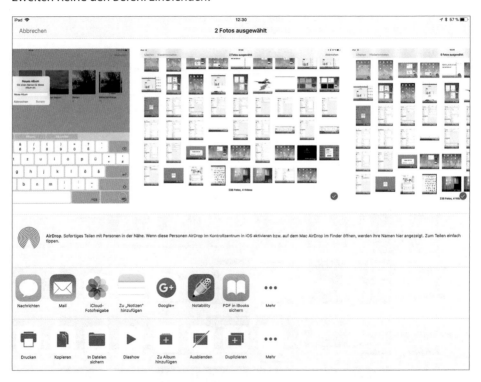

Fotos per Drag-and-drop kopieren

Möchten Sie Fotos in einer anderen App weiterbearbeiten oder versenden, können Sie diese auch über „Ziehen & Ablegen" oder auch Drag-and-drop kopieren und übernehmen:

1. Starten Sie die Fotos-App und wählen Sie das gewünschte Foto oder auch den Moment aus.

2. Ziehen Sie nun das Symbol der zweiten App, in die Sie die Fotos kopieren wollen, vom Dock an den rechten Rand des Bildschirms. Dies kann beispielsweise die App *Mail* sein. Legen Sie dort gegebenenfalls ein neues Dokument an – bei *Mail* eine neue E-Mail.

3. In der Fotos-App tippen Sie rechts oben auf *Auswählen* und wählen dann das oder die Fotos per Fingertipp aus.

4. Ziehen Sie nun die Fotos auf das Fenster der zweiten App – also *Mail*. Ist die App kompatibel, erscheint rechts oben an den Fotos/Dateien ein grünes Pluszeichen. Legen Sie die Fotos dann im Fenster der App ab.

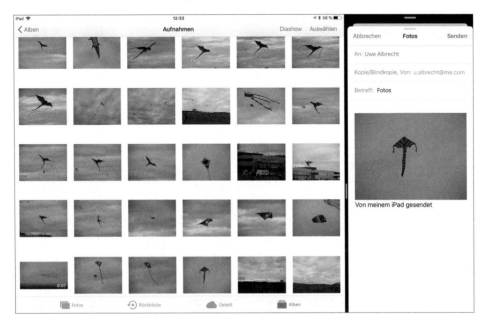

6.3   Fotos oder Videos präsentieren

Die aus Ihren Schnappschüssen und Videos gezauberten Meisterwerke möchten Sie sicherlich Ihren Freunden und Bekannten zeigen. Das iPad und iOS 11 bieten Ihnen dafür zahlreiche Möglichkeiten, ob es eine Diashow ist, die „Fotoandenken" der Fotos-App oder die Freigabe Ihrer Fotos online. In diesem Kapitel finden Sie die besten Tipps dazu.

Fotos an bestimmten Orten anzeigen

Die mit Ihrem iPad oder auch iPhone aufgenommenen Fotos enthalten in der Regel Ortsinformationen, in denen vermerkt ist, wo sie aufgenommen wurden.

Möchten Sie herausfinden, wo welche Fotos entstanden sind, gehen Sie auf die folgende Weise vor:

1. Starten Sie die Fotos-App und wählen Sie die Ansicht *Alben* aus.

2. Wählen Sie das Album *Orte* aus, erscheint eine Kartenansicht mit der Miniaturansicht Ihrer Fotos an den Orten, an denen Sie diese aufgenommen haben.

3. Tippen Sie auf eine dieser Ansichten, werden die entsprechenden Fotos aufgelistet, die Sie nun betrachten können.

4. Wählen Sie das Register *Gitter* oben, werden alle Fotos mit Ortsinformationen, sortiert nach dem Aufnahmedatum, aufgelistet.

5. Die Kartenansicht können Sie über das kleine *i*-Symbol unten rechts ändern, wie Sie das von der Karten-App gewohnt sind.

Mehrere Fotos auswählen

Möchten Sie Fotos auswählen, um diese zu präsentieren, an eine andere App zu übergeben oder auch online zu veröffentlichen, erreichen Sie das auf die folgende Weise:

1. Starten Sie die Fotos-App und entscheiden Sie sich für die passende Ansicht wie *Fotos* oder *Alben*.

2. Wählen Sie das gewünschte Album oder das Aufnahmedatum aus.

3. Um einzelne Fotos auszuwählen, tippen Sie zunächst rechts oben auf *Auswählen* und dann auf die Voransicht der Fotos.

4. Möchten Sie alle Fotos eines Albums wählen, tippen Sie ebenfalls zunächst auf *Auswählen* rechts oben und dann rechts am Album oder Datum noch einmal auf *Auswählen*. Alle Fotos des Albums oder Aufnahmedatums sind nun markiert und ausgewählt.

Fotos suchen

Die Suche nach Fotos in der Fotos-App gestaltet sich auf dem iPad mit iOS 11 besonders komfortabel, da die App „mitdenkt" und in der Lage ist, Fotos beziehungsweise bestimmte Motive zu erkennen. In bestimmten Fällen müssen Sie nicht einmal eine gezielte Suche vornehmen:

1. Öffnen Sie die Fotos-App und tippen Sie rechts oben auf das Lupensymbol.

2. Bereits, ohne dass Sie einen Suchbegriff eingeben, werden die unterschiedlichen Kategorien aufgelistet, von denen Sie Fotos auf dem iPad haben, wie zum Beispiel „Sonnenuntergang", „Elektrogeräte" oder „Zoo".

3. Wollen Sie eine gezielte Suche durchführen, geben Sie einen Suchbegriff in das Suchfeld ein, etwa „Elektrogerät".

4. Alle von der Fotos-App erkannten Fotos mit dem gesuchten Motiv werden sofort aufgelistet.

Fotorückblicke

Mit den sogenannten Rückblicken bietet die Fotos-App auch eine Möglichkeit an, automatisch Diashows erstellen zu lassen. Die Fotos-App orientiert sich dabei am Ort und am Datum und kombiniert die passenden Fotos in einer Diashow. Möchten Sie herausfinden, welche *Rückblicke* die Fotos-App erstellt hat, gehen Sie so vor:

1. Starten Sie die Fotos-App und tippen Sie unten am Bildschirm auf das Symbol *Rückblicke*.
2. Anschließend werden alle Rückblicke geordnet nach dem Datum aufgelistet.
3. Um die enthaltenen Fotos eines Rückblicks zu betrachten, tippen Sie auf dessen Titel.

Fotorückblicke bearbeiten

Nicht immer kombiniert die Fotos-App passende Fotos zu einem Rückblick, da die App sich hierbei in erster Linie am Datum und dem Ort orientiert. Daher ist es manchmal auch erforderlich, diese zu bearbeiten und unpassende Fotos zu entfernen.

1. Starten Sie die Fotos-App und tippen Sie unten am Bildschirm auf *Rückblicke*.
2. Wählen Sie den gewünschten Rückblick aus. Tippen Sie dort auf *Alle einblenden*, damit wirklich alle enthaltenen Fotos angezeigt werden.
3. Anschließend tippen Sie rechts oben auf *Auswählen* und markieren das oder die Fotos, die entfernt werden sollen.

4. Zum Löschen tippen Sie auf das Papierkorbsymbol links oben.

Video aus einem Fotorückblick abspielen

Von den Rückblicken können Sie auch ganz einfach mit wenigen Fingertipps kleine Videos erstellen, um diese dann auf dem iPad abzuspielen. Aber das ist bei Weitem nicht alles, diese lassen sich auch anpassen und gestalten:

1. Starten Sie die Fotos-App und tippen Sie unten am Bildschirm auf *Rückblicke*.
2. Wählen Sie den gewünschten Rückblick aus. Und tippen Sie auf den Schalter *Abspielen* rechts unten auf dem Titelbild.
3. Der Film wird abgespielt und Sie können unten zudem zwischen verschiedenen Themen wählen von *verträumt* bis *extrem*. Dies hat Einfluss auf die Darstellung und die Musikuntermalung des Videos.

Video eines Fotorückblicks ändern

Die Videos, die aus einem Rückblick erstellt werden, können bei Bedarf detailliert angepasst werden.

1. Starten Sie die Fotos-App und tippen Sie unten am Bildschirm auf *Rückblicke*.
2. Wählen Sie den gewünschten Rückblick aus, und tippen Sie auf den Schalter *Abspielen* rechts unten auf dem Titelbild.

207

3. Stoppen Sie das Abspielen und tippen Sie rechts unten auf die drei Regler.

4. Anschließend können Sie Folgendes ändern:

   ■ *Titel*: der Titelname des Videos und dessen Formatierung.

   ■ *Musik*: die empfohlenen Musiktitel oder eigene Musiktitel aus der iTunes-Mediathek.

   ■ *Dauer*: die Abspieldauer lässt sich hier verkürzen.

   ■ *Fotos & Videos*: Fügen Sie weitere Fotos oder Videos aus Ihrer Foto-Mediathek hinzu und löschen Sie nicht gewünschte.

5. Spielen Sie das Video erneut zur Überprüfung ab.

6. Wollen Sie das Video so speichern oder weitergeben, tippen Sie auf das Teilen-Feld und wählen in der ersten Reihe die gewünschte App oder in der zweiten Reihe den Eintrag *Video sichern* aus.

Einfache Diashow

Um Ihre Bilder schnell einmal vorzuzeigen, müssen Sie nicht auf die *Rückblicke* der Fotos-App zurückgreifen. Dies geht auch einfacher und vor allem gezielter, indem Sie ein einzelnes Album oder einen Moment auswählen und dieses dann auf dem iPad oder dem TV-Gerät (über AirPlay und Apple TV) vorführen.

1. Starten Sie dazu die Fotos-App und wählen Sie das gewünschte Album oder den Moment in der Alben-Ansicht aus.

2. Bei einem Album tippen Sie oben auf den Eintrag *Diashow*. Als Titel erscheint der Name des Albums und mit Musikuntermalung werden die Fotos vorgeführt.

3. Möchten Sie den Überblendeffekt zwischen den Fotos ändern, tippen Sie rechts unten auf *Optionen* und dann auf *Thema*.

4. Die Musik der Diashow passen Sie ebenfalls über *Optionen* und dann den Eintrag *Musik* an, die Geschwindigkeit mit dem Schieberegler.

5. Beim Vorführen eines Moments tippen Sie statt auf *Diashow* zuerst auf das Teilen-Feld und dann in der zweiten Reihe auf *Diashow*.

iPad als digitalen Bilderrahmen verwenden

Ihr iPad lässt sich auch prima als digitaler Bilderrahmen nutzen. Entsprechend platziert auf einem Tisch, mit einem passenden Ständer oder in einem Dock, können Sie eine Diashow in Endlosschleife abspielen lassen.

1. Starten Sie die Fotos-App und wählen Sie das gewünschte Album in der Alben-Ansicht aus.

2. Tippen Sie oben auf den Eintrag *Diashow*. Als Titel erscheint der Name des Albums und mit Musikuntermalung werden die Fotos vorgeführt.

3. Über *Optionen* rechts unten ändern Sie das *Thema* (Überblendeffekt) sowie gegebenenfalls über *Musik* die Musikuntermalung.

4. Damit die Diashow immer wiederholt wird, aktivieren Sie in den *Optionen* noch die Einstellung *Wiederholen*.

iCloud-Fotofreigabe aktivieren

Möchten Sie Fotos – zum Beispiel von Ihrer letzten Urlaubsreise – Freunden und Bekannten zeigen, müssen Sie diese nicht unbedingt zu sich einladen oder mit dem iPad bei ihnen vorbeikommen. Dies geht auch mit weniger Aufwand – und zwar über die iCloud-Fotofreigabe. Damit können Sie Fotoalben online präsentieren. Aber nicht nur das. Jeder Ihrer „Abonnenten" kann – je nachdem – Fotos bewerten, kommentieren oder eigene hinzufügen.

Die iCloud-Fotofreigabe richten Sie wie folgt ein:

1. Öffnen Sie die *Einstellungen* und tippen Sie in der linken Spalte auf Ihre Apple-ID (Ihren Benutzernamen).

2. In der rechten Spalte tippen Sie auf *iCloud* und dann unten auf *Fotos*.

3. Schalten Sie nun die *iCloud-Fotofreigabe* ein.

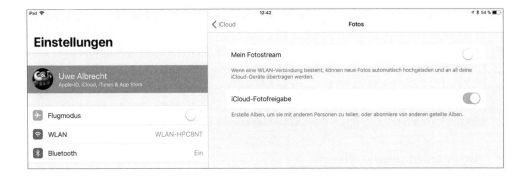

Fotoalbum freigeben

Ein Fotoalbum geben Sie über die iCloud-Fotofreigabe über die Fotos-App wie folgt frei:

1. Öffnen Sie die Fotos-App und wählen Sie unten den Eintrag *Geteilt*. Dieser erscheint aber erst, wenn Sie die iCloud-Fotofreigabe eingeschaltet haben.

2. Tippen Sie dort auf den Schalter *Jetzt teilen* und geben Sie zunächst den Namen des geteilten Albums ein, etwa „Meine Fotos vom Urlaub".

3. Tippen Sie auf *Weiter* und geben Sie die E-Mail-Adressen der Personen an, die Zugriff darauf haben sollen.

4. Über *Erstellen* legen Sie ein neues vorerst leeres Fotoalbum an. Wechseln Sie nun wieder zur Ansicht *geteilt*.

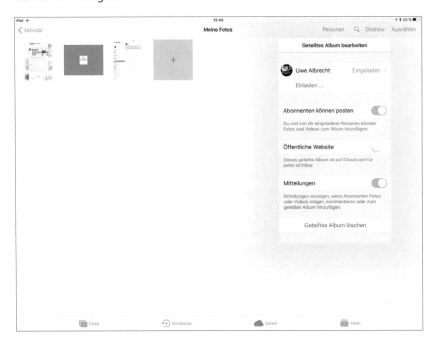

5. Zum Hinzufügen der Fotos tippen Sie auf das bislang leere Album mit dem Wolken-symbol.

6. Fügen Sie über den großen Plus-Schalter Fotos aus Ihrer Foto-Mediathek hinzu und geben Sie einen kurzen Text dazu ein. Dann tippen Sie auf *Posten*.

7. Das Album wird online gestellt und die eingeladenen Personen werden benachrichtigt. Über *Personen* rechts oben legen Sie zudem noch fest, ob diese Personen Mitteilungen senden können und ob das Fotoalbum über icloud.com öffentlich sichtbar sein soll.

iCloud-Mediathek aktivieren

Auf Wunsch können Sie alle Ihre Fotos und Videos, die Sie mit dem iPad oder auch einem iPhone aufgenommen haben, online in die iCloud-Mediathek hochladen. Dasselbe gilt für Fotos, die Sie – am Mac – mit der Fotos-App von einer Speicherkarte oder einer Digital-kamera importieren. Dies hat Vorteile, aber auch einige Nachteile. So haben Sie von jedem iOS-Gerät, Mac oder Windows-PC Zugriff auf Ihre Fotos und Videos, können diese betrach-ten, präsentieren oder auch bearbeiten — und das an jedem Ort, an dem Sie einen Inter-netzugang haben. Die Nachteile liegen auch auf der Hand. Um auf Ihre Fotos zuzugreifen, ist eben ein Internetzugang (am besten über WLAN) zwingend erforderlich. Zudem sind Foto-Mediatheken in der Regel sehr umfangreich und benötigen viel Speicherplatz. Ap-ple stellt Ihnen jedoch – kostenlos – nur 5 GByte Speicherplatz zur Verfügung. Benötigen Sie mehr, müssen Sie dafür bis zu knapp 10 Euro/Monat bezahlen. Hierfür erhalten Sie dann 1 TByte Speicherplatz bei iCloud. 1 TByte dürfte den meisten Amateur- und Gele-genheitsfotografen aber genügen.

Wollen Sie die iCloud-Mediathek nutzen, gehen Sie auf die beschriebene Weise vor:

1. Öffnen Sie die *Einstellungen* und tippen Sie in der linken Spalte auf Ihre Apple-ID (Ihren Benutzernamen).

2. In der rechten Spalte tippen Sie auf *iCloud* und dann auf *Fotos*.

3. Aktivieren Sie dort die *iCloud-Fotomediathek*. Bitte beachten Sie, dass nun alle Ihre Fotos auf die iCloud geladen werden und Sie dort über genügend Speicherplatz verfügen müssen.

Mein Fotostream einschalten

Damit alle neu aufgenommenen und importierten Fotos ebenfalls automatisch in der iCloud-Mediathek landen, müssen Sie eine weitere Einstellung vornehmen – und zwar *Mein Fotostream*.

1. Öffnen Sie die *Einstellungen* und tippen Sie in der linken Spalte auf Ihre Apple-ID (Ihren Benutzernamen).

2. In der rechten Spalte tippen Sie auf *iCloud* und dann unten auf *Fotos*.

3. Schalten Sie nun *Mein Fotostream* ein. Achten Sie auch hier auf genügend Speicherplatz in iCloud, damit Ihre Fotos auch zuverlässig und automatisch in Ihre iCloud-Fotomediathek hochgeladen werden.

Videos anschauen

Ihre mit der Kamera des iPads aufgenommenen Videos werden ebenfalls über die Fotos-App verwaltet und abgespielt. Nicht über die Video-App, die in erster Linie für Kauf- und Leihfilme aus dem App Store oder andere über iTunes synchronisierte Filme zuständig ist. Videos können Sie in der Fotos-App sehr einfach abspielen und betrachten:

1. Starten Sie die Fotos-App und wählen Sie dort in der Album-Ansicht das Album *Videos* aus.

2. Um das gewünschte Video abzuspielen, tippen Sie erst auf die Vorschau und dann auf den Schalter *Abspielen*, zum Pausieren auf den Schalter *Pause* rechts oben.

3. Um das Video auf Ihrem TV-Gerät (über Apple TV) anzuschauen, tippen Sie auf das Teilen-Feld – ebenso rechts oben – und dann auf den Eintrag *AirPlay* in der zweiten Reihe.

> **Animierte GIF-Dateien abspielen**
>
> Die Fotos-App ist nun in der Lage, animierte GIF-Dateien nicht nur anzuzeigen, son-dern auch abzuspielen. Sie finden diese – soweit vorhanden – im Album *Animiert*.

6.4 Einfache Videobearbeitung

Ihre selbst aufgenommenen Videos können Sie auch direkt am iPad bearbeiten. Sehr ein-fache Möglichkeiten bietet bereits die Fotos-App. Wer höhere Ansprüche hat, verwendet iMovie. Im Folgenden finden Sie ein paar Tipps.

Videos in der Fotos-App schneiden

In der Fotos-App selbst ist es nur möglich, das Video am Beginn und am Ende zu schnei-den. In diesem Fall gehen Sie so vor:

1. Starten Sie die Fotos-App und wählen Sie in der Album-Ansicht das Album *Videos* aus.

2. Um das gewünschte Video auszuwählen, tippen Sie auf die Vorschau. Wird das Video angezeigt, tippen Sie rechts oben auf *Bearbeiten*.

3. Möchten Sie das Video am Anfang schneiden, tippen Sie links auf den kleinen weißen Linkspfeil und ziehen diesen nach rechts.

4. Wollen Sie das Video rechts schneiden, tippen Sie rechts auf den kleinen weißen Rechtspfeil und ziehen diesen nach links.

5. In beiden Fällen wird ein gelber Rahmen, den Sie entsprechend nach rechts oder links ziehen, angezeigt.

6. Sind Sie fertig, spielen Sie das geschnittene Video ab und tippen dann rechts auf *Fertig*

7. Nun entscheiden Sie, ob das Originalvideo gekürzt gespeichert wird oder als neuer Clip gesichert werden soll. Wir empfehlen, das Original zu behalten und das geschnittene Video als neuen Clip zu speichern.

Video an iMovie übergeben und bearbeiten

Mit iMovie ist auf Ihrem iPad ein leistungsfähiges Programm zum Bearbeiten und Gestalten von Videos installiert, das jedenfalls für Amateure kaum Wünsche offenlässt. Daher übergeben Sie Ihre Videos, die bearbeitet werden sollen, einfach aus der Fotos-App heraus an dieses Programm:

1. Starten Sie die Fotos-App und wählen Sie in der Album-Ansicht das Album *Videos* aus.

2. Um das gewünschte Video auszuwählen, tippen Sie auf die Vorschau. Wird das Video angezeigt, tippen Sie rechts oben auf *Bearbeiten*.

3. Befinden Sie sich im Bearbeitungsmodus, tippen Sie unten rechts auf die drei kleinen Punkte, um das Video an eine andere App zu übergeben.

4. Wählen Sie hier *iMovie*, wird das Video in iMovie geöffnet und Sie können es dort bearbeiten.

5. Sie haben dort folgende Möglichkeiten:

   ■ Schneiden: Tippen Sie dazu auf das Symbol mit der Schere und bewegen Sie die beiden gelben Begrenzungen links und rechts an die gewünschte Stelle.

   ■ Filter anwenden: Verleihen Sie Ihren Videos durch Farbfilter wie *Western*, *Explosion* oder *Stummfilm* einen individuellen Look.

   ■ Titel: Gestalten Sie einen passenden Titel.

   ■ Musik: Unterlegen Sie das Video mit passender Musik.

6. Haben Sie die Bearbeitung des Videos abgeschlossen, tippen Sie auf *Fertig*. Das Video wird nun bearbeitet in der Foto-Mediathek gesichert.

7. Das iPad als Multimediatalent

Zahlreiche Anwender nutzen ihr Tablet neben dem Surfen und Chatten auch zum Medienkonsum. Kein Wunder, denn der hochauflösende Bildschirm ist hervorragend dazu geeignet, Filme auf der Terrasse, im Garten oder unterwegs zu genießen.

Wer ein iPad Pro besitzt, profitiert zudem vom Stereoklang aus den mittlerweile vier eingebauten Lautsprechern, die zumindest günstigere externe Lautsprecher weitgehend überflüssig machen. Daher ist das iPad natürlich ebenso gut dazu geeignet, Musik und Podcasts zu hören oder Internetradio.

Selbstverständlich können Sie es, entsprechende Apps von Drittherstellern vorausgesetzt, auch dazu verwenden, TV zu schauen oder Spiele zu spielen. Und zu guter Letzt ist es auch ein E-Book-Reader, mit dem Sie Zugriff auf den iBooks Store von Apple und den Kindle-Store von Amazon erhalten. Das bereits von Haus aus vorhandene Multimediatalent des iPads unterstützen unsere Tipps und Tricks in diesem Kapitel.

7.1 iTunes Store

Um Medien für Ihr iPad oder Ihre anderen iOS-Geräte und Macs oder den Windows-PC zu beziehen, ist für viele Anwender der iTunes Store die erste Anlaufstelle. Dank der engen Integration von iOS, macOS und iTunes Store ist der Erwerb und das Herunterladen von Medien auch besonders komfortabel, einfach und schnell erledigt.

Die Bezahlung erfolgt über die Apple-ID und die dort hinterlegte Zahlungsmethode. Dies kann eine Kreditkarte sein, eine iTunes-Karte, die es zu unterschiedlichen Preisen an nahezu jeder Supermarktkasse oder auch Tankstelle zu kaufen gibt, oder auch die Mobilfunkrechnung und PayPal. In diesem Kapitel lernen Sie Tipps und Tricks kennen, mit denen der Einkauf im iTunes Store noch besser klappt.

PayPal als neue Bezahlmethode nutzen

Seit einiger Zeit bietet Apple auch die Bezahlung über den beliebten Bezahldienst PayPal an. Dies können Sie in Ihrem iTunes-Store-Konto aktivieren. Allerdings müssen Sie dazu iTunes unter macOS oder Windows nutzen.

In diesem Fall gehen Sie wie folgt vor:

1. Starten Sie iTunes auf dem Mac oder Windows-PC. Dort wählen Sie in der Menüleiste die Befehle *Account* sowie *Meinen Account anzeigen*.
2. Dort klicken Sie neben *Zahlungsdaten* auf *Bearbeiten*. Wählen Sie hier *PayPal* aus.

3. Geben Sie die Benutzerdaten Ihres PayPal-Kontos ein und klicken Sie auf *Fertig*.

Nur mit Prepaid-Guthaben zahlen

Möchten Sie keine Kreditkarte, PayPal oder Mobilfunkrechnung als Bezahlmethode angeben, haben Sie die Möglichkeit, ein Prepaid-Guthaben einzuzahlen – und zwar über die im Handel nahezu überall erhältlichen iTunes-Karten. In diesem Fall wählen Sie *Keine* Bezahlmethode:

1. Starten Sie iTunes auf dem Mac oder Windows-PC. Dort wählen Sie in der Menüleiste die Befehle *Account* sowie *Meinen Account anzeigen*.

2. Dort klicken Sie neben *Zahlungsdaten* auf *Bearbeiten*. Wählen Sie anschließend als Bezahlmethode *Keine* aus.

3. Sie müssen über iTunes-Karten ein Guthaben einlösen, um im iTunes Store, im App Store oder im iBooks Store einkaufen zu können. Auch wenn Sie bei iCloud zusätzlichen Speicherplatz oder Apple Music abonniert haben, wird die Bezahlung über das Guthaben abgewickelt. In diesem Fall sollte dies ausreichend hoch sein, damit das Abonnement nicht beendet wird.

> **Über die Mobilfunkrechnung bezahlen**
>
> Alternativ können Sie auch über Ihre Mobilfunkrechnung bezahlen. Die entsprechenden Beträge werden dann monatlich zusammen mit den Mobilfunkgebühren von Ihrem Konto abgebucht. Zur Änderung der Bezahlmethode gehen Sie wie zuvor beschrieben vor, nur wählen Sie dort das Handy- und SIM-Karten-Symbol. Allerdings ist dies bisher nur für die Kunden von O2 und Vodafone möglich.

iTunes-Karten mit Kamera einlesen

Damit Sie die über eine Guthaben- oder auch Geschenkkarte erworbene Summe auf Ihr iTunes-Konto einzahlen können, müssen Sie normalerweise einen langen Code eingeben. Hierbei schleichen sich gern Tippfehler ein, die Sie dann wieder korrigieren müssen. Dank der Kamera Ihres iPads geht es auch einfacher. Der Code und damit das Guthaben kann darüber eingelesen und eingelöst werden.

1. Rubbeln Sie zunächst mit einer Münze den Code auf der Rückseite der iTunes-Karte frei.
2. Starten Sie iTunes auf dem iPad und blättern Sie ganz nach unten. Dort tippen Sie auf den Schalter *Einlösen*.
3. Im folgenden Fenster tippen Sie auf den Eintrag *Kamera verwenden* und halten die iTunes-Karte mit der Rückseite und dem Code vor die Kamera auf der Rückseite Ihres iPads.
4. Der Code wird eingelesen und das dazugehörige Guthaben Ihrem iTunes-Konto gutgeschrieben.

Einkaufsstatistiken abrufen

Wollen Sie herausfinden, welche Einkäufe in letzter Zeit über Ihr iTunes-Konto getätigt wurden, benötigen Sie dazu auch iTunes auf dem Mac oder Windows-PC.

1. Starten Sie iTunes auf dem Mac oder Windows-PC. Dort wählen Sie in der Menüleiste die Befehle *Account* sowie *Meinen Account anzeigen*.
2. Dort klicken Sie neben *Einkaufsstatistik* auf *Alle anzeigen*.
3. Wählen Sie nun über die Menüs den Zeitraum aus, über den Sie bezüglich Ihrer Einkäufe informiert werden wollen. Es werden nicht nur Käufe von Apps, Musik und Filmen aufgelistet, sondern auch die Gebühren für Abos wie Apple Music oder zusätzlichen iCloud-Speicherplatz.

Ein Album oder einen Film verschenken

Möchten Sie Ihren Lieben eine Freude machen, können Sie ihnen auch Geschenke und Geschenkkarten für den iTunes Store zukommen lassen – und zwar ganz papierlos und online. Hierbei haben Sie die Wahl, entweder ein Medium selbst, wie einen Musiktitel, ein Musikalbum oder einen Film beziehungsweise eine TV-Serie, zu verschenken oder eine Geschenkkarte mit einem bestimmten Betrag zur freien Verfügung zu nehmen. Der Empfänger muss natürlich über eine Apple-ID und ein iTunes-Konto verfügen, um das Geschenk einlösen zu können. Eine Bezahlmethode benötigt der Beschenkte aber nicht.

1. Wollen Sie ein Medium verschenken, tippen Sie auf dessen Cover und anschließend auf das Teilen-Feld, das sich rechts oben befindet.

2. Tippen Sie nun in der zweiten Reihe auf das Symbol *Geschenk*. Dort geben Sie die E-Mail-Adresse des Empfängers an und gegebenenfalls eine Nachricht.

3. Tippen Sie auf *Weiter* und folgen Sie den Anweisungen.

Eine Guthabenkarte verschenken

1. Zum Verschenken einer Guthaben- beziehungsweise Geschenkkarte wischen Sie ganz nach unten und tippen auf den Schalter *Verschenken*.

2. Geben Sie den Empfänger an und eine kurze Nachricht.

3. Tippen Sie auf den Betrag und dann auf *Weiter*. Folgen Sie dann den Anweisungen.

Wunschliste des iTunes Store verwenden

Sehr praktisch ist die Wunschliste im iTunes Store. Darin können Sie nicht nur alle Medien aufnehmen, die Sie erwerben wollen. Sie können sie auch dafür verwenden, Medien zu notieren, die Sie interessant finden und auf anderen Wegen erwerben möchten oder Bekannten oder Freunden weiterempfehlen.

1. Um ein Medium in die Wunschliste aufzunehmen, tippen Sie auf das Cover und dann auf das Teilen-Feld.

2. Möchten Sie später auf die Wunschliste zugreifen, tippen Sie in der iTunes-App auf die drei kleinen Striche und anschließend auf das Register *Wunschliste*.

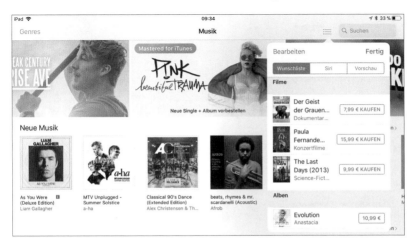

3. Zum Löschen von Einträgen wischen Sie auf dem Eintrag von rechts nach links und tippen dann auf *Löschen*. Zum Erwerben tippen Sie auf das Preisschild und folgen den Anweisungen.

Album oder Titel empfehlen

Wenn Sie Freunden, Bekannten oder Kollegen Alben, Musiktitel oder auch andere Medien weiterempfehlen wollen, müssen Sie dazu nicht den Link kopieren, eine neue E-Mail oder Nachricht verfassen und den Link aus der Zwischenablage übernehmen. Das geht viel einfacher:

1. Um ein Medium zu empfehlen, tippen Sie auf das Cover und dann auf das Teilen-Feld.

2. Zum Versenden des Links tippen Sie in der ersten Reihe auf *Nachrichten* oder *Mail*. Nun müssen Sie nur noch Empfänger und Betreffzeile eingeben und können die Empfehlung versenden.

3. Falls gewünscht, können Sie diese auch auf Twitter posten. Wählen Sie *Twitter* aus, melden Sie sich bei Bedarf an, und tippen Sie auf *twittern*.

Alternativen zum iTunes Store

Beim Erwerb von Musik und anderen Medien sind Sie nicht zwangsläufig auf den iTunes Store angewiesen, auch wenn der Kauf und Download dort besonders bequem ist. Alternativen sind zum Beispiel die Konkurrenten Google Play Store sowie Amazon Music. Sowohl im Google Play Store als auch bei Amazon Music erwerben Sie Ihre Musiktitel im MP3-Format, das nicht kopiergeschützt ist. MP3-Titel lassen sich problemlos in Ihre iTunes-Mediathek übernehmen. Zudem gibt es von beiden Anbietern Apps für das iPad, über die Sie die dort erworbene Musik ebenfalls genießen können.

7.2 Apple Music

Mit Apple Music ist der Hersteller von iPad, iPhone und Co. sehr spät in den Markt für Musikstreaming eingestiegen, konnte aber auf Anhieb zahlreiche – auch zahlende – Musikfreunde überzeugen. Weitere Gründe dafür sind natürlich auch, dass es auf jedem iPad, iPhone sowie Mac und über iTunes auf dem Windows-PC verfügbar ist. Außerdem spielt der moderate Preis von 9,99 Euro im Monat eine Rolle und die dreimonatige kostenlose Testphase. Möchten Sie Apple Music ebenfalls testen oder nutzen Sie es bereits, dann finden Sie auf den folgenden Seiten eine Reihe nützlicher Tipps dazu.

Apple Music testen

Möchten Sie Apple Music testen, haben Sie drei Monate Zeit dazu, und zwar ohne jegliche Einschränkungen sowie auf allen Geräten, auf denen Sie mit Ihrer Apple-ID angemeldet sind.

1. Starten Sie iTunes und scrollen Sie auf der Startseite so weit nach unten, bis Sie in der linken Spalte den Eintrag *Apple Music* finden.

2. Tippen Sie auf den Eintrag und folgen Sie den Anweisungen zum Abschluss eines dreimonatigen Probeabonnements.

3. Auf dem iPad greifen Sie auf Apple Music über die Musik-App zu. Tippen Sie dort auf *Entdecken*, um Alben, die Ihnen gefallen, hinzuzufügen. Selbstverständlich können Sie auch eine gezielte Suche über das Lupensymbol durchführen.

4. Alle Ihre Alben und Titel finden Sie, wenn Sie in der Musik-App auf *Mediathek* links unten tippen. Ihre neuesten Alben und Titel finden Sie in der Wiedergabeliste *Zuletzt hinzugefügt*.

5. Sollte die Musik-App, trotz abgeschlossenem Abonnement oder Probeabonnement, die von Ihnen in Apple Music gewählten Alben und Titel nicht anzeigen, warten Sie einfach etwas, bis die Anzeige aktualisiert wurde.

Apple Music aktivieren

Ist es, trotz abgeschlossenem Abonnement oder Probeabonnement, nicht möglich, auf Ihrem iPad über die Musik-App auf Apple Music zuzugreifen, dann müssen Sie dieses unter Umständen erst anzeigen lassen.

1. Starten Sie die *Einstellungen* und wählen Sie in der linken Spalte den Eintrag *Musik*.
2. Schalten Sie nun in der rechten Spalte *Apple Music zeigen* ein.

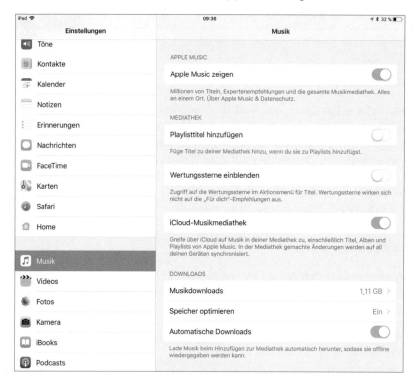

Neue Musik finden und hinzufügen

Wollen Sie aktuelle Alben oder auch ältere Musiktitel in Apple Music finden und Ihren Wiedergabelisten hinzufügen, nutzen Sie dazu nicht den iTunes Store, wie es sonst immer üblich war, sondern die Musik-App.

1. Starten Sie die Musik-App und tippen Sie am unteren Bildschirmrand auf *Entdecken*.
2. Im Startfenster werden ausgewählte Neuerscheinungen aller Genres angezeigt. Suchen Sie Musik bestimmter Genres, dann tippen Sie links oben auf *Entdecken/Genres*.
3. Gefällt Ihnen ein Album, tippen Sie auf dessen Cover und dann rechts auf den Schalter *Hinzufügen*. Das Album wird in die Wiedergabeliste *Zuletzt hinzugefügt* Ihrer Mediathek übernommen.

4. Möchten Sie gezielt nach Interpreten, Albumname oder Musiktiteln suchen, tippen Sie unten am Bildschirm auf *Suchen* und geben die Suchbegriffe ein. Dann verfahren Sie weiter wie oben beschrieben.

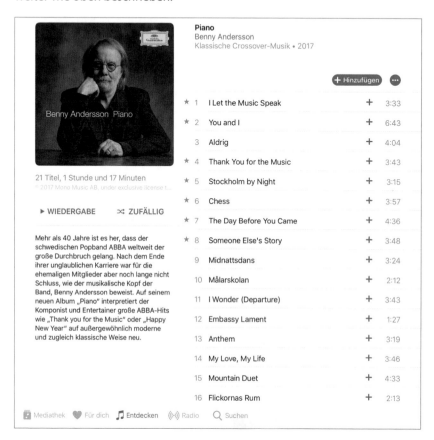

Musiktitel herunterladen

Zwar ist Apple Music ein Dienst für Musikstreaming, dennoch lassen sich die Titel – bei Bedarf – auch auf Ihr iPad herunterladen, zum Beispiel, wenn Sie diese, ohne dass Sie mit dem Internet verbunden sind, anhören möchten. Bitte beachten Sie aber, dass die heruntergeladenen Musiktitel weder kopiert noch auf CD gebrannt werden und nach Beendigung des Apple-Music-Abos nicht mehr genutzt werden können.

Zum Herunterladen gehen Sie wie folgt vor:

1. Fügen Sie wie oben beschrieben das Album Ihrer Mediathek hinzu.
2. Tippen Sie dann unten auf *Mediathek* und anschließend auf das Cover des Albums.
3. Zum Herunterladen auf Ihr iPad tippen Sie auf das Wolkensymbol rechts oben oder – bei einzelnen Titeln – auf das Wolkensymbol rechts neben dem Titel.

4. Alle heruntergeladenen Titel finden Sie später über *Mediathek* sowie *Geladene Musik*.

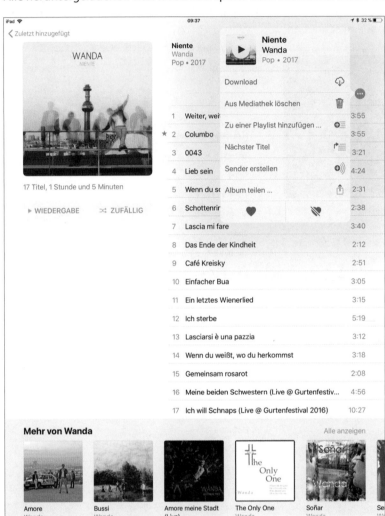

Lieblingsalben und Musiktitel markieren

Musiktitel, die Ihnen gefallen, können Sie entsprechend markieren. Anhand dieser Titel unterbreitet Ihnen dann Apple Music weitere Musikvorschläge, die Sie über *Für dich* unten am Bildschirmrand finden.

1. Starten Sie die Musik-App und wählen Sie das gewünschte Album aus.

2. Tippen Sie auf die drei Punkte ganz rechts und anschließend auf das Herz-Symbol, falls Ihnen das ganze Album gefällt.

3. Wollen Sie nur einen Titel bewerten, spielen Sie diesen zunächst ab.

4. Tippen Sie dann rechts unten auf den Titelnamen oder das Cover, um den Player anzuzeigen.

5. Dort tippen Sie ebenfalls auf die drei kleinen Punkte rechts und auf das Herz-Symbol.

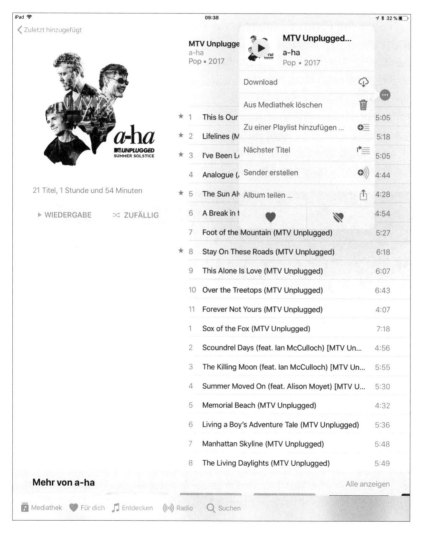

7.3   Musik hören

Wollen Sie auf Ihrem iPad Musik hören – einerlei ob über Apple Music oder aus Ihrer eigenen iCloud-Musikmediathek –, dann ist dafür immer die Musik-App zuständig. In diesem Kapitel finden Sie nützliche Tipps für den Musikgenuss mit dem iPad.

Musik im Zufallsmodus über das Kontrollzentrum hören

Um Musik zu hören, müssen Sie aber nicht in jedem Fall erst einmal die Musik-App starten, das gewünschte Album oder den Lieblingstitel wählen und dann abspielen. Es geht auch schneller, und zwar über das Kontrollzentrum:

1. Betätigen Sie zweimal schnell hintereinander die Home-Taste, um das Kontrollzentrum aufzurufen.

2. Dort finden Sie die Steuerungselemente für die Musik-App. Heben Sie diese durch einen etwas längeren Fingertipp hervor.

3. Tippen Sie dann auf den Schalter *Abspielen*, wird Musik aus Ihrer iCloud-Mediathek im Zufallsmodus abgespielt.

4. Tippen Sie auf das AirPlay-Symbol rechts oben, können Sie auch noch festlegen, wo die Musik abgespielt werden soll, auf dem iPad selbst, auf externen Lautsprechern, drahtlosen Kopfhörern oder einer Musikanlage.

Musik auf dem Sperrbildschirm abspielen

Falls Sie die Musik-App auf Ihrem iPad gestartet haben und ein Album oder einen Musiktitel anhören, können Sie die Musikwiedergabe auch auf dem Sperrbildschirm steuern. Die entsprechenden Bedienelemente werden angezeigt.

1. Starten Sie die Musik-App und spielen Sie einen Titel ab. Warten Sie, bis der Sperrbildschirm angezeigt wird, oder drücken Sie die Stand-by-Taste oben links am iPad.

2. Sobald der Sperrbildschirm angezeigt wird, können Sie über die entsprechenden Bedienelemente Musiktitel abspielen, pausieren, zum nächsten Titel oder zum vorherigen wechseln und natürlich auch die Lautstärke anpassen.

3. Daneben werden das Cover und der Name des Albums beziehungsweise Musiktitels angezeigt.

4. Über das AirPlay-Symbol oben rechts können Sie festlegen, wo die Musik abgespielt werden soll.

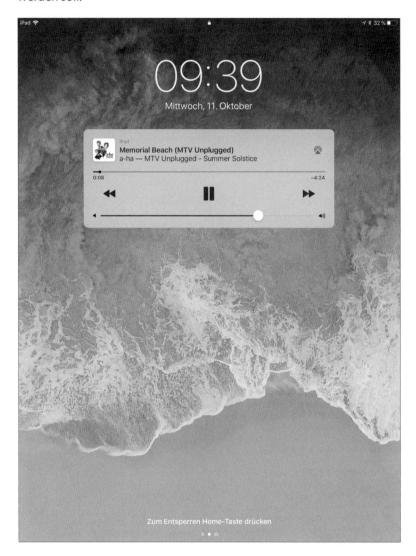

Zufallsmodus nutzen

Möchten Sie in der Musik-App den beliebten Zufallsmodus aktivieren, erreichen Sie das auf die folgende Weise:

1. Starten Sie die Musik-App und wählen Sie zunächst eine Wiedergabeliste aus.
2. Soll die Musik-App die Titel aus Ihrer gesamten iCloud-Musikmediathek auswählen, tippen Sie links oben auf *Mediathek* und wählen dann *Titel*.

3. Um nun den Zufallsmodus zu starten, tippen Sie rechts oben auf *Zufällig*.

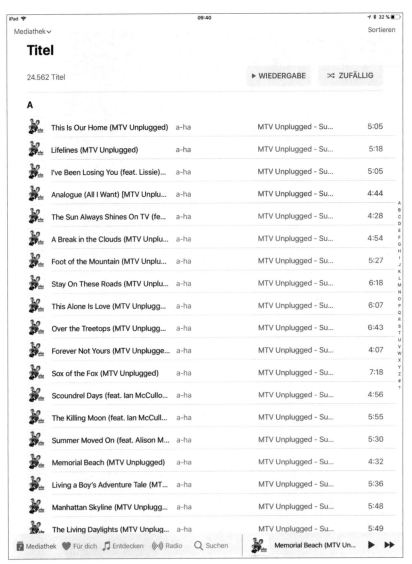

Nächsten Titel feststellen

Falls Sie während des Abspielens von Musik den nächsten Titel herausfinden wollen, ob im Zufallsmodus oder nicht, gehen Sie wie folgt vor:

1. Starten Sie die Musik-App und spielen Sie einen Titel ab.

2. Tippen Sie rechts unten auf den Titelnamen, um den Player anzuzeigen.

3. Unter *Als Nächstes* werden die Titel angezeigt, die nach dem aktuellen Titel abgespielt werden.

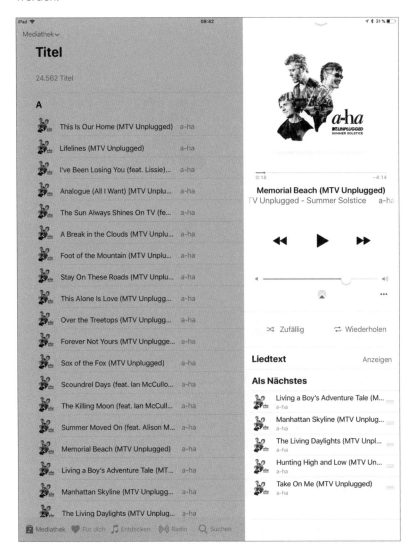

Songtexte anzeigen

Beim Abspielen von Musik mit der Musik-App können Sie – jedenfalls bei im iTunes Store erworbenen oder bei Apple Music gestreamten und heruntergeladenen Titeln – auch die Songtexte anzeigen.

1. Spielen Sie den Musiktitel ab, indem Sie zuerst auf das Cover und dann auf den Titel tippen.

2. Nun tippen Sie rechts unten auf den Titelnamen, um den Player einzublenden. Dort finden Sie das Cover sowie alle Wiedergabeelemente.

3. Darunter steht – soweit ein Songtext vorhanden ist – der Eintrag *Liedtext*. Tippen Sie auf *Anzeigen*, um diesen einzublenden.

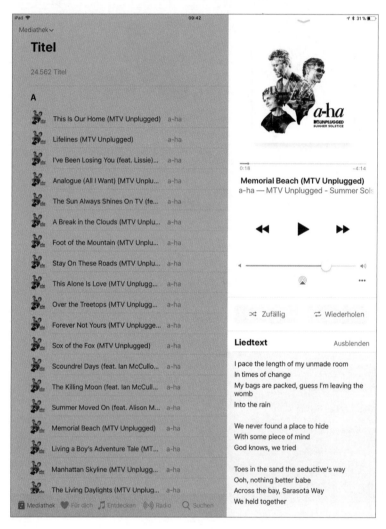

Wiedergabelisten der Musik-App anpassen

Falls Ihnen die vorhandene Auswahl der Wiedergabelisten in der Musik-App nicht zusagt, können Sie diese auch verändern und anpassen:

1. Starten Sie die Musik-App. Tippen Sie zunächst links oben auf *Mediathek* und dann auf *Bearbeiten*.

2. Wählen Sie die gewünschte Wiedergabeliste durch einen Fingertipp aus.

3. Falls Sie deren Reihenfolge verändern wollen, ziehen Sie diese an den drei kleinen Strichen rechts an die entsprechende Position.

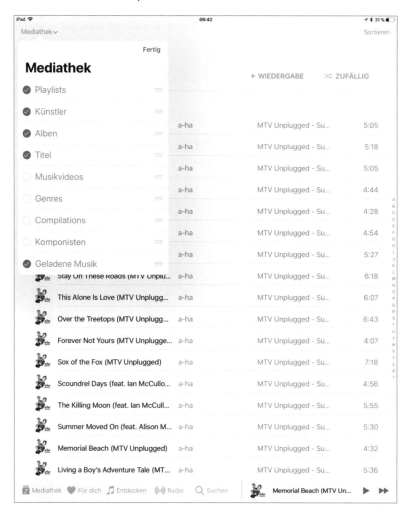

iCloud-Musikmediathek nutzen

Damit Sie auf allen Ihren Geräten immer Zugriff auf Ihre gesamten Musiktitel haben, egal ob diese aus Apple Music sind, erworben im iTunes Store oder importiert von Audio-CD mit dem Mac oder Windows-PC, sollten Sie die iCloud-Musikmediathek aktivieren und nutzen. Dann werden alle Ihre Musiktitel auf iCloud hochgeladen und Sie können diese mit jedem kompatiblen Gerät wie iPad, iPhone, Mac oder Windows-PC mit iTunes zu jeder Zeit und an jedem Ort anhören, vorausgesetzt, Sie haben einen Zugang ins Internet. Die iCloud-Musikmediathek muss dabei auf jedem Ihrer Geräte aktiviert sein.

Am iPad schalten Sie diese auf die folgende Weise ein:

1. Öffnen Sie die *Einstellungen* und wählen Sie in der linken Spalte den Eintrag *Musik*.
2. Schalten Sie nun rechts *iCloud-Musikmediathek* ein.
3. Ist diese aktiviert, werden alle Änderungen an Ihrer Musikmediathek auf jedem Ihrer Geräte übernommen und abgeglichen.

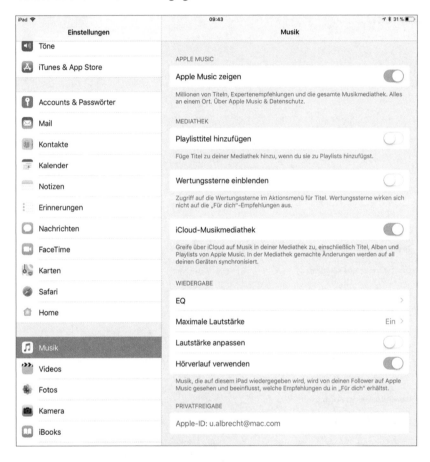

Käufe automatisch herunterladen

Erwerben Sie auf einem anderen Gerät, wie dem Mac oder Windows-PC, neue Alben oder Musiktitel im iTunes Store, werden diese auf Wunsch automatisch auf Ihr iPad heruntergeladen, damit Sie sie auch dort hören können.

Dazu nehmen Sie bei Bedarf folgende Einstellung vor:

1. Öffnen Sie die *Einstellungen* und wählen Sie in der linken Spalte *iTunes & App Store*.

2. Unter *Automatische Downloads* in der rechten Spalte aktivieren Sie *Musik*. Sollen die anderen Medien ebenfalls automatisch auf dem iPad landen, schalten Sie auch dort die entsprechende Funktion ein.

Automatische Downloads einschalten

Sollen alle Alben und Musiktitel, die Sie Ihrer iCloud-Musikmediathek hinzufügen – auch die von Audio-CD beziehungsweise auf andere Weise importierten –, automatisch auf das iPad heruntergeladen werden, aktivieren Sie zusätzlich noch die Funktion *Automatische Downloads*. In diesem Fall können Sie die Musik auch offline hören.

1. Öffnen Sie die *Einstellungen* und wählen Sie in der linken Spalte *Musik*. Anschließend aktivieren Sie rechts die Einstellung *Automatische Downloads*.
2. Bitte achten Sie darauf, dass in diesem Fall auf dem iPad genug Speicherplatz zur Verfügung steht. Allerdings lässt sich dieser auch begrenzen, siehe dazu den nächsten Tipp.

Alte Musiktitel automatisch entfernen

Damit der Speicherplatz auf Ihrem iPad aufgrund der heruntergeladenen Musiktitel nicht zu knapp wird, können Sie ältere, lange nicht gehörte Alben und Musiktitel automatisch vom iPad löschen lassen. Möchten Sie dies, gehen Sie so vor:

1. Öffnen Sie die *Einstellungen* und wählen Sie in der linken Spalte den Eintrag *Musik*.
2. Tippen Sie dann rechts auf *Speicher optimieren* und aktivieren Sie die Option.
3. Anschließend geben Sie an, wie viel Speicher für Ihre Musik auf dem iPad mindestens genutzt werden darf.

Nur geladene Alben und Musiktitel anzeigen

Ist die iCloud-Musikmediathek eingeschaltet (siehe den Abschnitt „iCloud-Musikmediathek nutzen"), werden in der Musik-App alle Alben und Musiktitel angezeigt, ob sich diese bereits auf Ihrem iPad befinden oder noch in der Cloud. Um nur alle heruntergeladenen Titel anzuzeigen, gehen Sie auf die beschriebene Weise vor:

1. Starten Sie die Musik-App und tippen Sie unten am Bildschirmrand auf *Mediathek*.
2. Tippen Sie anschließend links oben erneut auf *Mediathek* und dann auf die Wiedergabeliste *Geladene Musik*.
3. Hier werden alle auf dem iPad befindlichen Titel und Alben sortiert nach *Playlist*, *Künstler*, *Alben* und *Titel* angezeigt.

Musik-App in geteilter Ansicht nutzen

Surfen Sie, schreiben Sie E-Mails oder arbeiten Sie am iPad, dann können Sie nebenbei die Musik-App nutzen.

1. Starten Sie die erste App, zum Beispiel Safari, mit einem Fingertipp auf das Symbol.
2. Nun öffnen Sie die Musik-App, um die beiden Fenster nebeneinander anzuzeigen. Tippen Sie dazu auf das Symbol und ziehen Sie es an den rechten oder linken Bildrand.

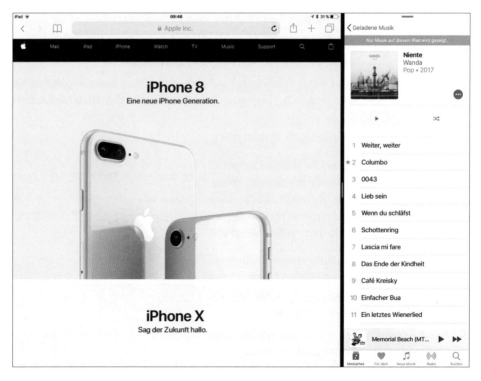

3. Das Programmfenster der Musik-App wird etwas schmaler angezeigt. Um es zu vergrößern, ziehen Sie es über die Trennlinie in der Mitte nach links oder rechts.

4. Alternativ können Sie es an dem Strich oben nach unten ziehen, um ein schwebendes
Fenster zu erhalten, das Sie dann ebenfalls an dem oberen Strich an die gewünschte
Stelle bewegen.

5. Der Zugriff auf Ihre Mediathek sowie das Abspielen von Musik findet auf die bekannte
Weise statt.

Maximale Lautstärke festlegen

Wenn Sie Musik mit Kopfhörern genießen, kann es erforderlich sein, falls Sie Ihr Gehör
nicht überbeanspruchen oder schädigen möchten, die maximale Lautstärke der Musik-
App beziehungsweise des iPads festzulegen:

1. Öffnen Sie die *Einstellungen* und
wählen Sie dort die Einstellung
Musik in der linken Spalte.

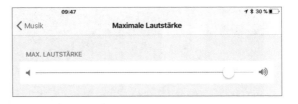

2. Tippen Sie rechts auf den Eintrag
Maximale Lautstärke und stellen
Sie diese über den Schieberegler
ein.

3. Wollen Sie zudem, dass alle Musiktitel automatisch in derselben Lautstärke abgespielt
werden, aktivieren Sie zusätzlich die Funktion *Lautstärke anpassen*.

7.4 Filme

Dank des hochauflösenden und für ein Tablet ziemlich großen Bildschirms können Sie auf
dem iPad auch die neuesten Hollywood-Blockbuster und aktuellen Serien genießen. Der
erste Anlaufpunkt für Filme und Sendungen aller Art ist ebenfalls der iTunes Store, in dem
Sie diese nicht nur erwerben, sondern auch ausleihen können. Bislang gilt das allerdings
nicht für TV-Serien, sondern nur für Spielfilme.

Filme leihen statt kaufen

Falls Sie sicher sind, dass Sie einen bestimmten Film nur einmal anschauen möchten,
leihen Sie ihn, statt ihn zu erwerben. Damit sparen Sie nicht nur Geld, sondern unter Umständen auch Speicherplatz, da er, nachdem Sie ihn angeschaut haben, automatisch wieder gelöscht wird.

1. Starten Sie die iTunes-App und wählen Sie unten das Symbol *Filme*. Suchen Sie sich
den gewünschten Film aus.

2. Falls Sie ausschließlich Filme suchen, die Sie ausleihen können, blättern Sie etwas nach unten zur Rubrik *Neue Filme zum Leihen*.

3. Tippen Sie auf das Cover. Schauen Sie den Trailer per Fingertipp an, um herauszufinden, ob der Film etwas für Sie ist.

4. Zum Leihen des Films tippen Sie auf das Preisschild und *Leihen*. Der Film wird auf Ihr iPad heruntergeladen.

5. Um ihn zu betrachten, öffnen Sie die Video-App und starten ihn. Sie haben bei einem Leihfilm 30 Tage Zeit, ihn zu schauen. Haben Sie begonnen, ihn anzuschauen, müssen Sie ihn allerdings binnen 48 Stunden zu Ende schauen.

Schnäppchen finden

Ab und zu sind im iTunes Store auch richtige Schnäppchen zu finden. So können Sie meist ältere Filme zu einem stark ermäßigten Preis erwerben, und zwar für bis zu vier Euro. Die Ausleihe ist mit knapp einem Euro sogar noch günstiger.

Die günstigen Filme finden Sie wie folgt:

1. Starten Sie die iTunes-App und tippen Sie unten auf das Symbol *Filme*. Wischen Sie ganz nach unten zu *Filme auf einen Klick*.
2. Tippen Sie dort die gewünschte Kategorie wie *Leihfilme für 0,99 €* an. Die zu diesem Preis erhältlichen Filme werden, sortiert nach unterschiedlichen Genres, aufgelistet.
3. Um einen Film zu leihen oder auch zu erwerben, tippen Sie auf das entsprechende Preisschild. Nach dem Download können Sie den Film über die Video-App betrachten.

Filme mit Mehrwert – iTunes Extras

Was auf der DVD oder Blu-ray die „Specials" sind, das sind im iTunes Store die *iTunes Extras*. Diese enthalten unter anderem ergänzende Informationen zu Schauspielern, Regisseur oder Drehorten, ein Making-of, entfallene Filmszenen oder Dokumentationen.

Ob ein Film *iTunes Extras* enthält, erfahren Sie auf die folgende Weise:

1. Starten Sie die iTunes-App und wählen Sie unten das Symbol *Filme*. Suchen Sie sich den Film aus, den Sie anschauen möchten. iTunes Extras sind meist in aktuellen Produktionen sowie Blockbustern (nur in ihrer HD-Version) zu finden.
2. Tippen Sie auf das Cover, um alle vorhandenen Informationen zu dem Film anzuzeigen.

3. Blättern Sie etwas nach unten. Dort finden Sie gegebenenfalls den Eintrag *iTunes Extras*. Unter diesem Eintrag wird aufgezählt, über welche iTunes Extras der Film verfügt.

Tonspur und Untertitel anpassen

Manche Filme aus dem iTunes Store verfügen über mehrere Tonspuren und Untertitel. Diese können Sie während des Abspielens anpassen:

1. Öffnen Sie die Video-App und wählen Sie den Film aus, den Sie sich anschauen wollen.

2. Starten Sie den Film. Besitzt dieser mehrere Tonspuren sowie Untertitel, dann finden Sie rechts unten das Symbol einer Sprechblase.

3. Tippen Sie auf das Symbol und wählen Sie die gewünschte Tonspur oder die Untertitel aus.

Wiedergabequalität der Filme verringern

Vor allem, wenn Sie mit Ihrem iPad unterwegs sind und online Filme anschauen wollen, kann es sinnvoll sein, die Qualität entsprechend anzupassen, um lange Ladezeiten und Ruckler zu verhindern.

1. Öffnen Sie die *Einstellungen* und wählen Sie dort in der linken Spalte den Eintrag *Videos* aus.

2. In der rechten Spalte tippen Sie auf *Wiedergabequalität* und wählen dort statt *Bestmöglich* die Option *Gut*.

Film im Bild-in-Bild-Modus abspielen

Falls Sie gerade einen Film anschauen und schnell etwas anderes am iPad arbeiten oder eine E-Mail beziehungsweise Nachricht beantworten wollen, dann müssen Sie die Video-App nicht verlassen und können den Film parallel in einem kleinen Fenster weiterlaufen lassen.

1. Starten Sie die Video-App und betrachten Sie den Film wie gewohnt im Vollbild.

2. Verkleinern Sie das Fenster der Video-App, indem Sie rechts unten auf die zwei kleinen Quadrate tippen.

3. Starten Sie die gewünschte App parallel und arbeiten Sie damit. Der Film läuft in der rechten unteren Ecke weiter.

4. Haben Sie Ihre Arbeit beendet, tippen Sie im verkleinerten Videofenster erneut auf die zwei kleinen Quadrate. Das Video wird wieder im Vollbild angezeigt.

5. Der Bild-in-Bild-Modus funktioniert auch bei anderen Videos, zum Beispiel auf Webseiten oder bei YouTube.

7.5   Podcasts

Für Video- und Audiopodcasts ist in iOS 11 eine gesonderte App zuständig, diese ermöglicht Ihnen den Zugriff auf die zahlreichen Beiträge mehr oder minder bekannter Institutionen, Sender, Firmen oder Personen.

Podcasts können Sie abonnieren, online anhören oder auch auf das iPad herunterladen.

Neue Podcasts finden

Die Podcast-App ist ähnlich aufgebaut wie die Musik-App, deshalb finden Sie neue Podcasts auf die gleiche Weise wie neue Alben und Musiktitel.

1. Starten Sie die Podcast-App und tippen Sie unten auf den Befehl *Entdecken*.
2. Orientieren Sie sich bei der Suche an den verschiedenen Kategorien wie *Highlights*, *Neu und beachtenswert* oder *Interviews*, *Anbieter* und *Hörspiel* etc.
3. Haben Sie einen Podcast gefunden, tippen Sie auf das Cover. Über einen Fingertipp lassen sich die einzelnen Podcasts online anhören.

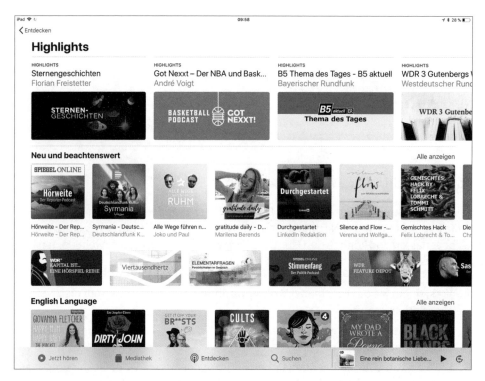

> **Apple Keynotes anschauen**
>
> Die von Apple mehrmals im Jahr abgehaltenen Keynotes, bei denen neue Hardware und Software vorgestellt wird, finden Sie ebenfalls über die Podcast-App. Dort können Sie diese abonnieren, online betrachten oder auch auf das iPad herunterladen. Falls sie nicht bereits auf der Startseite beworben werden, können Sie diese auch suchen, und zwar über den Befehl *Suchen* unten auf dem Bildschirm.

Podcasts abonnieren

Sagt Ihnen ein Podcast zu und möchten Sie ihn weiterhören und keine Folge verpassen, dann abonnieren Sie ihn einfach:

1. Starten Sie die Podcast-App und tippen Sie unten auf den Befehl *Entdecken*. Wählen Sie einen Podcast aus wie zum Beispiel die *Apple Keynotes*.

2. Tippen Sie auf das Cover und dann links oben auf den Schalter *Abonnieren*.

3. Erscheint eine neue Folge, wird diese in Ihrer Podcast-Mediathek angezeigt und Sie bleiben immer aktuell.

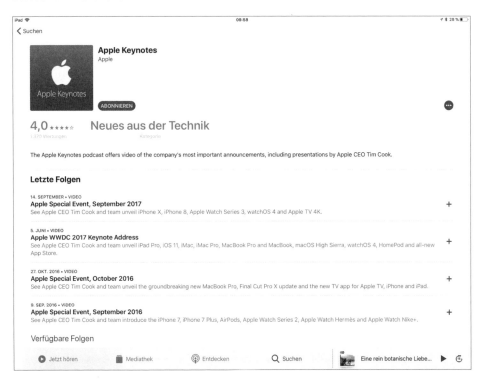

243

Podcast-Abonnement abbestellen

1. Möchten Sie ein Podcast-Abonnement beenden, wählen Sie *Mediathek* aus und anschließend links den Eintrag *Sendungen*.
2. Tippen Sie auf das Cover des Podcasts und dann rechts auf die drei kleinen Punkte.
3. Wählen Sie den Befehl *Abo beenden*; wollen Sie den Podcast ganz loswerden, entscheiden Sie sich für *Aus Mediathek löschen*.

Podcasts nie herunterladen

Wenn Sie viele Podcast abonniert haben und nicht aufpassen, dann belegen diese unter Umständen zu viel von dem oftmals chronisch knappen Speicherplatz. In diesem Fall können Sie das automatische Herunterladen einzelner oder auch aller Podcasts unterbinden.

1. Wählen Sie *Mediathek* aus und anschließend links den Eintrag *Sendungen*. Tippen Sie dort auf das Cover des Podcasts.

2. Tippen Sie als Nächstes auf die drei kleinen Punkte rechts. Dort wählen Sie die Befehle *Einstellungen* sowie *Folgen laden*.

3. Hier wählen Sie den Eintrag *Aus*. Nun wird keine Folge des entsprechenden Podcasts auf das iPad heruntergeladen.

4. Möchten Sie für alle Ihre abonnierten Podcasts festlegen, dass keine Folge automatisch heruntergeladen werden soll, dann erreichen Sie das über die *Einstellungen/Podcasts*. Dort deaktivieren Sie die Option nach einem Fingertipp auf den Eintrag *Folgen laden*.

Fremde Podcasts abonnieren

Mit der Podcast-App lassen sich auch „fremde" Podcasts, das heißt Podcasts, die nicht von Apple in das Podcast-Verzeichnis aufgenommen wurden, abonnieren.

Es gibt sogar einen speziellen Befehl, der allerdings etwas versteckt ist:

1. Starten Sie die Podcast-App und tippen Sie unten auf *Mediathek*.

2. Hier tippen Sie links oben auf *Bearbeiten*. Anschließend finden Sie ganz unten den Befehl *Podcast per URL hinzufügen*.

3. Tippen Sie darauf, geben Sie dort die URL (Internetadresse) des Podcasts ein und tippen Sie auf *Abonnieren*.

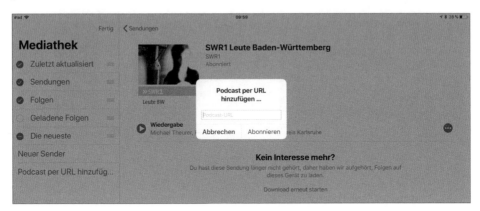

7.6 Fernsehen

Mit Ihrem iPad können Sie nicht nur Filme und Serien aus dem iTunes Store herunterladen und genießen, sondern auch das TV-Programm unterschiedlicher Sender. Entweder verfolgen Sie es per Live-Streaming oder Sie schauen Ihre Lieblingssendungen in den Mediatheken der TV-Sender an. Alles, was Sie dazu benötigen, sind ein Internetzugang und – zum Teil – kostenpflichtige Apps.

Fernsehen mit Live-TV

Die komfortabelste und ansprechendste App zum Fernsehen ist *Live TV Stream*. Damit können Sie die Live-Streams im Internet empfangbarer TV-Sender anschauen. Bitte beachten Sie, dass nicht alle bekannten und beliebten TV-Sender kostenlos online verfügbar sind. Außerdem ist die Live-TV-App kostenpflichtig und nur im Abonnement (knapp 15 Euro/Jahr) erhältlich.

1. Öffnen Sie den App Store und tippen Sie dort auf *Suchen*. Geben Sie nun ins Suchfeld „Live TV" ein und führen Sie eine Suche durch.

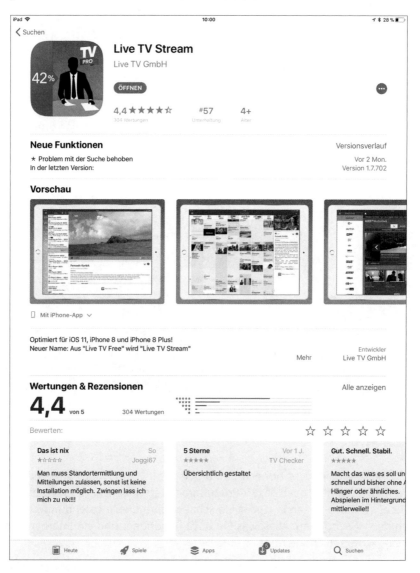

2. Tippen Sie bei den Suchergebnissen auf *Live TV Stream* und dann auf *Laden*. Die App wird heruntergeladen und installiert.

3. Starten Sie die App. In der linken Spalte finden Sie die Sender, die online kostenlos zu empfangen sind. Die Prozentzahl vor dem Sendernamen zeigt die gegenwärtige Zuschauerquote in Echtzeit an.

4. Möchten Sie eine Sendung anschauen, tippen Sie auf den entsprechenden Eintrag. Die Sendung wird in der rechten Spalte samt dazugehörigen Informationen angezeigt. Möchten Sie die Sendung im Vollbild betrachten, tippen Sie auf den Doppelpfeil rechts unten.

5. Um ein Abonnement von Live TV abzuschließen, tippen Sie links oben auf die drei kleinen Striche und dann auf *Store*. Dort haben Sie die Wahl zwischen Abonnements, die sich im Zeitraum, der Zahlweise und bei den zusätzlich enthaltenen Apps unterscheiden.

Gratis fernsehen mit Zattoo FREE

Eine Alternative zum kostenpflichtigen Live TV stellt Zattoo dar. Damit können Sie die frei empfangbaren Streaming-Angebote aller öffentlich-rechtlichen und einiger privater Sender kostenlos anschauen, allerdings nur wenige in HD-Qualität.

Zudem sind die bekanntesten Privatsender wie RTL, Pro7 etc. bei Zattoo FREE nicht empfangbar.

Mediatheken-Apps der TV-Sender

Vor allem die öffentlich-rechtlichen Sender verfügen über eigene TV- und Mediatheken-Apps für das iPad, über die Sie auf die dort archivierten Sendungen zugreifen können.

Um diese Apps zu finden und zu installieren, gehen Sie wie folgt vor:

1. Öffnen Sie den App Store und tippen Sie dort auf *Suchen*. Geben Sie ins Suchfeld „Mediathek" ein und führen Sie eine Suche durch.

2. In den Suchergebnissen sind die Mediatheken-Apps der bekanntesten öffentlich-rechtlichen Sender zu finden. Um die entsprechende App zu installieren, tippen Sie auf *Laden*.

3. Die Bedienung der Apps unterscheidet sich, ist aber weitgehend selbsterklärend. Bitte beachten Sie, dass TV-Sender die Sendungen immer nur für gewisse Zeit in ihren Mediatheken vorhalten, meist sind es nach der Ausstrahlung noch 7 Tage.

7.7 Radio hören

Neben dem TV-Programm zahlreicher Sender können Sie natürlich auch online Radio hören. Hier haben Sie die Wahl zwischen den bequem nur über die Musik-App empfangbaren Radiosendern und den „normalen" öffentlich-rechtlichen und privaten Radiosendern, die auch einen Live-Stream im Internet anbieten.

Radio mit iTunes hören

Mit iTunes selbst können Sie redaktionell von Apple betreute oder andere ausgewählte Radiosender hören. Meist handelt es sich dabei um Spartenkanäle, die ein bestimmtes Musikgenre anbieten. Zum Anhören dieser Sender gehen Sie wie folgt vor:

1. Starten Sie die Musik-App und tippen Sie unten am Bildschirm auf *Radio*.
2. Tippen Sie auf das gewünschte Coverbild, um einen Sender *im Spotlight* anzuhören. Den beliebten Sender *Beats 1* von Apple finden Sie über den gleichnamigen Eintrag.
3. Den Zugriff auf weitere Radiostreams sortiert nach Genres erhalten Sie über den Eintrag *Radiosender*.

4. Wählen Sie den gesuchten Eintrag aus und starten Sie das Abspielen per Fingertipp. Die Bedienung des Players entspricht der bei Alben, Musiktiteln und Podcasts.

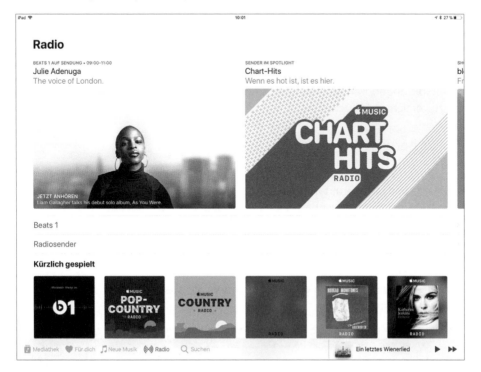

Fremde Radiosender anhören

Möchten Sie Radiosender anhören, die nicht in der Musik-App zu finden sind, ist dies über Safari und dessen Webseite möglich.

1. Starten Sie Safari und geben Sie die Internetadresse des Radiosenders ein.
2. Suchen Sie dort nach dem Eintrag für den Radiostream, wie *Webradio* oder *Radiostreams*.
3. Tippen Sie auf den Eintrag, um den Radiostream des Senders anzuhören.

Alternative: Radio-Apps

Weit praktischer und komfortabler, als die Radiostreams nicht in der Musik-App verfügbarer Sender über Safari und die Website des Radiosenders anzuhören, sind spezielle Radio-Apps fürs iPad. Diese finden Sie im App Store über eine Suche mit dem Suchbegriff „Radio". Empfehlenswert sind unter anderem die App *TuneIn Radio* oder *radio.de – Der Radioplayer*. Über diese finden Sie Ihren Lieblingssender gewiss – und noch weitere – nicht nur in Deutschland und Europa, sondern weltweit.

7.8   E-Books und Hörbücher

Als Multimediatalent dient Ihr iPad natürlich auch zum Schmökern von E-Books im EPUB- und PDF-Format sowie zum Anhören von E-Books. Hierfür ist, jedenfalls was den Lesestoff aus dem iBooks Store sowie PDF-Dateien und nicht kopiergeschützte EPUB-E-Books aus weiteren Quellen anbelangt, die iBooks-App zuständig. Aber auch als Kunde von Amazon bleiben Sie nicht außen vor. Sowohl für Kindle-E-Books als auch für Hörbücher, die von Audible angeboten werden, gibt es Apps, sodass Sie auf weitere spannende Literatur nicht zu verzichten brauchen.

E-Books herunterladen

Im Apple iBooks Store finden Sie eine Menge Literatur der unterschiedlichsten Genres. Der Erwerb und das Herunterladen ist dort ebenso einfach wie im iTunes Store oder im App Store. Sind Sie sich nicht sicher, dann studieren Sie vor dem Kauf einfach die Leseprobe oder die Rezensionen.

1. Öffnen Sie die iBooks-App und wählen Sie unten je nach Bedarf *Highlights*, *Topcharts* oder *Topautoren*.

2. Schauen Sie sich das Buch genauer an, indem Sie auf das Cover tippen. Möchten Sie erst eine Leseprobe, tippen Sie auf *Auszug*.

3. Zum Erwerben des Buches tippen Sie auf das Preisschild. Die Bezahlung erfolgt über Ihr iTunes-Konto und die dort angegebene Leseprobe. Ist das Buch kostenlos, tippen Sie einfach auf *Laden*.

4. Die Leseprobe beziehungsweise das Buch finden Sie dann in Ihrer Bibliothek. Tippen Sie dazu links unten auf *Meine Bücher*.

Apple-Handbücher herunterladen

Apple stellt für seine Produkte wie Ihr iPad, das iPhone, Macs und Software aktuelle Benutzerhandbücher bereit. Diese können Sie kostenlos herunterladen, um wirklich alles über Ihre Produkte von Apple zu erfahren. Sie finden diese, indem Sie erst auf *Highlights* tippen und dann ganz nach unten wischen. Dort tippen Sie auf den Eintrag *Apple-Benutzerhandbücher*. Zum Herunterladen tippen Sie auf *Laden*.

Kostenlose Bücher finden

Neben kostenpflichtigen Büchern, deren Preis oftmals nicht sehr viel niedriger ist als bei den gedruckten Ausgaben, finden Sie auch zahlreiche kostenlose Literatur unterschiedlicher Genres.

Um diese schnell zu finden, haben Sie folgende Möglichkeiten:

1. Starten Sie iBooks und wählen Sie unten am Bildschirmrand den Eintrag *Highlights*.
2. Blättern Sie ganz nach unten und tippen Sie dort auf den Eintrag *Kostenlose Bücher*.
3. Geordnet nach den verschiedenen Genres werden alle kostenlosen Bücher aufgelistet.
4. Alternativ tippen Sie in der iBooks-App auf *Topcharts*. Dann finden Sie anschließend in der rechten Spalte *Gratis* die momentan beliebteste kostenlose Literatur im iBooks Store. Zum Herunterladen und späteren Lesen tippen Sie einfach auf *Laden*.

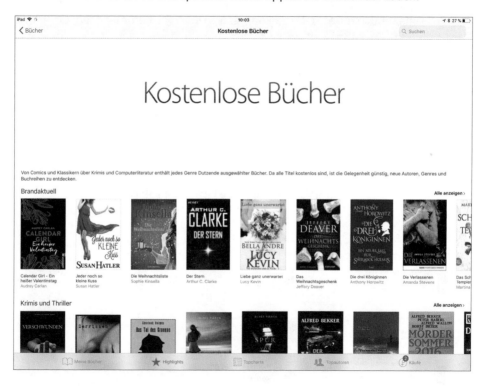

E-Books und Lesezeichen synchronisieren

Auf Wunsch hält iCloud Ihre iBooks-Bibliothek auf all Ihren Geräten auf dem gleichen Stand, sodass Sie in Ihren Büchern zu Hause am Mac ebenso schmökern können wie am iPhone oder iPad. Allerdings müssen Sie dazu unter Umständen erst eine Einstellung vornehmen.

Am iPad geht das wie folgt.

1. Öffnen Sie die *Einstellungen* und wählen Sie in der linken Spalte den Eintrag *iBooks*.
2. In der rechten Spalte schalten Sie *Sammlungen synchr.* sowie *Lesezeichen/Notizen synchr.* ein.

3. Zu guter Letzt tippen Sie in der linken Spalte der *Einstellungen* auf Ihre Apple-ID (Benutzername) und dann rechts auf *iCloud*.

4. Dann schalten Sie unter dem Eintrag *Apps, die iCloud verwenden* die Option *iBooks* ein. Haben Sie diese Einstellungen auch auf Ihren anderen Geräten vorgenommen, wird Ihre iBooks-Bibliothek automatisch auf dem gleichen Stand gehalten.

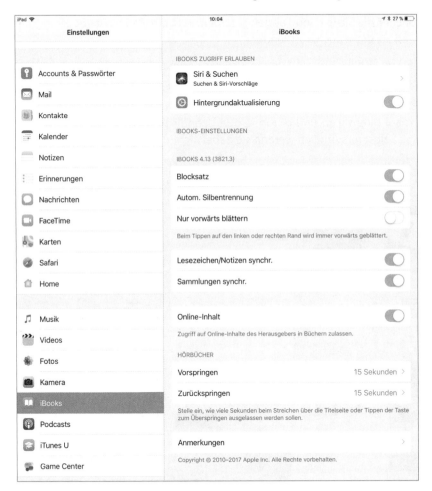

Neue E-Books automatisch laden

Sollen die von Ihnen erworbenen, gratis heruntergeladenen oder aus anderen Quellen stammenden E-Books immer automatisch auf das iPad heruntergeladen werden und damit nicht nur online verfügbar sein, gehen Sie so vor:

1. Öffnen Sie die *Einstellungen* und wählen Sie in der linken Spalte den Eintrag *iTunes & App Store*.

2. In der rechten Spalte schalten Sie unter dem Eintrag *Automatische Downloads* auch *Bücher & Hörbücher* ein. Natürlich sollte auf Ihrem iPad genug Speicherplatz frei sein, um diese Bücher zu übernehmen.

E-Books aus iCloud ausblenden

Wenn Ihre Bücher, die Sie in iCloud abgelegt haben, auf dem iPad nicht angezeigt werden sollen, können Sie diese auch ausblenden:

1. Starten Sie die iBooks-App und tippen Sie links unten auf *Meine Bücher*.
2. Tippen Sie nun oben in der Mitte auf *Bücher* und schalten Sie im folgenden Menü *iCloud-Bücher einblenden* ab.
3. Die nicht auf Ihrem iPad und nur in iCloud befindlichen Bücher werden nicht mehr angezeigt. Selbstverständlich werden sie dabei nicht gelöscht.

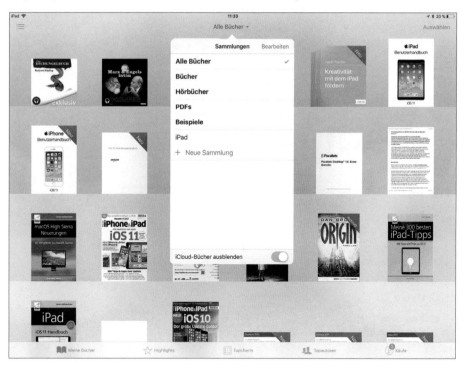

E-Books löschen

Möchten Sie E-Books löschen, haben Sie die folgenden zwei Möglichkeiten:

1. Starten Sie iBooks und wählen Sie links unten über *Meine Bücher* Ihre Bibliothek aus.
2. Um die Bücher zu bestimmen, die gelöscht werden sollen, tippen Sie zuerst auf *Auswählen* und dann auf das Cover des jeweiligen Buches.

3. Haben Sie alle zu löschenden Bücher ausgewählt, tippen Sie links oben auf *Löschen*.

4. Sollen diese Bücher nur aus Ihrer Sammlung entfernt werden, tippen Sie auf *Aus Sammlung löschen*.

5. Sollen Sie aus iCloud und damit auch von allen Ihren Geräten, bei denen Sie mit Ihrer Apple-ID angemeldet sind, gelöscht werden, tippen Sie auf *Überall löschen*. Im iBooks Store erworbene Bücher lassen sich bei Bedarf aber erneut herunterladen, und zwar kostenlos.

Fremde E-Books hinzufügen

Auch E-Books auf Ihrem iPad zu lesen, die nicht aus dem iBooks Store stammen, ist möglich. Diese fügen Sie einfach Ihrer iBooks-Bibliothek hinzu. Bitte beachten Sie, dass diese entweder im PDF- oder im EPUB-Format vorliegen müssen und nicht kopiergeschützt sein dürfen.

1. Starten Sie iBooks und wählen Sie links unten über *Meine Bücher* Ihre Bibliothek aus.

2. Ziehen Sie nun die Dateien-App vom Dock an den rechten Rand des Bildschirms.

3. Wählen Sie das Buch aus, das in Ihre iBooks-Bibliothek übernommen werden soll.

4. Ziehen Sie das Buch mit dem Finger auf das geöffnete iBooks-Fenster. Das Buch wird importiert und kann anschließend mit iBooks geöffnet und gelesen werden.

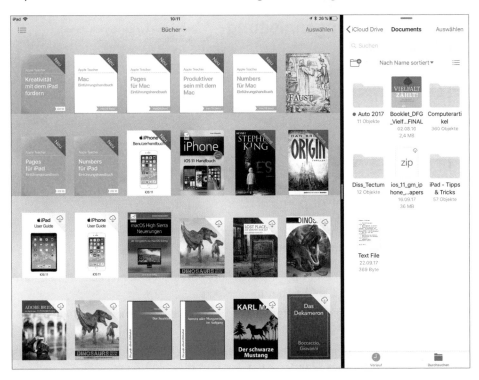

E-Books aus Safari importieren

Wenn Sie in Safari ein nicht kopiergeschütztes E-Book im PDF-Format öffnen und anzeigen, können Sie es auf die folgende Weise einfach in Ihre iBooks-Bibliothek übernehmen.

1. Öffnen Sie das E-Book, wie zum Beispiel ein Benutzerhandbuch zu einem technischen Gerät, und zeigen Sie es an.
2. Tippen Sie rechts oben auf das Teilen-Feld. Dort wählen Sie in der ersten Reihe das Symbol *Nach iBooks kopieren*.
3. Das E-Book wird in die iBooks-Bibliothek übernommen und gleich von iBooks geöffnet.

E-Books aus der Mail-App importieren

Wenn Ihnen jemand ein nicht kopiergeschütztes E-Book per E-Mail zusendet, können Sie dieses aus *Mail* heraus ebenso in Ihre iBooks-Bibliothek kopieren.

1. Öffnen Sie die E-Mail und tippen Sie gegebenenfalls auf *Zum Laden tippen*, um das E-Book vollständig auf Ihr iPad herunterzuladen.
2. Tippen Sie zunächst auf das Dateisymbol, um das E-Book anzuzeigen, und dann rechts oben auf das Teilen-Feld.
3. Dort wählen Sie in der ersten Reihe das Symbol *Nach iBooks kopieren*. Das E-Book wird in die iBooks-Bibliothek übernommen und dort gleich geöffnet.

Silbentrennung bei E-Books einschalten

Bei manchen E-Books (nur im EPUB-Format) lässt sich eine automatische Silbentrennung aktivieren. Dies ist allerdings nur möglich, wenn es der Herausgeber des E-Books erlaubt. Ist das der Fall, nehmen Sie diese Einstellungen vor:

1. Öffnen Sie die *Einstellungen* und wählen Sie den Eintrag *iBooks* in der ersten Spalte.
2. Schalten Sie dort zunächst *Blocksatz* und dann *Autom. Silbentrennung* ein. Falls Sie keine entsprechende Veränderung am geöffneten E-Book feststellen, hat der Herausgeber das nicht ermöglicht.

Lesezeichen hinzufügen

Damit Sie immer wissen, wo Sie aufgehört haben, ein E-Book zu lesen, oder welche Seite für Sie besonders interessant ist, können Sie ein Lesezeichen hinzufügen. Sind die entsprechenden Einstellungen aktiviert (siehe den Abschnitt „E-Books und Lesezeichen synchronisieren"), werden diese auch mit all Ihren Geräten, auf denen Sie mit Ihrer Apple-ID angemeldet sind, abgeglichen.

1. Starten Sie iBooks und öffnen Sie das gewünschte E-Book. Blättern Sie zur gewünschten Seite.

2. Tippen Sie rechts oben auf das Lesezeichensymbol, um ein Lesezeichen – in roter Farbe – anzulegen.

3. Möchten Sie später zu den Seiten mit den Lesezeichen zurückkehren, tippen Sie im E-Book links oben auf das Kapitelsymbol (drei kleine Striche).

4. In der Kapitelanzeige tippen Sie auf das Register *Lesezeichen*, dann werden alle Lesezeichen aufgelistet. Tippen Sie einfach auf den gewünschten Eintrag.

E-Books markieren

Bei E-Books im EPUB-Format können Sie interessante Textpassagen oder wichtige Begriffe markieren – fast genauso, wie Sie das mit einem Textmarker oder Stift bei einem gedruckten Buch, einer Zeitschrift oder einem Textdokument gewohnt sind:

1. Starten Sie iBooks und öffnen Sie das gewünschte E-Book. Blättern Sie zur gewünschten Seite und Textstelle.

2. Tippen Sie etwas länger auf das erste Wort der Textpassage. Wählen Sie die gesamte Textpassage aus, indem Sie die Textbegrenzungen entsprechend verschieben. Der ausgewählte Text wird dabei blau unterlegt.

3. Tippen Sie im schwarzen Kontextmenü auf *Markieren*. Hier wählen Sie links die Farbe aus, mit der die Textstelle markiert werden soll.

4. Tippen Sie nun daneben auf eine nicht markierte Textstelle, sehen Sie die Markierungen.

5. Alternativ können Sie die Markierungen auch mit dem Apple Pencil vornehmen. Bewegen Sie dazu einfach den Apple Pencil über die Textpassage und diese wird markiert. Die Farbe der Markierung legen Sie fest, indem Sie mit dem Apple Pencil schnell auf die Textpassage doppelt tippen und damit das Kontextmenü öffnen.

6. Zum Entfernen der Markierungen tippen Sie ebenfalls auf die markierte Textpassage, um das Kontextmenü anzuzeigen. Dort wählen Sie zuerst den Eintrag *Markieren* und tippen dann auf das Papierkorbsymbol.

Notizen in E-Books erstellen

Wollen Sie einem E-Book Ihre Gedanken oder Kommentare hinzufügen, erreichen Sie das auf die folgende Weise:

1. Öffnen Sie das E-Book und blättern Sie zur gewünschten Seite und Textpassage. Tippen Sie auf die Textpassage, um das schwarze Kontextmenü anzuzeigen.

2. Tippen Sie im Kontextmenü auf *Notiz*. Eine Sprechblase erscheint, in die Sie Ihre Notiz mit der Bildschirmtastatur oder einer externen Tastatur eingeben.

3. Die Stelle, an der die Notiz hinzugefügt wurde, erkennen Sie an der farbigen Markierung und an einem kleinen ebenso farbigen Quadrat am Seitenrand. Tippen Sie darauf, wird die dazugehörige Notiz geöffnet.

4. Um eine Liste aller Notizen anzuzeigen, tippen Sie links oben auf das Inhaltsverzeichnis (drei kleine Striche) und dann rechts auf das Register *Notizen*.

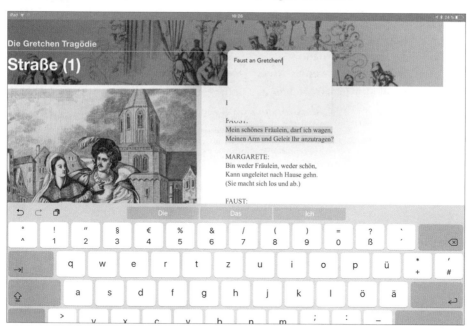

Notizen und Markierungen schneller löschen

Um die von Ihnen vorgenommenen Markierungen und Notizen schneller zu löschen, gehen Sie wie folgt vor:

1. Öffnen Sie das E-Book und tippen Sie links oben auf das Inhaltsverzeichnis (drei kleine Striche).

2. Tippen Sie auf das Register *Notizen*, werden alle Notizen und Markierungen in dem E-Book angezeigt.

3. Um eine oder alle Markierungen zu löschen, wischen Sie auf dem Eintrag von links nach rechts und tippen dann auf *Löschen*. Die Notiz oder Markierung wird gleich entfernt.

Automatischer Nachtmodus bei E-Books

Als stolzer Besitzer eines iPads benötigen Sie beim Lesen unter der Bettdecke keine Taschenlampe mehr. Aber dafür haben Sie unter Umständen ein anderes Problem, der weiße Hintergrund eines E-Books leuchtet im Dunkeln doch sehr stark, er blendet geradezu. Aus diesem Grund gibt es den automatischen Nachtmodus in iBooks.

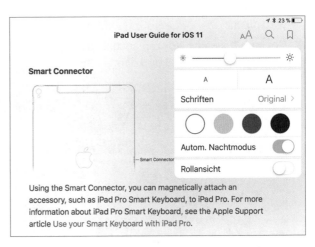

1. Öffnen Sie das E-Book mit der iBooks-App. Tippen Sie auf die zwei kleinen Buchstaben rechts oben.
2. Schalten Sie den *Autom. Nachtmodus* ein. Dieser wird von nun an immer dann automatisch aktiviert, wenn das Umgebungslicht schwächer wird oder schwach ist.

Hörbücher im iBooks Store erwerben

Möchten Sie einmal Ihre von der Bildschirmarbeit angestrengten Augen etwas entlasten oder Literatur auch genießen, wenn Sie Auto fahren, dann greifen Sie einfach auf die Hörbücher im iBooks Store zurück. Um diese zu erwerben, benötigen Sie nicht iTunes, sondern ebenfalls die iBooks-App.

1. Starten Sie die iBooks-App und tippen Sie unten – je nach Wunsch – auf *Highlights* oder auch *Topcharts*.
2. Um zu den Hörbüchern zu gelangen, tippen Sie anschließend auf das Register *Hörbücher*.
3. Verschaffen Sie sich auf der Startseite einen Überblick über Neuerscheinungen oder wählen Sie links oben die gewünschte Kategorie. An den aktuellen Topcharts des iBooks Store können Sie sich ebenfalls orientieren.
4. Zum Herunterladen tippen Sie auf das Cover und dann auf *Vorschau* für eine Hörprobe. Über einen Fingertipp auf das Preisschild erwerben Sie das Hörbuch. Die Bezahlung erfolgt über Ihr iTunes-Konto und die dort angegebene Bezahlmethode.

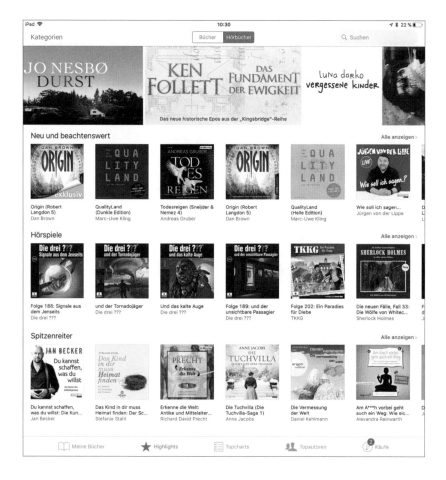

Hörbücher abspielen

Ihre Hörbücher spielen Sie nicht über die Musik-App ab, wie vielleicht zu vermuten wäre, sondern ebenfalls über iBooks:

1. Starten Sie iBooks und tippen Sie links unten auf *Meine Bücher*.

2. Anschließend tippen Sie oben auf den Eintrag *Alle Bücher* und wählen im Menü *Hörbücher* aus.

3. Ihre Hörbücher werden aufgelistet. Zum Abspielen tippen Sie auf das Cover.

4. Beim Abspielen haben Sie, neben den von der Musik-App bekannten Bedienelementen, zusätzlich folgende Möglichkeiten:

   - *15*: 15 Sekunden vor- oder zurückspringen.
   - *1x*: Die Abspielgeschwindigkeit von 0,75x bis 2x einstellen.
   - *Mondsichel*: Timer für den Ruhezustand.

- *AirPlay*: Hörbücher über drahtlose Kopfhörer, Lautsprecher, Apple TV hören.
- *Inhaltsverzeichnis*: Greifen Sie, soweit vorhanden, auf die einzelnen Kapitel des Hörbuchs zu.

Hörbücher aus anderen Quellen

Natürlich sind Sie nicht nur auf das Hörbuchangebot des iBooks Store angewiesen. Weitere Quellen für Hörbücher sind der Buchhandel sowie das zu Amazon gehörende Audible. Während Sie im Buchhandel auf Audio-CD erworbene Hörbücher am Mac oder Windows-PC digitalisieren und sie dann über iTunes oder die iCloud-Mediathek mit dem iPad abspielen, stehen Audible-Hörbücher ebenfalls nur online im Audible-Shop zur Verfügung und können über die Audible-App fürs iPad angehört werden. Sind Sie ausgesprochener Hörbuchfan, empfiehlt es sich, ein Abonnement für knapp 10 Euro im Monat abzuschließen, bei dem Sie jeden Monat ein Hörbuch Ihrer Wahl ohne zusätzliche Kosten herunterladen können. Der Preis des Hörbuchs kann dabei auch weit höher sein als der der monatlichen Abogebühr.

8. Daten austauschen

Um Daten vom Computer oder einem anderen Gerät beziehungsweise der Cloud auf das iPad zu kopieren und umgekehrt, gibt es unterschiedliche Möglichkeiten. So können Sie hierfür einen Computer mit iTunes verwenden, iCloud, die „Onlinefestplatte" von Apple, einen anderen Cloud-Dienst oder auch den Weg per AirDrop und E-Mail nutzen. Leider verfügt das iPad nach wie vor nicht über einen Einschub für eine Micro-SD-Karte, der bei fast allen Geräten unter Android Standard ist. Dennoch klappt auch der Datenaustausch auf den genannten Wegen sehr gut und gestaltet sich mit den folgenden Tipps noch ein bisschen einfacher.

8.1 iTunes

Der noch vor einiger Zeit einzige Weg, Daten mit dem iPad auszutauschen, war der über iTunes. Mittlerweile besitzen aber viele nur noch ein iPad und keinen herkömmlichen Windows-PC oder Mac mehr und daher geht es jetzt auch anders – auf direktem Weg oder über iCloud. Gerade bei umfangreicheren Datenbeständen ist der Datenaustausch über iTunes und den Windows-PC oder Mac aber nach wie vor empfehlenswert. Verbinden Sie das iPad zudem über das beiliegende Lightning-auf-USB-Kabel mit dem Computer, dann ist dies nach wie vor immer noch der sicherste und schnellste Weg.

Andere Medien über iTunes synchronisieren

Nutzen Sie Apple Music und die iCloud-Mediathek, dann müssen und können Sie Ihre Alben und Musiktitel nicht mehr über iTunes mit dem iPad abgleichen. Stattdessen geschieht das über iCloud. Bei anderen Medien wie Hörbüchern, Büchern, Filmen und TV-Sendungen sieht das noch anders aus. Vor allem dann, wenn es sich nicht um Medien aus dem iTunes oder iBooks Store, sondern um importierte handelt. In diesem Fall gehen Sie immer nach der gleichen Methode vor:

1. Schließen Sie das iPad mit dem Lightning-auf-USB-Kabel an den Computer an. Warten Sie, bis iTunes gestartet ist, oder starten Sie es selbst.
2. Links oben unterhalb der Titelleiste von iTunes erscheint ein kleines Symbol des iPads. Klicken Sie darauf. Nun wählen Sie zuerst links eine Kategorie aus, von der Medien und Inhalte synchronisiert werden sollen.
3. Im Hauptfenster markieren Sie die Medien, die auf das iPad kopiert werden. Unter Umständen können mit iTunes 12.7 für Windows und höher einige Medien nicht mehr über iTunes synchronisiert werden.
4. Zum Schluss klicken Sie rechts unten auf *Synchronisieren*. Die Medien werden übertragen, und wenn der Kopiervorgang abgeschlossen ist, werden Sie benachrichtigt.
5. Je nachdem, um welche Medien es sich handelt, können Sie diese über die Video-App, die Podcast-App oder die iBooks-App auf dem iPad betrachten oder anhören.

Dateifreigabe

Dateien, die mit anderen Apps auf dem iPad geöffnet und bearbeitet werden sollen, zum Beispiel Office-Dokumente, können über die Dateifreigabe von iTunes mit dem iPad ausgetauscht werden.

1. Wählen Sie in der Seitenleiste *Dateifreigabe*. Rechts im Hauptfenster erscheinen nun alle Apps auf dem iPad, für die Sie Dateien freigeben und übertragen können.

2. Klicken Sie auf das Symbol der App. Nun fügen Sie über den Schalter *Hinzufügen* rechts unten die gewünschten Dateien hinzu, etwa Word-Dokumente für die Word-App auf dem iPad.

3. Möchten Sie die Dateien auf das iPad kopieren, klicken Sie auf *Synchronisieren*. Auf dem iPad neu erstellte und bearbeitete Dokumente speichern Sie auf dem Computer über den Schalter *Sichern unter*.

Fotos synchronisieren

Dank iCloud-Fotomediathek und iCloud-Fotostream können Sie – bei Bedarf – auch über das iPad auf alle Ihre Fotos zugreifen, bei sehr umfangreichen Fotosammlungen ist das aber nicht immer ratsam, da Sie hier tief in die Tasche greifen müssen, um genügend Speicherplatz bei iCloud zur Verfügung zu haben. Daher bevorzugen es zahlreiche Anwender, gezielt ausgewählte Fotos auf das iPad zu kopieren, um diese dort zu bearbeiten oder auch Freunden und Bekannten zu zeigen. Hierzu gehen Sie wie folgt vor:

1. Schließen Sie das iPad mit dem Lightning-auf-USB-Kabel an den Computer an. Warten Sie, bis iTunes gestartet ist, oder starten Sie dieses selbst.

2. Links oben, unterhalb der Titelleiste von iTunes, erscheint ein kleines Symbol Ihres iPads. Klicken Sie darauf.

3. Nun wählen Sie links die Kategorie *Fotos* aus und schalten rechts im Hauptfenster *Fotos synchronisieren* ein.

4. Unten geben Sie an, von welcher Foto-Mediathek die Fotos auf Ihr iPad kopiert werden sollen.

5. Anschließend legen Sie fest, welche Fotoalben oder welche Fotos dies genau sind. Bitte achten Sie darauf, dass der Speicherplatz auf Ihrem iPad dazu auch ausreicht.

Über WLAN synchronisieren

Falls Sie es bevorzugen, Medien und Daten nicht über das USB-auf-Lightning-Kabel mit Ihrem iPad abzugleichen, sondern drahtlos über WLAN, dann müssen Sie iTunes entsprechend konfigurieren:

1. Schließen Sie das iPad mit dem Lightning-auf-USB-Kabel an den Computer an. Warten Sie, bis iTunes gestartet ist, oder starten Sie es selbst.

2. Links oben unterhalb der Titelleiste von iTunes erscheint ein kleines Symbol des iPads. Klicken Sie darauf.

3. Nun wählen Sie zuerst in der linken Seitenleiste die *Übersicht* aus.

4. Anschließend entscheiden Sie sich rechts im Hauptfenster unter *Optionen* für *Mit diesem iPad über WLAN synchronisieren*. Ihr Computer und Ihr iPad müssen sich dabei natürlich im gleichen WLAN-Netzwerk befinden – in der Regel wird das Ihr WLAN-Netzwerk zu Hause sein.

Keine Apps mehr mit iTunes abgleichen?

Ab iTunes 12.7 ist es nicht mehr möglich, Ihre Apps mit iTunes auf dem Computer abzugleichen oder auch Apps über iTunes auf dem Computer zu erwerben. Zum Erwerben und Herunterladen ist der App Store von iOS 11 zuständig.

Außerdem können Sie hier die neuesten Updates installieren oder bereits erworbene, aber mittlerweile gelöschte Apps erneut auf Ihrem iPad installieren.

8.2   iCloud Drive

Am flexibelsten gestaltet sich der Datenaustausch mit Ihrem iPad über iCloud Drive, die Onlinefestplatte von Apple. Zahlreiche Apps auf dem Mac, ebenso wie auf dem iPad, können ihre Daten und Dokumente automatisch auf iCloud Drive sichern, für andere Apps lassen sich Ordner anlegen, über die Sie die Dateien tauschen.

Bitte beachten Sie auch bei iCloud Drive, dass genügend Speicherplatz bei iCloud zur Verfügung steht. Gratis können Sie nur bis zu 5 GByte nutzen.

Auf Dateien von iCloud Drive zugreifen

Um auf Dateien zuzugreifen, die auf iCloud Drive gespeichert sind, haben Sie zwei Möglichkeiten. Sie öffnen diese – sofern möglich – direkt mit der App. Zahlreiche Apps für iOS 11 ebenso wie für macOS legen auf iCloud Drive Ordner an, in denen sie die Dateien speichern. Die zweite Möglichkeit ist über die Dateien-App. Mit dieser können Sie auf iCloud Drive – und auf anderen Orten – gespeicherte Dateien anzeigen und bei Bedarf an eine kompatible App weitergeben.

1. Starten Sie die App, beispielsweise Pages oder Keynote.
2. Die mit der App erstellten Dateien im dazugehörigen Ordner werden angezeigt.
3. Tippen Sie auf die Datei, um sie gegebenenfalls herunterzuladen und zu öffnen.
4. Alternativ öffnen Sie die Dateien-App und wählen links den Speicherort *iCloud Drive* aus.
5. Tippen Sie auf den gewünschten Ordner und anschließend auf die Datei, um diese anzuzeigen.

6. Anschließend tippen Sie auf das Teilen-Feld rechts oben und wählen dort in der ersten Reihe die App aus, mit der die Datei geöffnet werden soll. Es werden nur kompatible Apps angezeigt.

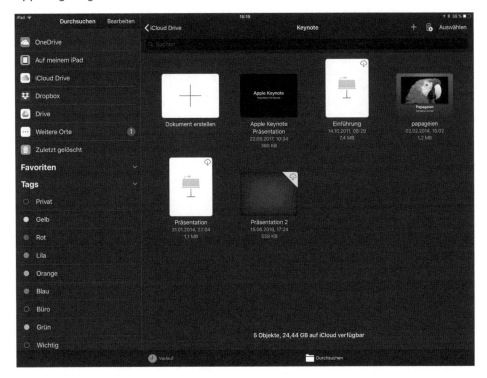

Datei automatisch auf iCloud Drive sichern

Falls Sie eine Datei aus einer kompatiblen App heraus direkt auf iCloud Drive sichern wollen, erledigen Sie das auf die folgende Weise:

1. Starten Sie die App, etwa Pages oder Keynote, erstellen Sie ein neues Dokument und bearbeiten Sie es.

2. Das neue Dokument wird von der App in der Regel automatisch auf iCloud Drive im dazugehörigen Ordner gesichert, wie *Keynote* oder *Pages*.

Dateien fremder Apps auf iCloud Drive speichern

Um Dateien fremder Apps auf iCloud Drive zu sichern, nutzen Sie – sofern in der App verfügbar – den Weg über das Teilen-Feld. Nachdem Sie auf das Teilen-Feld getippt haben, wählen Sie in der zweiten Reihe das Symbol *In Dateien sichern* aus und anschließend den gewünschten Ordner. Über einen Fingertipp auf *Hinzufügen* wird die Datei dort gesichert.

---

3. In der Dateien-App können Sie die Datei dann umbenennen, indem Sie auf die Datei tippen, warten, bis das schwarze Kontextmenü angezeigt wird, und dort auf *Umbenennen* tippen.

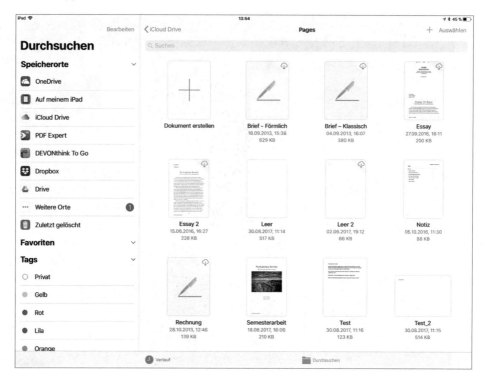

8.3 AirDrop

Der Datenaustausch über iTunes und iCloud Drive ist dann, wenn man nur schnell einmal eine Datei zwischen Mac und iPad oder zwischen iOS-Geräten hin und her kopieren möchte, etwas aufwendig und umständlich.

Viel schneller geht es über AirDrop. AirDrop ist auch die Methode der Wahl, wenn Sie mit jemand anderem eine oder mehrere kleinere Dateien austauschen.

Damit das funktioniert, sollten allerdings einige Voraussetzungen erfüllt sein. An allen Geräten, ob Mac oder iOS-Gerät, müssen WLAN sowie Bluetooth aktiviert sein.

Außerdem benötigen Sie mindestens einen Mac mit OS X Yosemite und ein iOS-Gerät ab iOS 8, damit der schnelle Datenaustausch zwischen allen Geräten reibungslos klappt.

AirDrop für jeden aktivieren

Um etwaige Probleme zu umgehen und es jedem zu ermöglichen, Ihnen per AirDrop eine Datei zukommen zu lassen, gehen Sie so vor:

1. Öffnen Sie die *Einstellungen/Allgemein*. In der rechten Spalte tippen Sie auf *AirDrop*.
2. Dort wählen Sie den Eintrag *Für jeden*, damit Sie von allen Personen Dateien über AirDrop erhalten können.

AirDrop absichern

Wollen Sie den Empfang von Dateien über AirDrop einschränken, nehmen Sie diese Einstellungen vor:

1. Öffnen Sie die *Einstellungen* und wählen Sie links *Allgemein*. In der rechten Spalte tippen Sie auf *AirDrop*.
2. Dort wählen Sie den Eintrag *Nur für Kontakte*, falls Sie nur von den Personen, die in Ihrem Adressbuch stehen, Dateien empfangen möchten.
3. Um den Empfang von Dateien via AirDrop ganz abzuschalten, tippen Sie stattdessen auf *Empfangen aus*.

Dateien mit AirDrop zwischen Mac und iPad austauschen

Der Dateiaustausch zwischen Mac und iPad über AirDrop ist unkompliziert und schnell möglich.

1. Schalten Sie bei beiden Geräten sowohl WLAN als auch Bluetooth ein.
2. Klicken Sie am Mac in der linken Seitenleiste eines Finder-Fensters auf *AirDrop*. Befinden sich weitere AirDrop-kompatible Geräte in Ihrer Nähe, bei denen die entsprechenden Einstellungen vorgenommen wurden, werden deren Symbole dort ebenfalls angezeigt.

3. Erscheint das iPad nicht, schalten Sie dort – sofern WLAN und Bluetooth aktiviert sind – für diese Übertragung kurzzeitig den Dateiempfang für jeden ein. Rufen Sie dazu das Kontrollzentrum auf und tippen Sie auf das AirDrop-Symbol und dann auf *Jeder*.

4. Nachdem das Symbol des iPads im Finder-Fenster auf dem Mac erscheint, genügt es, die Datei auf dieses Symbol zu ziehen.

5. Auf dem iPad erscheint ein Menü, aus dem Sie die App wählen, mit der die Datei geöffnet und angezeigt werden soll.

6. Umgekehrt vom iPad zum Mac ist es noch einfacher. Öffnen Sie die Datei mit der passenden App und tippen Sie dann auf das Teilen-Feld. Dort tippen Sie auf das AirDrop-Symbol. Die Datei wird an den Mac gesandt und dort im Ordner *Downloads* abgelegt.

8.4   Universelle Zwischenablage

Noch ein Stückchen raffinierter als der Dateiaustausch über AirDrop ist die „universelle Zwischenablage" von macOS und iOS. Diese funktioniert wie die normale Zwischenablage am Mac oder Windows-PC, nur eben nicht nur zwischen den Apps eines Gerätes, sondern auch zwischen mehreren Macs und iOS-Geräten. Allerdings müssen Sie, um diese zu nutzen, die von Apple *Handoff* genannte Funktion auf allen Geräten einschalten. Diese ist eigentlich dafür zuständig, die Arbeit mit einer App, etwa Safari, an einem Gerät am anderen Gerät nahtlos fortsetzen zu können, indem dort automatisch die gleiche Webseite aufgerufen wird.

Wie bei AirDrop benötigen Sie auch hier mindestens OS X Yosemite auf dem Mac und iOS 8 auf dem iOS-Gerät. Außerdem müssen Sie an Ihren Geräten unter derselben Apple-ID angemeldet sein, um in den Genuss der universellen Zwischenablage zu kommen.Zu guter Letzt müssen WLAN sowie Bluetooth aktiviert sein und sich die Geräte im gleichen WLAN-Netzwerk befinden.

Handoff einschalten

1. Öffnen Sie auf dem iPad die *Einstellungen*, tippen Sie in der linken Spalte auf *Allgemein* und dann rechts auf *Handoff*. Schalten Sie dort *Handoff* ein.

2. Wechseln Sie zum Mac und öffnen Sie dort die Systemeinstellungen. Klicken Sie dort auf das Symbol *Allgemein* und aktivieren Sie die Option *Handoff zwischen diesem Mac und deinen iCloud-Geräten erlauben*.

Text über die universelle Zwischenablage kopieren

Wollen Sie die universelle Zwischenablage verwenden, um damit einen Text vom Mac auf das iPad zu kopieren oder umgekehrt, gehen Sie wie folgt vor:

1. Starten Sie ein Textverarbeitungsprogramm auf dem Mac und geben Sie den Text ein oder öffnen Sie die Datei.

2. Wählen Sie den Text aus und kopieren Sie ihn mit der Tastenkombination $\boxed{cmd \; \mathⅢ}+\boxed{C}$ in die Zwischenablage.

3. Öffnen Sie nun auf dem iPad eine App, in der Sie den Text einfügen können, wie die Notizen-App oder ebenfalls eine Textverarbeitung.

4. Tippen Sie auf eine freie Stelle des Dokuments, um das schwarze Kontextmenü anzuzeigen. Wählen Sie dort den Befehl *Einsetzen*, wird der Inhalt der Zwischenablage in Ihr Dokument übernommen.

5. Um eine Textpassage vom iPad auf den Mac zu übernehmen, tippen Sie auf den Text, um das schwarze Kontextmenü anzuzeigen. Wählen Sie dort den Befehl *Auswählen* und ziehen Sie die Textbegrenzer an die gewünschten Stellen. Danach tippen Sie auf *Kopieren*.

6. Am Mac öffnen Sie ebenfalls ein Textverarbeitungsprogramm oder TextEdit und fügen dort den Text mit der Tastenkombination `cmd ⌘`+`V` ein.

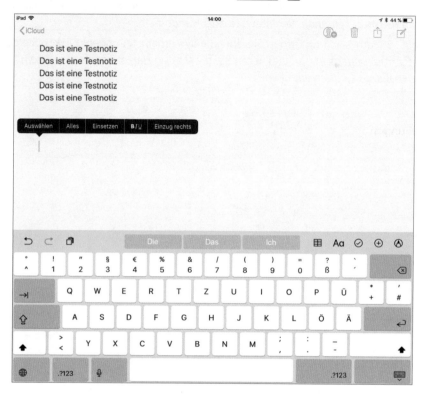

8.5 Das Teilen-Feld

In diesem Buch ist Ihnen das sogenannte Teilen-Feld schon mehrfach begegnet. Es kommt immer dann zum Einsatz, wenn Daten oder Informationen in irgendeiner Form von einer App weitergegeben werden – ob diese nun an eine andere App geschickt, in der Dateien-App gesichert, per E-Mail oder Nachrichten versandt oder in einem sozialen Netzwerk veröffentlicht werden sollen. Welche Funktionen es beinhaltet, hängt immer von der verwendeten App ab und von den Apps, die auf Ihrem iPad installiert sind. Das Teilen-Feld ist in sehr vielen Apps zu finden und wird als Quadrat mit einem geraden oder geschwungenen Pfeil dargestellt.

Das Teilen-Feld einrichten

Das Teilen-Feld ist in drei Reihen gegliedert, in der ersten finden Sie das AirDrop-Symbol, in der zweiten die Symbole kompatibler Apps und in der dritten Reihe Befehle und Funktionen.

Das Teilen-Feld lässt sich konfigurieren:

1. Tippen Sie auf das Teilen-Feld, um es anzuzeigen. Möchten Sie die in der zweiten Reihe befindlichen Apps anpassen, tippen Sie rechts auf *Mehr*.

2. Schalten Sie nun die entsprechenden Apps ein oder aus. Außerdem können Sie deren Reihenfolge verändern, indem Sie die Apps an den drei kleinen Strichen rechts an die gewünschte Position verschieben.

3. Wollen Sie die Funktionen anpassen, gehen Sie ebenso vor: Tippen Sie auf *Mehr*, schalten Sie die gewünschten Befehle ein oder aus und ändern Sie die Reihenfolge, indem Sie diese verschieben.

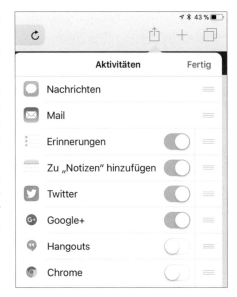

8.6 Dateiverwaltung mit der Dateien-App

Von vielen herbeigesehnt, ist in iOS 11 endlich eine App enthalten, mit der Sie Ihre Dateien und Dokumente auf dem iPad, auf iCloud Drive sowie anderen kompatiblen Cloud-Diensten organisieren und sortieren können. Bislang war der Zugriff auf Dateien auf die dazugehörigen Apps beschränkt.

In diesem Kapitel finden Sie Tipps zur Arbeit mit der neuen Dateien-App.

Mehrere Dateien auswählen

In der Dateien-App können Sie auch mehrere Dateien auswählen und verschieben oder kopieren:

1. Starten Sie die Dateien-App und wählen Sie einen Ordner *Auf dem iPad* oder auf *iCloud Drive* aus.

2. Tippen Sie auf den Ordner, um ihn zu öffnen.

3. Tippen Sie rechts oben auf *Auswählen*, markieren Sie alle gewünschten Dateien mit einem Fingertipp und tippen Sie auf *Fertig*.

4. Wollen Sie die Dateien in einen anderen Ordner verschieben, tippen Sie auf den Eintrag *Bewegen* unten rechts und wählen den gewünschten Ordner aus.

Mehrere Dateien über Gesten auswählen und bewegen

Alternativ zu den bekannten Befehlen von iOS wie im vorherigen Tipp können Sie Dateien nun auch mit Gesten auswählen:

1. Starten Sie die Dateien-App, wählen Sie einen Ordner *Auf dem iPad* oder auf *iCloud Drive* aus und tippen Sie auf den Ordner, um ihn zu öffnen.

2. Tippen Sie mit dem Zeigefinger auf die erste Datei, die ausgewählt werden soll. Halten Sie den Finger gedrückt und bewegen Sie die Datei wenige Millimeter. Die Datei hebt sich etwas von der Oberfläche ab.

3. Tippen Sie mit dem zweiten Finger auf die weiteren Dateien, um diese hinzuzufügen. Wie viele Dateien Sie ausgewählt haben, erkennen Sie an der kleinen Zahl oben rechts.

4. Halten Sie den einen Zeigefinger weiter gedrückt und wählen Sie mit dem anderen den Ordner aus, in den die Dateien kopiert werden sollen. Ziehen Sie die Dateien in den gewählten Ordner und lassen Sie den Finger los.

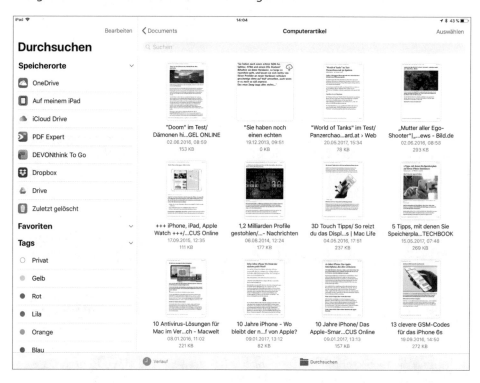

Ordner auswählen

Die Auswahl von Ordnern ist in der Dateien-App ebenfalls möglich:

1. Starten Sie die Dateien-App und wählen Sie *Auf meinem iPad* oder *iCloud Drive* aus.

2. Tippen Sie rechts oben auf *Auswählen*, markieren Sie den gewünschten Ordner mit einem Fingertipp und tippen Sie zum Schluss auf *Fertig*.

3. Zum Löschen oder Duplizieren tippen Sie auf den entsprechenden Eintrag unten. Bewegen oder verschieben lassen sich Ordner nicht. Löschen Sie zudem keinen von einer App angelegten Ordner, nur die, die Sie selbst erstellt haben.

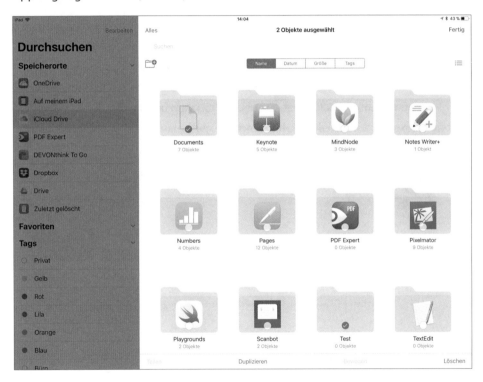

Neuen Ordner erstellen

Auf iCloud Drive können Sie zu den bereits bestehenden jederzeit weitere Ordner anlegen, in denen Sie Ihre Dateien organisieren:

1. Starten Sie die Dateien-App und tippen Sie links auf den Speicherort *iCloud Drive*.

2. Tippen Sie nun links oben auf das kleine Ordnersymbol.

3. Geben Sie den Ordnernamen an und tippen Sie auf *Fertig*. Der Ordner wird angelegt.

Dateien suchen

Zum Suchen und Finden von Dateien haben Sie zwei Möglichkeiten: die Suche über das Suchfeld oder über den Verlauf:

1. Starten Sie die Dateien-App und tippen Sie unten auf *Verlauf*. Nun werden alle Dateien aufgelistet, die Sie in der letzten Zeit erstellt und bearbeitet haben.
2. Alternativ können Sie oben in das Suchfeld den oder die Suchbegriffe eingeben. Die gefundenen Dateien werden aufgelistet und Sie können diese mit einem Fingertipp öffnen und anzeigen.

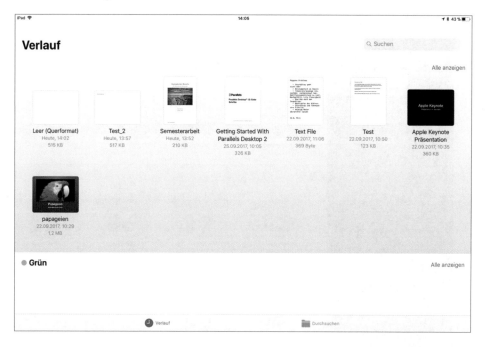

Ordner und Dateien sortieren

Ihre Ordner und Ihre Dateien können Sie in der Dateien-App nach unterschiedlichen Kriterien ordnen und sortieren:

1. Starten Sie die Dateien-App und tippen Sie auf den gewünschten Speicherort, beispielsweise *Auf meinem iPad* oder *iCloud Drive*.
2. Oberhalb der Ordner finden Sie vier Register/Einträge, nach denen Sie die Ordner und Dateien sortieren können:
   - *Name*
   - *Datum*

- *Größe*
- *Tags* (Markierungen)

3. Tippen Sie auf den entsprechenden Eintrag, werden die Ordner und Dateien danach sortiert.

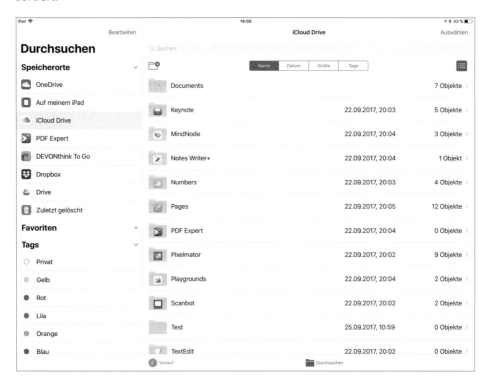

Dateien und Ordner markieren

Möchten Sie einen besseren Überblick über Ihre Dateien erhalten, wichtige von unwichtigen trennen, sie nach unterschiedlichen Kategorien ordnen, dann markieren Sie diese mit der Dateien-App:

1. Starten Sie die Dateien-App und tippen Sie auf den gewünschten Speicherort.
2. Wählen Sie den Ordner oder die Dateien aus und drücken Sie so lange auf das Symbol, bis das schwarze Kontextmenü erscheint.
3. Dort wählen Sie den Befehl *Tags* aus und das entsprechende Tag, zum Beispiel *Rot* für besonders wichtige Dateien.
4. Über den gleichnamigen Befehl können Sie zudem ein *Neues Tag hinzufügen*.
5. Später zeigen Sie in der Dateien-App die markierten Dateien an, indem Sie in der linken Spalte auf das entsprechende Tag tippen.

6. Wollen Sie überzählige Tags löschen, wischen Sie in der Liste von rechts nach links und tippen dann auf *Löschen*.

Dateien freigeben und gemeinsam bearbeiten

Mit der Dateien-App können Sie Ihre auf iCloud Drive gespeicherten Dateien für andere Personen freigeben.

1. Starten Sie die Dateien-App und wählen Sie *Auf meinem iPad* oder *iCloud Drive* aus.

2. Bestimmen Sie einen Ordner und öffnen Sie diesen mit einem Fingertipp.

3. Um die Dateien auszuwählen, tippen Sie etwas länger auf diese, bis das schwarze Kontextmenü angezeigt wird. Dort tippen Sie auf den Befehl *Teilen*.

4. Im folgenden Fenster wählen Sie *Personen hinzufügen* in der zweiten Reihe. Anschließend wählen Sie den Weg, über den diese Personen benachrichtigt werden sollen, wie *Mail* oder *Nachrichten*.

5. Über *Freigabeoptionen* legen Sie zudem fest, wer genau Zugriff auf die Dateien erhalten soll und ob derjenige sie *Nur ansehen* darf oder ob Sie die *Bearbeitung erlauben*.

Dateispeicherorte hinzufügen

Wollen Sie neben iCloud Drive weitere Dateispeicherorte, sprich Cloud-Dienste hinzufügen, installieren Sie einfach – soweit vorhanden – die entsprechende App. Ist diese mit der Dateien-App kompatibel, taucht der dazugehörige Dienst links unter den Dateispeicherorten auf. Es ist möglich, dass dieser noch nicht alle Funktionen der Dateien-App unterstützt, etwa die Auswahl von Dateien mittels Gesten. Diese Funktionen werden vom Anbieter eventuell später noch ergänzt.

Dateispeicherorte bearbeiten

Die Dateispeicherorte in der Dateien-App können Sie auch anpassen und bearbeiten, indem Sie die vorhandenen aus- oder einblenden und die Reihenfolge ändern.

1. Starten Sie die Dateien-App und tippen Sie in der linken Spalte oben auf *Bearbeiten*.
2. Über einen Fingertipp aktivieren Sie die Speicherorte oder blenden diese aus.
3. Über die drei kleinen Striche rechts verändern Sie deren Reihenfolge.

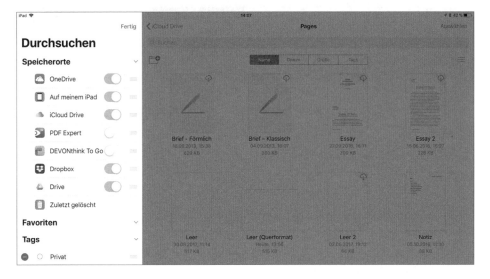

Dateien löschen

Wollen Sie in der Dateien-App Dateien löschen, haben Sie dazu drei Möglichkeiten:

- Starten Sie die Dateien-App, wählen Sie einen Ordner *Auf dem iPad* oder auf *iCloud Drive* aus und tippen Sie darauf, um ihn zu öffnen. Tippen Sie rechts oben auf *Auswählen*, markieren Sie alle gewünschten Dateien mit einem Fingertipp und tippen Sie auf *Löschen* rechts unten.

- Alternativ tippen Sie fest auf die Datei und öffnen das Kontextmenü. Dort wählen Sie den Eintrag *Löschen*.
- Außerdem ist es möglich, die Datei auf den Ordner *Zuletzt gelöscht* zu ziehen.

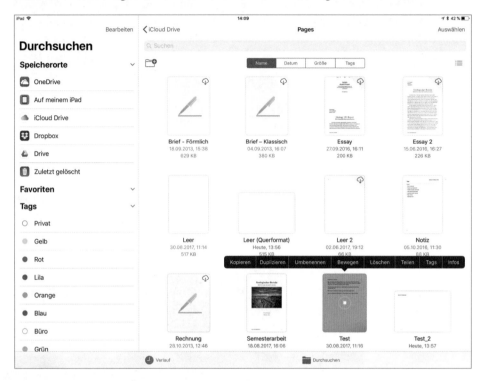

Gelöschte Dateien wiederherstellen

Solange eine Datei vom jeweiligen Cloud-Dienst noch nicht entfernt wurde, können Sie sie nach dem Löschen wiederherstellen. Für Dateien auf dem iPad gilt auf jeden Fall, dass sie in der Regel jederzeit wiederhergestellt werden können, sofern sie nicht endgültig gelöscht wurden:

1. Tippen Sie in der linken Spalte der Dateien-App auf den Eintrag *Zuletzt gelöscht*.
2. In der rechten Spalte werden alle vorläufig gelöschten Dateien aufgelistet.
3. Zum Wiederherstellen drücken Sie so lange auf die Datei, bis das schwarze Kontextmenü erscheint, in dem Sie den Befehl *Wiederherstellen* wählen. Die Datei wird wieder an ihren bisherigen Platz verschoben.

9. Sicherheit und Datenschutz

Aufgrund der Flexibilität des iPads und der dauernden Verbindung mit dem Internet sollten Sicherheit und Datenschutz besonders groß geschrieben werden. Weil Sie das iPad oft mit sich führen, kann es zudem schnell abhandenkommen, in einem unbedachten Augenblick könnte jemand Unbefugtes darauf zugreifen oder Sie über eingeschleuste Schadsoftware ausspionieren beziehungsweise Kennwörter klauen. Gegen all dies hat iOS 11 Einstellungen und Funktionen an Bord, die Sie nur aktivieren und einrichten müssen. Wie das geht, erfahren Sie mit den Tipps und Tricks auf den folgenden Seiten.

9.1 iPad absichern

Damit niemand Fremdes auf Ihr iPad zugreifen kann, entweder direkt oder auch von außen über eine drahtlose Netzwerkverbindung, sollten Sie dieses so gut wie möglich absichern.

Eine hundertprozentige Sicherheit kann zwar niemand gewährleisten – nicht mal Apple selbst –, aber mit den folgenden Tipps machen Sie es allzu neugierigen Personen in Ihrer Umgebung oder auch Zeitgenossen, die Böses vorhaben, viel schwerer, Zugriff auf Ihr iPad zu erhalten.

Bluetooth- und WLAN-Verbindungen unterbrechen

Bluetooth- und WLAN-Verbindungen können, ohne dass Sie diese wirklich benötigen, durchaus ein Sicherheitsrisiko darstellen. Daher unterbrechen Sie Verbindungen, die Sie nicht wirklich benötigen:

1. Öffnen Sie das Kontrollzentrum, indem Sie vom unteren Rand des Bildschirms nach oben wischen. Tippen Sie dort auf das WLAN- und das Bluetooth-Symbol, um diese Verbindungen zu unterbrechen.

2. Bluetooth und WLAN werden damit aber keinesfalls ganz abgeschaltet. Verbindungen zu bestimmten Geräten, wie dem Apple Pencil, bleiben erhalten. Wollen Sie diese ganz abschalten, berücksichtigen Sie bitte noch den folgenden Tipp.

Bluetooth und WLAN richtig abschalten

Möchten Sie die Bluetooth- und WLAN-Verbindungen nicht nur trennen, sondern ganz abschalten, erreichen Sie das wie folgt:

1. Öffnen Sie das Kontrollzentrum, indem Sie vom unteren Rand des Bildschirms nach oben wischen. Schalten Sie dort über das Flugzeugsymbol den *Flugmodus* ein. Damit werden alle drahtlosen Netzwerkverbindungen gekappt.

2. Alternativ können Sie, um die drahtlosen Netzwerkverbindungen selektiv abzuschalten, die *Einstellungen* öffnen.

3. Dort tippen Sie in der rechten Spalte auf *WLAN*, *Bluetooth* oder auch *Mobiles Netz* und schalten die jeweilige Verbindung ganz ab.

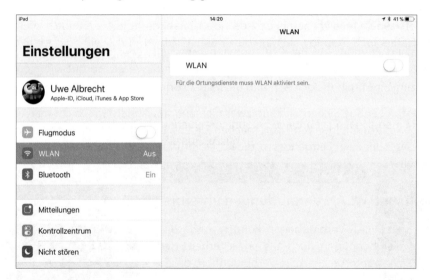

AirDrop absichern

AirDrop ist eine feine Sache, um schnell einmal Dateien vom Mac oder iPhone auf das iPad zu kopieren und umgekehrt. Je nach Einstellung kann es aber passieren, dass Ihnen jemand Fremdes eine Datei auf das iPad senden kann.

Wollen Sie das auf jeden Fall unterbinden, sollten Sie folgende Einstellungen vornehmen:

1. Öffnen Sie das Kontrollzentrum, indem Sie vom unteren Rand des Bildschirms nach oben wischen. Tippen Sie dort auf das AirDrop-Symbol (ineinanderliegende Kreise).

2. Wollen Sie den Dateiempfang via AirDrop ganz abschalten, entscheiden Sie sich für *Empfangen aus*.

3. Möchten Sie nur ausgewählten Personen erlauben, Ihnen über AirDrop Dateien zu schicken, tippen Sie auf *Nur Kontakte*.

4. Falls erforderlich, tragen Sie den entsprechenden – sicheren – Kontakt in Ihre Kontakte-App ein.

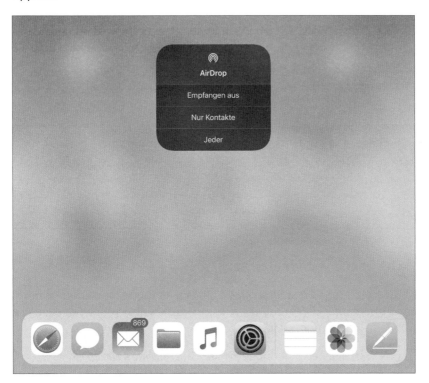

Zugang beschränken

Als mobiles Gerät befindet sich Ihr iPad sicherlich auch einmal an einem Ort, ob zu Hause oder im Büro, an dem zumindest theoretisch andere Personen darauf zugreifen könnten. Um das zu verhindern, sollten Sie es entsprechend absichern, und zwar nicht nur aus Gründen der Datensicherheit, sondern auch um erheblichen finanziellen Schaden abzuwenden.

So kann jeder, der Zugriff auf Ihr iPad hat, über die dort unter Umständen gespeicherten Benutzer- und Kreditkartendaten online einkaufen oder auf Ihre Kosten über das Mobilfunknetz im Internet surfen, sofern Sie ein iPad Wi-Fi + Cellular nutzen. Daher sollten Sie Ihr iPad auf jeden Fall per Zahlencode und Fingerabdruck verschlüsseln. Dies erreichen Sie, sollte es nicht bereits bei der Einrichtung erfolgt sein, auf diese Weise:

1. Öffnen Sie die *Einstellungen* und tippen Sie in der linken Spalte auf den Eintrag *Touch ID & Code*.
2. Geben Sie über den Befehl *Code aktivieren* einen Zugangscode ein und merken Sie sich diesen gut.

3. Schalten Sie zudem, soweit auf Ihrem iPad verfügbar, *Touch ID* ein. Über *Fingerabdruck hinzufügen* lernt Ihr iPad Ihren Fingerabdruck, sodass Sie später nur per Fingertipp auf der Home-Taste das iPad entsperren können.

4. Wollen Sie das iPad per Touch ID entsperren und außerdem im iTunes und App Store einkaufen, aktivieren Sie die entsprechenden Optionen.

5. Über *Code anfordern* legen Sie zudem fest, dass, sobald Ihr iPad aus dem Ruhezustand geweckt oder neu gestartet wird, der Zugangscode abgefragt wird – sofern der Zugang über Touch ID nicht möglich ist.

Längeren Zugangscode nutzen

Es ist ratsam, einen längeren Zugangscode zu verwenden. Zwar ist es möglich, über *Codeoptionen* auch einen vierstelligen Code einzugeben, ein Code über sechs oder mehr Stellen ist allerdings sicherer, auch wenn sich dieser vielleicht weniger gut merken lässt.

Automatische Sperre aktivieren

Ist Ihr iPad bisweilen unbeaufsichtigt, können Sie eine automatische Sperre einrichten, damit niemand Unbefugtes darauf zugreifen kann. Nur Sie selbst können es dann wieder per Touch ID oder Zugangscode entsperren.

1. Öffnen Sie die *Einstellungen* und tippen Sie links auf *Anzeige & Helligkeit*.

2. Schalten Sie nun rechts die *Automatische Sperre* ein und legen Sie den Zeitraum fest, nach dem die *Automatische Sperre* in Kraft tritt.

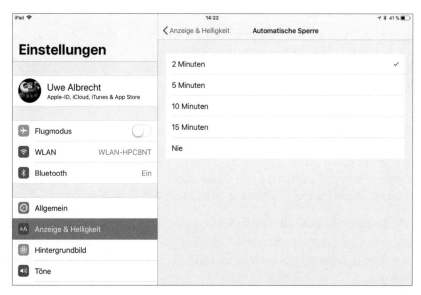

Zugriff auf Kamera und andere Funktionen auf dem Sperrbildschirm verbieten

Wollen Sie den Zugriff auf die Kamera Ihres iPads sowie andere grundlegende Funktionen unterbinden, müssen Sie diese komplett abschalten:

1. Öffnen Sie die *Einstellungen* und tippen Sie in der linken Spalte nacheinander auf *Allgemein* sowie *Einschränkungen*.
2. Geben Sie Ihren Zugangscode für das iPad ein, um die Einschränkungen einzuschalten.
3. Unter *Erlauben* schalten Sie die Kamera ab.
4. Sofern Sie weitere Funktionen deaktivieren möchten, wechseln Sie in den *Einstellungen* zu *Touch ID & Code* und tippen in der rechten Spalte unter *Im Sperrzustand Zugriff erlauben* auf die folgenden Einträge:
   - Ansicht „Heute"
   - Letzte Mitteilungen
   - Kontrollzentrum
   - Siri
   - Home-Steuerung (Steuerung der Home-App, soweit verfügbar)
   - Verpasste Anrufer zurückrufen

Einzelne Widgets abschalten

Wie Sie wissen, erhalten Sie bereits auf dem Sperrbildschirm Zugriff auf einige Funktionen Ihres iPads.

Aber nicht nur das, auch einige personenbezogene Informationen wie die App-Vorschläge von Siri, Erinnerungen und die gekürzten Namen der letzten Kontakte können von allen eingesehen werden, die einen Blick auf den Bildschirm Ihres iPads erhaschen.

Um das zu verhindern, schalten Sie die entsprechenden Widgets ab:

1. Wischen Sie nach links, um die Mitteilungszentrale anzuzeigen. Blättern Sie nach unten, bis der Eintrag *Bearbeiten* auftaucht.
2. Tippen Sie darauf. Nachdem Sie sich per Touch ID oder durch die Eingabe des Zugangscodes angemeldet haben, erscheint die Liste aller Widgets für die Mitteilungszentrale.
3. Suchen Sie das Widget, das mit den dazugehörigen sensiblen Informationen nicht mehr in der Mitteilungszentrale angezeigt werden soll.

4. Tippen Sie auf das rote Minus-Symbol, um das Widget zu entfernen. Möchten Sie es später wieder hinzufügen, tippen Sie weiter unten auf das grüne Plus-Symbol vor dem Widget.

9.2   Daten schützen

Indem Sie den Zugang zu Ihrem iPad einschränken, sind Ihre Daten allerdings noch längst nicht sicher. Der Zugriff auf Ihr iPad kann schließlich auch über die auf dem iPad installierten Apps, drahtlose Netzwerkverbindungen und das Internet erfolgen. Zudem kann sich jemand, dem Sie Ihr iPad kurz ausleihen, auch als allzu neugierig erweisen.

Mit den folgenden Tipps machen Sie Ihre Daten und Ihr iPad noch ein bisschen sicherer.

Zugriff von Apps auf Daten verbieten

Manche Apps begehren bei der Installation oder dem erstmaligen Start Zugriff auf Ihre Foto-Mediathek, Kontakte oder Kalender. Dies ist oftmals nicht erwünscht.

Haben Sie diesen Zugriff aus Versehen erteilt und wollen Sie ihn wieder entziehen, machen Sie das auf die folgende Weise:

1. Öffnen Sie die *Einstellungen* und tippen Sie nacheinander auf *Allgemein* sowie *Einschränkungen*.
2. Geben Sie Ihren Zugangscode ein und wählen Sie *Einschränkungen aktivieren*.
3. Blättern Sie nach unten zur Kategorie *Datenschutz*. Dort finden Sie heraus, welche weitere App Zugriff auf Ihre Daten wie Kontakte, Kalender, Fotos etc. hat.
4. Tippen Sie auf den entsprechenden Eintrag wie *Kontakte*. Dort können Sie dann den Zugriff der aufgelisteten App abschalten.
5. Tippen Sie dazu entweder auf *Änderungen nicht zulassen*, um den Zugriff allgemein abzuschalten, oder schalten Sie nur den Zugriff einer bestimmten App ab, indem Sie auf ihren Namen tippen.

Diagnose und Nutzungsdaten abschalten

Wenn Sie bei der Einrichtung Ihres iPads – unwissend oder aus Versehen – zugestimmt haben, dass Diagnose- und Nutzungsdaten an Apple gesandt werden, die dort für die Fehlersuche und Verbesserungen der Hard- und Software genutzt werden können, dann ist es möglich, dies zu widerrufen.

1. Öffnen Sie die *Einstellungen* und wählen Sie links den Eintrag *Datenschutz*.
2. Tippen Sie in der rechten Spalte auf *Analyse* und schalten Sie dort *iPad-Analyse teilen* sowie *Mit App-Entwicklern teilen* per Fingertipp aus.

Interessenbasierte Werbung abschalten

Der Werbung entkommen Sie auch auf dem iPad nur schwerlich. Allerdings können Sie beeinflussen, welche Werbung angezeigt wird.

Empfinden Sie dies als Eingriff in Ihre Privatsphäre und finden Sie das bedenklich, lässt sich auch dies abschalten.

1. Öffnen Sie die *Einstellungen* und wählen Sie links den Eintrag *Datenschutz*.

2. Tippen Sie in der rechten Spalte auf *Werbung* und schalten Sie dort *Kein Ad-Tracking* ein.

9.3   Ortungsdienste

Bei den Ortungsdiensten von iOS 11 wird über GPS, Bluetooth, WLAN-Hotspots und gegebenenfalls Mobilfunkantennen Ihr gegenwärtiger Aufenthaltsort grob festgestellt. Die Ortungsdienste werden von Systemfunktionen ebenso verwendet wie von einigen Apps. Bei diesen passen sich beispielsweise die Inhalte dahin gehend an.

Ortungsdienste abschalten

Wollen Sie dies nicht, können Sie die Ortungsdienste komplett abschalten. Bitte beachten Sie, dass manche Apps Ortungsdienste benötigen, um korrekt zu funktionieren.

In diesem Fall erhalten Sie dann eine entsprechende Meldung oder Fehlermeldung:

1. Öffnen Sie die *Einstellungen* und wählen Sie in der linken Spalte den Eintrag *Datenschutz*.

2. Schalten Sie die *Ortungsdienste* mit einem Fingertipp ab.

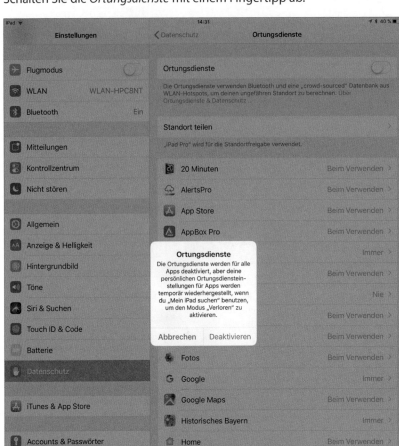

Ortungsdienste gezielt erlauben

Wollen Sie die Ortungsdienste nicht komplett abschalten, sondern stattdessen im Einzelnen erlauben, welche Funktionen und Dienste Ihres iPads darauf zugreifen dürfen, dann gehen Sie so vor:

1. Öffnen Sie die *Einstellungen* und wählen Sie in der linken Spalte den Eintrag *Datenschutz*.

2. Tippen Sie in der rechten Spalte auf *Ortungsdienste* und blättern Sie ganz nach unten. Dort tippen Sie auf *Systemdienste*.

3. Nun schalten Sie die Funktion gezielt ein, der Sie den Zugriff auf die Ortungsdienste erlauben. Beachten Sie, dass je nachdem, welche Funktion Sie abgeschaltet haben, die entsprechenden Dienste nicht mehr vollständig funktionieren.

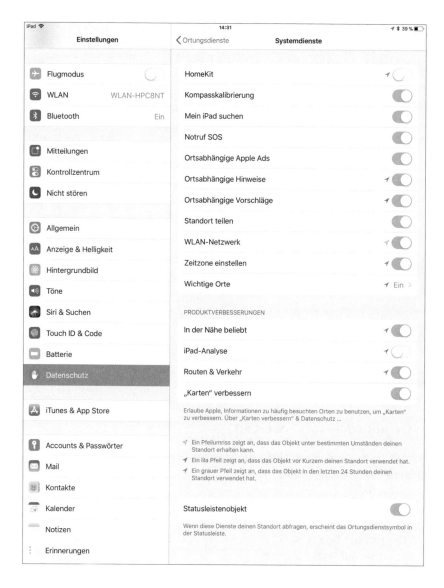

Einzelnen Apps Zugriff auf den Standort verbieten

Wollen Sie die Ortungsdienste nicht komplett abschalten, sondern stattdessen im Einzelnen bestimmen, welche Apps ihn nutzen dürfen, dann ist auch das möglich:

1. Öffnen Sie die *Einstellungen* und wählen Sie in der linken Spalte den Eintrag *Datenschutz*.

2. Tippen Sie in der rechten Spalte auf *Ortungsdienste* und dann auf die entsprechende App. Um der App den Zugriff auf den Standort zu untersagen, tippen Sie auf *Nie*.

3. Falls die App deswegen Probleme bereitet und nicht mehr vollständig funktioniert, können Sie mit einem Fingertipp auf *Beim Verwenden der App* den Zugriff erneut erlauben. Andernfalls können Sie die App natürlich auch löschen.

Aktivität des Ortungsdienstes anzeigen

Falls Sie immer im Bild sein wollen, ob ein Ortungsdienst eingeschaltet und zudem aktiv ist, nehmen Sie folgende Einstellung vor:

1. Öffnen Sie die *Einstellungen* und wählen Sie in der linken Spalte den Eintrag *Datenschutz*.

2. Tippen Sie in der rechten Spalte auf *Ortungsdienste* und blättern Sie dann ganz nach unten. Dort tippen Sie auf *Systemdienste*.

3. Hier blättern Sie erneut ganz nach unten und schalten dort das *Statusleistenobjekt* ein. Wenn auf den Ortungsdienst zugegriffen wird, erscheint das entsprechende Symbol in der Statusleiste.

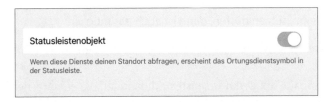

Wichtige Orte anzeigen

Das iPad merkt sich anhand der Ortungsdienste Orte, an denen Sie sich oft aufhalten und die für Sie wichtig sein könnten. Dementsprechend können verschiedene Apps dann ortsbezogene Informationen anzeigen. Die Liste wichtiger Orte zeigen Sie auf diese Weise an:

1. Öffnen Sie die *Einstellungen* und wählen dort in der linken Spalte den Eintrag *Datenschutz*.
2. Tippen Sie in der rechten Spalte auf *Ortungsdienste* und blättern Sie ganz nach unten. Dort tippen Sie auf *Systemdienste*.
3. Hier entscheiden Sie sich für *Wichtige Orte*. Nachdem Sie sich erneut über Touch ID oder den Zugangscode identifiziert haben, wird die Liste der Orte angezeigt.

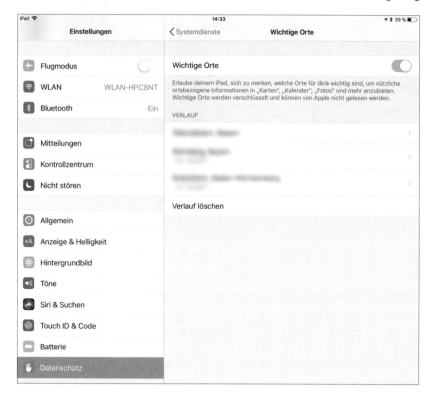

Wichtige Orte löschen

1. Öffnen Sie die *Einstellungen* und wählen Sie in der linken Spalte den Eintrag *Datenschutz*.
2. Tippen Sie in der rechten Spalte auf *Ortungsdienste* und tippen Sie dort ganz unten auf *Systemdienste*.

3. Hier blättern Sie nach unten und tippen auf *Wichtige Orte*. Nachdem Sie sich erneut über Touch ID oder den Zugangscode identifiziert haben, können Sie über einen Fingertipp auf *Verlauf löschen* die Orte entfernen.

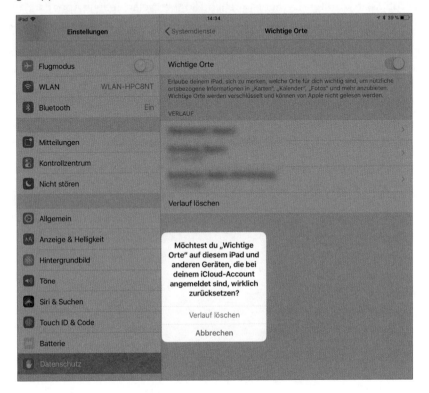

Wichtige Orte abschalten

1. Öffnen Sie die *Einstellungen* und wählen Sie in der linken Spalte den Eintrag *Datenschutz*.

2. Tippen Sie in der rechten Spalte auf *Ortungsdienste* und blättern Sie dann ganz nach unten. Dort tippen Sie auf *Systemdienste*.

3. Blättern Sie nach unten und tippen auf *Wichtige Orte*. Nachdem Sie sich über Touch ID oder Ihren Zugangscode identifiziert haben, können Sie über einen Fingertipp auf den dazugehörigen Schalter diese ganz abschalten.

Den Standort nicht mit anderen teilen

Die Standortfreigabe für Apps darf nicht mit der Standortfreigabe von iCloud für andere Personen gleichgesetzt werden. Hier können Familienmitglieder und Freunde, mit denen Sie über die Nachrichten-App Kontakt haben, unter Umständen sehen, wo Sie sich ungefähr befinden. Diese Funktion schalten Sie wie folgt ab:

1. Öffnen Sie die *Einstellungen* und wählen Sie in der linken Spalte den Eintrag *Datenschutz*.

2. Tippen Sie in der rechten Spalte auf *Ortungsdienste* und anschließend auf *Standort teilen*.

3. Schalten Sie *Standort teilen* ab.

4. Mit einem Fingertipp auf *Von* können Sie hier auch angeben, von welchem Ihrer Geräte, auf denen Sie mit Ihrer Apple-ID angemeldet sind, der Standort geteilt werden soll.

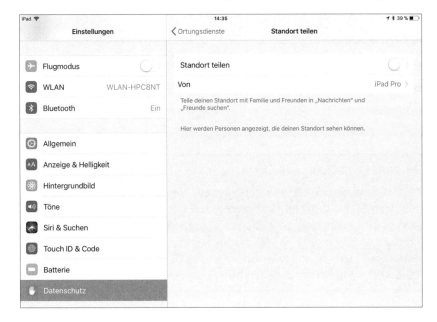

9.4   Internetsicherheit

Da Sie mit Ihrem iPad sicherlich viel und oft im Internet unterwegs sind, sollten Sie entsprechende Vorkehrungen treffen, um einerseits nicht über Gebühr mit Werbung überschüttet und andererseits nicht ausspioniert zu werden oder sich gar Malware einzufangen. In diesem Kapitel habe ich Ihnen die passenden Tipps zusammengestellt.

Pop-up-Fenster unterdrücken

Safari von iOS 11 bietet eigene Funktionen, die Werbung beim Surfen im Internet etwas einzudämmen, wie zum Beispiel die nervigen Pop-up-Fenster. Allerdings bleiben Sie damit auch nicht ganz von Werbung verschont, und einige Webseiten, die über Werbung finanziert werden, lassen sich damit nicht oder nur noch eingeschränkt nutzen. In diesem Fall können Sie diese Funktion aber wieder abschalten.

1. Öffnen Sie die *Einstellungen* und wählen Sie in der linken Spalte den Eintrag *Safari*.

2. Blättern Sie in der rechten Spalte nach unten und schalten Sie in der Kategorie *Allgemein* die Einstellung *Pop-Ups blockieren* ein.

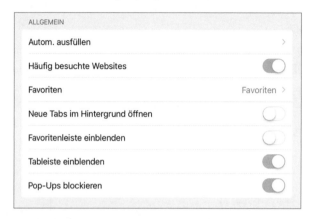

Den Lesemodus von Safari nutzen

Um die Werbung auf einer Website auszublenden, können Sie auch den Lesemodus von Safari nutzen (siehe Kapitel 4.1). In diesem Fall werden nur der Text und die dazugehörigen Abbildungen angezeigt, aber die Werbeanzeigen ausgeblendet. Allerdings kann nicht jede Webseite im Lesemodus angezeigt werden. Falls dies möglich ist, erscheinen links in der Adresszeile von Safari drei kleine Striche. Tippen Sie darauf, wird der Lesemodus aktiviert und die Werbung ausgeblendet.

Verlauf und Websitedaten löschen

Beim Surfen im Internet hinterlassen Sie Spuren – auch auf Ihrem iPad. Diese Spuren können nicht nur verräterisch sein, weil sie zeigen, welche Websites Sie wie oft besuchen, sie benötigen auch einiges von dem oftmals knapp bemessenen Speicherplatz auf dem iPad. Und nicht zuletzt können Firmen anhand der Websitedaten nachvollziehen, was Sie interessiert, wo und was Sie einkaufen. Anhand dieser Information können sie Ihnen gezielt Werbung und Angebote unterbreiten. Daher ist es sinnvoll, den Verlauf und die Websitedaten öfter zu löschen.

1. Öffnen Sie die *Einstellungen* und wählen Sie in der linken Spalte den Eintrag *Safari*.

2. Blättern Sie in der rechten Spalte nach unten, bis Sie den blauen Eintrag *Verlauf und Websitedaten löschen* sehen.

3. Tippen Sie darauf, werden allerdings nicht nur die Websitedaten auf Ihrem iPad gelöscht, sondern auch der Verlauf auf allen Geräten, auf denen Sie mit Ihrer Apple-ID angemeldet sind, wenn dieser über iCloud auch synchronisiert wird. Bitte beachten Sie dies.

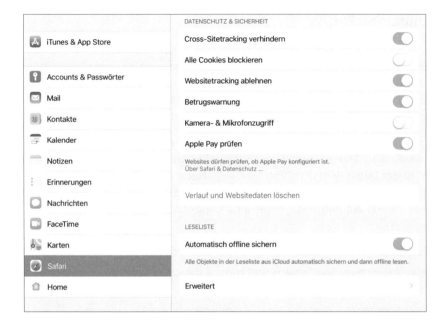

Websitedaten gezielt entfernen

Falls Sie nicht alle Websitedaten auf einen Schlag löschen wollen und den Verlauf noch dazu, können Sie das auch selektiv machen:

1. Öffnen Sie die *Einstellungen* und wählen Sie in der linken Spalte den Eintrag *Safari*.

2. Blättern Sie in der rechten Spalte nach unten, bis Sie den Eintrag *Erweitert* sehen. Tippen Sie darauf.

3. Anschließend werden unter *Website-Daten* die besuchten Websiteadressen angezeigt, von denen sich Daten auf dem iPad befinden.

4. Um die Websitedaten gezielt zu löschen, wischen Sie auf dem Eintrag von rechts nach links und tippen dann auf *Löschen*.

Phishing-Schutz einschalten

Beim Surfen im Internet ist immer Vorsicht angesagt, vor allem sollte man auch hier den gesunden Menschenverstand walten lassen und niemandem sensible Daten anvertrauen, von dem man nicht wirklich weiß, wer er ist. Achten Sie also darauf, wo Sie Ihre Benutzer- und Kontodaten eintippen. Hier gilt es vor allem, die Internetadresse in der Adresszeile zu beachten. Stammt diese wirklich vom besagten Unternehmen?

Des Weiteren wird Sie kein Unternehmen und keine Bank per E-Mail dazu auffordern, sensible Daten online zu ändern. Falls Sie unsicher sind, fragen Sie dort einfach nach. Das „Abgreifen" dieser Daten wird „Phishing" genannt. Neben dem gesunden Menschenverstand können Sie zudem den entsprechenden Phishing-Schutz von Safari von iOS 11 aktivieren. Dieser basiert auf den von Google als betrügerisch klassifizierten Webseiten. Schalten Sie ihn also ein:

1. Öffnen Sie die *Einstellungen* und wählen Sie in der linken Spalte den Eintrag *Safari*.
2. Blättern Sie in der rechten Spalte nach unten zur Kategorie *Datenschutz & Sicherheit*. Schalten Sie dort *Betrugswarnung* ein.

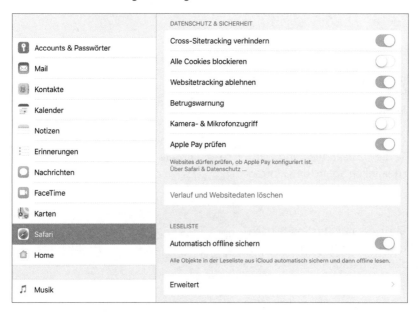

Alle Cookies blockieren

Bei den sogenannten Cookies handelt es sich um kleine Dateien, die Webseiten auf Ihrem Computer oder iPad ablegen, die Sie besucht haben. Diese sollen eigentlich dazu dienen, dort vorgenommene Einstellungen und Eingaben bei einem erneuten Besuch der Website nicht noch einmal vornehmen zu müssen. Allerdings werden Cookies auch dazu genutzt, mehr über den jeweiligen Besucher zu erfahren und ihm dementsprechende Werbung anzuzeigen. Safari von iOS 11 akzeptiert alle Cookies von Webseiten, die Sie selbst aufrufen. Wollen Sie selbst diese Cookies nicht akzeptieren, nehmen Sie folgende Einstellung vor:

1. Öffnen Sie die *Einstellungen* und wählen Sie in der linken Spalte den Eintrag *Safari*.
2. Blättern Sie in der rechten Spalte nach unten zur Kategorie *Datenschutz & Sicherheit*. Schalten Sie dort *Alle Cookies blockieren* ein und tippen Sie unten auf *Über Safari & Datenschutz*, um mehr darüber zu erfahren, welche Folgen dies haben kann.

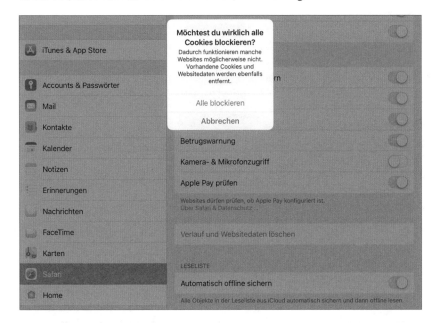

Privatmodus nutzen

Um generell zu unterbinden, dass andere Ihr Surfverhalten nachvollziehen, können Sie auch den Privatmodus von Safari nutzen (siehe Kapitel 4.1). Damit hinterlassen Sie möglichst wenig Spuren – auch für Webseiten-Betreiber.

Websitetracking ablehnen

Wenn Sie den Webseiten-Betreibern nicht erlauben möchten, für Werbezwecke zu protokollieren, welche Webseiten Sie besuchen, dann können Sie dies in den Einstellungen von Safari festlegen.

1. Öffnen Sie die *Einstellungen* und wählen Sie in der linken Spalte den Eintrag *Safari*.
2. Blättern Sie in der rechten Spalte nach unten zur Kategorie *Datenschutz & Sicherheit*. Schalten Sie dort *Websitetracking ablehnen* ein. Bitte bedenken Sie, dass sich nicht alle Webseiten-Betreiber daran halten und diese Einstellung berücksichtigen.

Cross-Sitetracking verhindern

Auch gegen das sogenannte Cross-Sitetracking der Webseiten-Betreiber und Werbefirmen können Sie sich wehren, indem Sie die entsprechende Einstellung in Safari vornehmen. Beim Cross-Sitetracking von Apple, auch „webseitenübergreifendes Tracking" genannt, wird Ihr Surfverhalten über unterschiedliche Websites hinweg protokolliert und dann für Werbezwecke ausgewertet. In Safari schalten Sie dies wie folgt ab:

1. Öffnen Sie die *Einstellungen* und wählen Sie in der linken Spalte den Eintrag *Safari*.

2. Blättern Sie in der rechten Spalte nach unten zur Kategorie *Datenschutz & Sicherheit*. Schalten Sie dort *Cross-Sitetracking verhindern* ein. Bitte bedenken Sie auch hier, dass sich nicht alle Website-Betreiber daran halten und diese Einstellung berücksichtigen.

9.5 Der Schlüsselbund

Gute Kennwörter oder Passwörter sind die halbe Miete. Daher sollten Sie einerseits die Kennwortabfrage nutzen, wo immer dies möglich ist, und andererseits auf sichere Kennwörter setzen. Beim Erinnern hilft Ihnen wieder einmal iCloud weiter. So können Sie Ihre zahlreichen Kennwörter im *Schlüsselbund* sichern. In diesem Kapitel finden Sie die passenden Tipps:

> **Wie finde ich ein sicheres Kennwort?**
>
> Um ein einigermaßen sicheres Kennwort zu verwenden, können Sie auf die in Betriebssystemen enthaltenen Kennwortgeneratoren setzen. Die aus Buchstaben, Zahlen und Sonderzeichen vorgeschlagenen Kennwörter sind sehr sicher, aber leider auch schwer zu merken. Besser ist es, ein Kennwort zu verwenden, das für Sie besser zu merken ist – und zwar anhand einer Eselsbrücke.
>
> So können Sie einen Satz bilden und von diesem Satz jeweils den Anfangsbuchstaben und die Anfangsziffer für das Kennwort verwenden oder den zweiten oder dritten und so weiter. Auf diese Weise erhalten Sie ein relativ sicheres Kennwort, das Sie sich gut einprägen können.

Den Schlüsselbund von iCloud einschalten

Der Schlüsselbund von iCloud ist eine praktische Sache, in diesem werden – auf Wunsch – alle Ihre Kennwörter gespeichert, die Sie öfter oder auch weniger oft benötigen. Auf diese Weise sind die Kennwörter auf allen Ihren Geräten verfügbar, auf denen Sie mit Ihrer Apple-ID angemeldet sind, ob dies ein iPad ist, ein iPhone oder ein Mac. Sie benötigen dann nur noch ein Kennwort, das von iCloud und der Apple-ID, um darauf zuzugreifen. Selbstverständlich wird der Schlüsselbund sicher verschlüsselt und kann auch von Apple nicht ausgelesen werden. Damit Sie in den Genuss dieser Funktion kommen, müssen Sie den Schlüsselbund erst einmal aktivieren – und zwar auf allen Ihren Geräten. Am iPad gehen Sie dazu wie folgt vor:

1. Öffnen Sie die *Einstellungen* und tippen Sie in der linken Spalte auf Ihre Apple-ID/Benutzernamen.
2. Tippen Sie in der rechten Spalte auf *iCloud* und blättern Sie nach unten, bis der Eintrag *Schlüsselbund* erscheint.

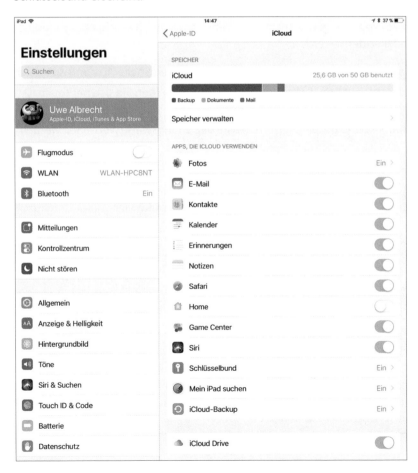

3. Tippen Sie auf diesen Eintrag und schalten Sie den *Schlüsselbund* mit einem Fingertipp auf den rechten Schalter ein.

Kennwortabfrage zum Einkauf im iTunes Store einschalten

Zum bequemen und schnellen Einkaufen im iTunes Store und App Store können Sie die Kennwortabfrage abschalten. Aus Sicherheitsgründen ist dies jedoch nicht ratsam. Werden Sie also beim Einkauf gefragt, ob die Kennworteingabe immer notwendig sein soll, wählen Sie *Immer erforderlich*.

Kennwörter für Apps und Websites verwalten

Geben Sie bei der erstmaligen Anmeldung bei einer App oder an einer Webseite ein Kennwort ein, wird das Kennwort auf Nachfrage automatisch in den Schlüsselbund übernommen, damit Sie es bei einem erneuten Besuch nicht mehr eintippen müssen, sondern die Eingabe nur noch per Fingertipp bestätigen. Die im Schlüsselbund gespeicherten Kennwörter und die dazugehörigen Dienste oder Webseiten können anschließend eingesehen und auch wieder entfernt werden:

1. Öffnen Sie die *Einstellungen* und wählen Sie in der linken Spalte *Accounts & Passwörter*.

2. Tippen Sie rechts auf *App- & Website-Passwörter* und melden Sie sich per Touch ID oder mit Ihrem Zugangscode an.

3. Die im Schlüsselbund gespeicherten Dienste beziehungsweise Webseiten werden aufgelistet.

Zwei-Faktor-Authentifizierung für Ihre Apple-ID aktivieren

Wenn ein Fremder im Besitz Ihrer Apple-ID ist, kann er damit viel Unheil anrichten. Er bekommt damit nicht nur Zugriff auf Ihre Macs und iOS-Geräte sowie auf Ihre sensibelsten Daten, er kann auch – auf Ihre Kosten – einen großen finanziellen Schaden anrichten. Daher bedarf die Apple-ID eines besonderen Schutzes. Aus diesem Grund hat Apple die sogenannte Zwei-Faktor-Authentifizierung eingeführt. Ist diese aktiv, müssen Sie sich immer dann, wenn Sie sich mit Ihrer Apple-ID auf einem anderen oder neuen Gerät anmelden, dazu autorisieren.

Hierzu geben Sie zusätzlich einen Sicherheitscode ein, der auf einem Ihrer anderen Macs oder iOS-Geräte angezeigt wird. Falls die Zwei-Faktor-Authentifizierung noch nicht aktiv sein sollte, öffnen Sie die Webseite https://appleid.apple.com/de-de. Dort geben Sie Ihren Benutzernamen sowie das Kennwort Ihrer Apple-ID ein und wählen die Einträge *Ihre Apple-ID verwalten* sowie *Sicherheit*. Unter *Zweistufige Bestätigung* klicken Sie auf *Erste Schritte* und folgen den Anweisungen.

---

4. Um Einträge zu löschen, tippen Sie rechts oben auf *Bearbeiten*, markieren den Eintrag mit einem Fingertipp und tippen dann links oben auf *Löschen*.

5. Möchten Sie die einzelnen Einträge einsehen, tippen Sie auf diese.

6. Zum Bearbeiten eines Eintrags tippen Sie danach auf *Bearbeiten* und dann in das entsprechende Feld. Vorsicht, wenn Sie Einträge und Kennwörter dort ändern, können Sie sich möglicherweise nicht mehr anmelden. Zuvor müssen Sie diese Änderung im entsprechenden Benutzerkonto vornehmen.

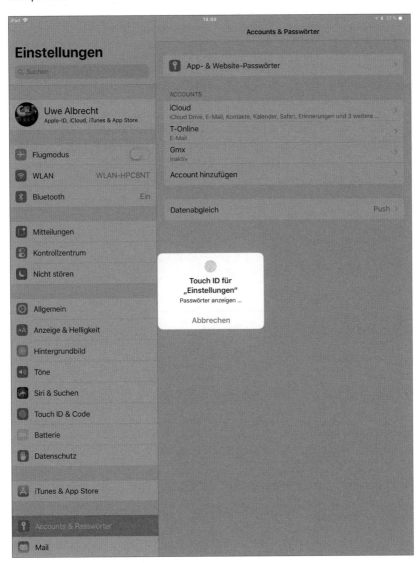

9.6   Datensicherung

Kaum etwas ist ärgerlicher als Datenverlust, vor allem wenn man kein aktuelles Backup zur Hand hat. Damit es erst gar nicht so weit kommt, sollten Sie für eine regelmäßige Datensicherung sorgen. Das gilt für den Computer ebenso wie für das iPad und das iPhone. Beim iPad haben Sie zwei Möglichkeiten, Ihre Daten zu sichern. Beide haben ihre Vor- und Nachteile. Sie können ein lokales Backup auf dem Computer anlegen – mittels iTunes – oder eines über iCloud. In diesem Kapitel finden Sie Tipps zu beiden Methoden.

Lokales Backup über iTunes

Bei einer lokalen Datensicherung über iTunes wird ein vollständiges Backup auf der Festplatte Ihres Computers abgelegt und kann im Bedarfsfall, wie beim Umstieg auf ein neues iPad oder bei Problemen und Datenverlust, wieder zurückgespielt werden.

1. Schließen Sie Ihr iPad mit dem beiliegenden Lightning-auf-USB-Kabel an den Computer an und warten Sie, bis iTunes gestartet ist, oder starten Sie es selbst.
2. Klicken Sie links oben auf das kleine Symbol eines iPads und wählen Sie dann links in der Seitenleiste den Eintrag *Übersicht*.

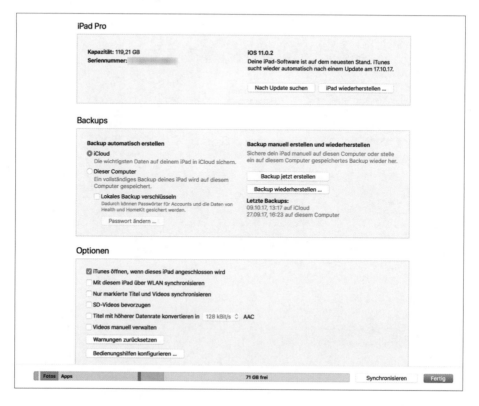

3. Im Hauptfenster wählen Sie links die Einstellung *Backup automatisch erstellen* und *Dieser Computer*. In diesem Fall wird, wenn Sie das iPad mit dem Computer verbinden, das Backup selbsttätig erstellt.

4. Alternativ klicken Sie rechts auf den Schalter *Backup jetzt erstellen*, um es gleich anzulegen. Warten Sie, bis das Backup erstellt wurde, dann können Sie das iPad wieder auswerfen.

Lokales Backup verschlüsseln

Legen Sie ein verschlüsseltes Backup an, dann werden die auf dem iPad befindlichen Kennwörter auch berücksichtigt und Sie müssen diese nicht erneut eingeben. In diesem Fall erstellen Sie für das Backup ein gesondertes Kennwort.

1. Schließen Sie Ihr iPad mit dem beiliegenden Lightning-auf-USB-Kabel an den Computer an und warten Sie, bis iTunes gestartet ist, oder starten Sie es selbst.

2. Klicken Sie links oben auf das kleine Symbol eines iPads und wählen Sie dann links in der Seitenleiste den Eintrag *Übersicht*.

3. Im Hauptfenster wählen Sie links die Einstellung *Backup automatisch erstellen* und *Dieser Computer*. Darunter markieren Sie die Option *Lokales Backup verschlüsseln* und geben ein Kennwort an.

Alte lokale Backups löschen

iTunes legt für jedes iPad oder iPhone ein lokales Backup an. Da diese Backups mitunter viele GByte groß sind, sollten Sie die älteren Backups löschen.

1. Starten Sie iTunes und öffnen Sie die *Einstellungen* des Programms. Dort tippen Sie auf das Register *Geräte*.
2. Nun werden alle Backups aufgelistet, die Sie bereits mit iTunes von Ihren iOS-Geräten erstellt haben. Die älteren können Sie normalerweise problemlos löschen.
3. Identifizieren Sie das Backup anhand des Namens und des Datums, damit Sie auch das richtige löschen.
4. Wählen Sie es aus und klicken Sie auf *Backup löschen* rechts.

iCloud-Backup erstellen

Nicht jeder, der ein iPad besitzt, nutzt auch einen Computer. Daher ist es von Apple so vorgesehen, dass weder für die Konfiguration noch für den Betrieb und auch nicht für ein Backup zwingend ein zusätzlicher Computer erforderlich ist. Ein Backup lässt sich auch online in iCloud anlegen. Dies hat zudem weitere Vorteile, es ist immer verfügbar und kann wiederhergestellt werden, auch wenn Sie sich nicht zu Hause befinden. Erforderlich ist nur ein ausreichend schneller Internetzugang über WLAN. Um ein Backup über iCloud anzulegen, gehen Sie so vor:

1. Öffnen Sie die *Einstellungen* und tippen Sie auf Ihre Apple-ID. Dort tippen Sie auf den Eintrag *iCloud*.
2. Blättern Sie nach unten und tippen Sie in der Kategorie *Apps, die iCloud verwenden* auf *iCloud-Backup*.

3. Nun schalten Sie *iCloud-Backup* mit einem Fingertipp auf den Schalter rechts ein. Um sofort ein Backup zu erstellen, tippen Sie auf den gleichnamigen blauen Eintrag. Sie müssen dazu einen funktionsfähigen WLAN-Zugang ins Internet haben.

---

iCloud-Speicher erweitern

Damit das Backup über iCloud klappt, müssen Sie unter Umständen mehr iCloud-Speicher erwerben. Gratis stehen Ihnen nur 5 GByte zur Verfügung. Dies reicht für ein iPad mit 64 GByte oder gar 256 GByte Speicherkapazität bei Weitem nicht. Wie Sie mehr Speicherplatz bei iCloud abonnieren und was das kostet, erfahren Sie in Kapitel 4.3.

9.7 Diebstahlsicherung

Nicht nur durch neugierige Zeitgenossen oder dunkle Gestalten im Internet sind Ihre Daten in Gefahr, sondern auch, wenn das iPad gestohlen werden sollte. Oftmals ist der Schaden, der durch die abhandengekommenen Daten entstanden ist – besonders, wenn diese geschäftlicher oder beruflicher Natur sind –, höher als der des entwendeten iPads.

Daher sollten Sie auch alle von Apple vorgesehenen Möglichkeiten der Diebstahlsicherung nutzen.

Touch ID aktivieren

Damit die Hürde möglichst hoch ist, Zugriff auf Ihr iPad zu erhalten, aktivieren Sie auf jeden Fall – sofern dies von Ihrem iPad unterstützt wird – Touch ID, damit man Ihren Fingerabdruck benötigt, um das iPad entsperren zu können. Wie das genau geht, erfahren Sie im Abschnitt 9.1.

Zugangscode einrichten

Zusätzlich oder statt Touch ID legen Sie einen Zugangscode an. Dies geschieht, eben-so wie die Einrichtung von Touch ID, gleich bei der Einrichtung. Verwenden Sie am besten einen sechsstelligen Zugangscode. Wie Sie den Zugangscode einrichten, fin-den Sie ebenfalls im Abschnitt 9.1.

»iPad suchen« einschalten

Neben Touch ID und dem obligatorischen Zugangscode sollten Sie die eigentliche Dieb-stahlsicherung von Apple über iCloud einschalten: *Mein iPad suchen*. Haben Sie diese Funktion aktiviert, dann ist es möglich, über Ihr iCloud-Benutzerkonto das vermisste oder gestohlene iPad zu lokalisieren und gegebenenfalls weitere Maßnahmen zu ergreifen:

1. Öffnen Sie die *Einstellungen* und tippen Sie in der linken Spalte auf Ihre Apple-ID und den Benutzernamen. In der rechten Spalte tippen Sie auf den Eintrag *iCloud*.

2. Dort schalten Sie unter *Apps, die iCloud verwenden* die Funktion *Mein iPad suchen* ein. Dazu müssen Sie Ihr Kennwort für iCloud eingeben.

3. Des Weiteren muss die Funktion *Mein iPad suchen* auch in den Ortungsdiensten akti-viert sein. Tippen Sie dazu in den *Einstellungen* auf *Datenschutz* und dann rechts auf *Ortungsdienste*. Dort schalten Sie nach einem erneuten Fingertipp auf *Systemdienste* die Funktion *Mein iPad suchen* ein.

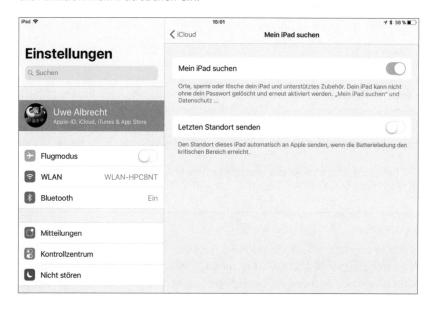

Vermisstes iPad lokalisieren und löschen

Vermissen Sie Ihr iPad und möchten Sie es – für denjenigen, der dies widerrechtlich in seinen Besitz gebracht hat – unbrauchbar machen, dann gehen Sie wie unten beschrieben vor:

1. Starten Sie auf dem Mac oder Windows-PC einen Webbrowser und rufen Sie www. icloud.com auf.

2. Melden Sie sich mit Ihrem Benutzernamen und Kennwort an. Falls Sie dies auf dem besagten Rechner das erste Mal machen, wird Ihnen zur Bestätigung ein sechsstelliger Code zugesandt – den Sie zur Authentifizierung eingeben.

3. Klicken Sie auf das Symbol *iPhone-Suche* und geben Sie erneut Ihr Kennwort für iCloud ein.

4. Klicken Sie nun oben auf *Alle Geräte* und wählen Sie dort Ihr iPad aus. Auf einer Karte erscheint ein grüner Punkt, der den gegenwärtigen Aufenthaltsort Ihres iPads darstellt.

5. Klicken Sie auf diesen grünen Punkt und wählen Sie dann eine der folgenden Funktionen:

   ■ *Ton wiedergeben*: wenn Sie das iPad zu Hause verlegt haben und suchen.

   ■ *Modus „Verloren"*: Wenn Sie Ihr iPad verloren haben, wird es gesperrt und der hoffentlich ehrliche Finder erhält eine Nachricht, wem es gehört und an wen er sich wenden muss.

   ■ *iPad löschen*: Wenn Sie das iPad löschen und damit unbrauchbar machen möchten, wählen Sie diese Option.

iPad automatisch löschen

Sofern Ihr iPad per Touch ID und Zugangscode abgesichert ist, können Sie eine Einstellung aktivieren, bei der das iPad nach zehn vergeblichen Anmeldeversuchen automatisch gelöscht wird. Damit soll verhindert werden, dass ein Unbefugter sich über zahllose Anmeldeversuche doch noch an Ihrem iPad anmelden kann.

1. Öffnen Sie die *Einstellungen* und tippen Sie in der linken Spalte auf *Touch ID & Code*.

2. In der zweiten Spalte tippen Sie auf *Daten löschen* und aktivieren damit, dass Ihr iPad nach zehn fehlgeschlagenen Anmeldeversuchen automatisch komplett gelöscht wird.

Daten löschen

Nach 10 fehlgeschlagenen Anmeldeversuchen werden alle Daten auf diesem iPad gelöscht.

| Abbrechen | Aktivieren |

10. Das iPad ergänzen

Das iPad ist ab Werk mit einer Menge praktischer Apps für die wichtigsten Anwendungsbereiche ausgestattet, ansonsten ist Apple aber recht zurückhaltend mit Beigaben. Erwerben Sie ein iPad, dann finden Sie in der Verpackung nur ein Lightning-auf-USB-Kabel sowie das Netzteil. Auch dem teuren iPad Pro liegen weder der Apple Pencil noch Kopfhörer bei.

Im Folgenden finden Sie Tipps, wie Sie Ihr iPad nach Ihren Bedürfnisse und Ihren Erfordernissen entsprechend ausstatten, um größten Nutzen aus ihm zu ziehen – ob dies zusätzliche Apps sind oder Tastaturen und andere Erweiterungsmöglichkeiten.

10.1 Apps

Der große Erfolg des iPads, ebenso wie des iPhones, ist zu einem großen Teil auf den App Store und die dort verfügbaren Apps der unterschiedlichsten Anwendungsgebiete zurückzuführen. Apps für das iPad (und iPhone) sind ausschließlich dort erhältlich. Eine andere Bezugsquelle, wie bei Android-Geräten, gibt es nicht.

In diesem Kapitel finden Sie die besten Tipps zum App Store von Apple. Bitte beachten Sie, dass die Abwicklung der Bezahlung über Ihr iTunes-Benutzerkonto und die dort angegebene Bezahlmethode erfolgt.

Apps finden und installieren

Möchten Sie im Angebot stöbern und Apps herunterladen und kaufen, benötigen Sie dazu den App Store auf dem iPad. Der Erwerb über iTunes 12.7 und höher ist mittlerweile nicht mehr möglich.

1. Starten Sie den App Store und tippen Sie unten auf die gewünschte Seite. Über *Heute* finden Sie nach Tagen geordnet die ausgewählten Apps.
2. Einen Überblick über alle Kategorien, *Charts* der beliebten kostenpflichtigen und kostenlosen Apps finden Sie über einen Fingertipp auf *Apps*. Dasselbe gilt für *Spiele*.
3. Wollen Sie gezielt nach einer App suchen, tippen Sie auf das Suchfeld und geben dort den Suchbegriff ein.
4. Wenn Sie eine App gefunden haben, tippen Sie auf *Laden* bei kostenlosen Apps oder auf das Preisschild bei kostenpflichtigen Apps.
5. Es erscheint ein Fenster, in dem Sie sich – per Touch ID oder Eingabe des Kennworts Ihres iTunes-Kontos – identifizieren. Die App wird heruntergeladen und installiert und ist dann auf Ihrem Home-Bildschirm zu finden.

Mit dem Fingerabdruck einkaufen

Besitzen Sie ein iPad mit Touch ID, benötigen Sie „nur" Ihren Fingerabdruck, um eine App herunterzuladen oder zu erwerben. Dazu müssen Sie allerdings zuvor eine Einstellung vornehmen:

1. Öffnen Sie die *Einstellungen* und wählen Sie in der linken Spalte *Touch ID & Code*.

2. Nun schalten Sie rechts unter *Touch ID verwenden für: iTunes & App Store* ein.

3. Dazu müssen Sie natürlich Ihren Fingerabdruck registriert haben. Falls noch nicht geschehen, tippen Sie weiter unten auf *Fingerabdruck hinzufügen ...* und folgen den Anweisungen.

Automatische App-Videos abschalten

Sobald Sie im App Store eine App auswählen und die Vorschau betrachten, läuft das enthaltene App-Video automatisch ab.

Wollen Sie dies unterbinden oder dafür sorgen, dass es nur bei einer Internetverbindung über WLAN abgespielt wird, nehmen Sie diese Einstellung vor:

1. Öffnen Sie die *Einstellungen* und wählen Sie in der linken Spalte *iTunes & App Store*.
2. Tippen Sie in der rechten Spalte auf *Automatische Videowiedergabe* und wählen Sie dort *Aus* oder *Nur WLAN*.

> **Herunterladen von Apps pausieren**
>
> Falls das Herunterladen einer App zu lange dauert und Sie es anhalten wollen, dann tippen Sie einfach auf das Ladesymbol (Kreis) im App Store oder, falls dieser angezeigt wird, auf den Home-Bildschirm. Zur Wiederaufnahme des Downloads tippen Sie erneut auf das Ladesymbol.

Apps automatisch aktualisieren

Nahezu tagtäglich erscheinen Updates der auf Ihrem iPad installierten Apps. Vor allem, wenn eine neue Version von iOS erscheint, passen die Entwickler ihre Apps entsprechend an und stellen diese den Kunden zur Verfügung – in der Regel kostenlos.

Damit Sie nicht jedes Update selbst bestätigen müssen, können Sie den App Store anweisen, diese automatisch vorzunehmen:

1. Öffnen Sie die *Einstellungen* und wählen Sie links *iTunes & App Store*.

2. Schalten Sie in der rechten Spalte die Funktion *Updates* ein. Den Zeitpunkt der automatischen Updates können Sie nicht bestimmen. Dies hängt unter anderem davon ab, ob das iPad an einem WLAN-Netzwerk angemeldet ist.

3. Wie viele Updates momentan zur Verfügung stehen, erkennen Sie an der kleinen Zahl rechts oben am App-Symbol.

Apps individuell aktualisieren

Findet die Aktualisierung der auf Ihrem iPad installierten Apps nicht schnell genug statt oder wollen Sie eine bestimmte App sofort aktualisieren, ohne zu warten, ist auch das möglich.

1. Öffnen Sie den App Store und tippen Sie unten auf *Updates*. Die kleine Zahl rechts oben an dem Eintrag *Updates* zeigt an, wie viele Updates gerade zur Verfügung stehen.

2. Auf der folgenden Seite werden alle aktuellen Updates aufgelistet, geordnet nach *Ausstehend* und *Vor Kurzem aktualisiert*.

3. Möchten Sie das Update einer App gezielt installieren, tippen Sie auf *Aktualisieren*.

4. Sollen alle ausstehenden Updates durchgeführt werden, tippen Sie auf *Alle aktualisieren*. Beachten Sie aber, dass das geraume Zeit in Anspruch nehmen kann.

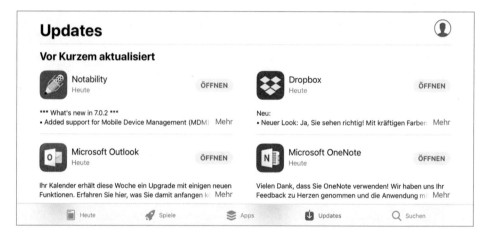

Apps auf gleichem Stand halten

Nutzen Sie mehrere iOS-Geräte, wie ein iPhone und ein iPad, können Sie dafür sorgen, dass Ihre Apps auf allen Geräten auf dem gleichen Stand bleiben – also auf einem Gerät erworbene oder heruntergeladen Apps auch auf dem anderen installiert werden:

1. Öffnen Sie die *Einstellungen* und wählen Sie links den Eintrag *iTunes & App Store*.

2. Schalten Sie in der rechten Spalte unter *Automatische Downloads* die entsprechende Funktion für *Apps* sowie *Updates* ein. Ist eine App sowohl für iPad als auch iPhone verfügbar, wird diese nun automatisch auf beiden Geräten installiert.

Überzählige Apps löschen

Um auf dem iPad Speicherplatz zu sparen, können Sie Apps, die Sie nicht mehr benötigen, löschen.

1. Wählen Sie den Home-Bildschirm oder Ordner aus, in dem sich besagte App befindet.

2. Drücken Sie so lange auf das App-Symbol, bis alle Apps und Ordner anfangen zu wackeln.

3. Nun tippen Sie auf das kleine Kreuz links oben am Symbol, um die App zu löschen. Bestätigen Sie die Sicherheitsabfrage, indem Sie auf *Löschen* tippen, wird die App entfernt.

Erworbene Apps erneut installieren

Jede App, die Sie im App Store erworben oder heruntergeladen haben, können Sie auf allen Ihren Geräten installieren, auf denen Sie mit Ihrer Apple-ID angemeldet sind, und zudem auch so oft installieren, wie Sie wollen. Haben Sie also eine App gelöscht und merken später, dass Sie diese nun doch wieder benötigen, ist das auf diese Weise möglich:

1. Öffnen Sie den App Store, tippen Sie unten auf *Updates* und dann rechts oben auf Ihr Benutzerkonto (Kopfsymbol).

2. Im folgenden Menü wählen Sie *Käufe* aus. Die Liste aller Ihrer in der Vergangenheit erworbenen Apps wird angezeigt.

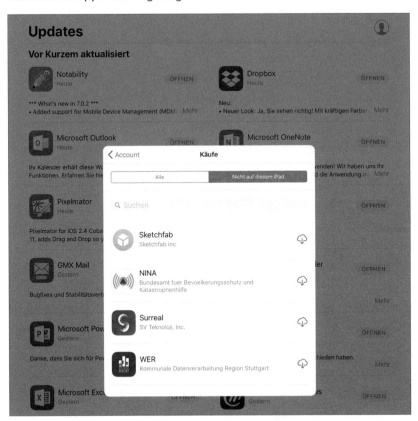

3. Möchten Sie alle Apps anzeigen, die nicht auf Ihrem iPad installiert sind, wählen Sie das Register *Nicht auf diesem iPad*. Alternativ können Sie über das Suchfeld nach der App suchen.

4. Über einen Fingertipp auf das Wolkensymbol laden Sie die App erneut auf das iPad herunter und installieren sie.

Apps reklamieren und zurückgeben

Falls Sie eine App irrtümlich erworben haben oder diese nicht Ihren Vorstellungen entspricht, können Sie sie reklamieren und gegebenenfalls zurückgeben. Am bequemsten ist dies über den Mac oder Windows-PC sowie iTunes möglich.

1. Starten Sie iTunes und klicken Sie rechts oben auf *Store*.

2. Melden Sie sich über einen Mausklick auf *Account* bei Ihrem iTunes-Konto an. Klicken Sie dort auf *Einkaufsstatistik* sowie auf *Alle anzeigen*.

3. Nun klicken Sie auf *Problem melden* und wählen die App oder den Kauf unter *Letzte Käufe* aus. Folgen Sie den Anweisungen und schildern Sie das Problem.

4. Wird die Rückgabe genehmigt, wird der Betrag erstattet und Ihrem iTunes-Konto gutgeschrieben.

Inkompatible Apps finden

Im Zuge des Updates auf iOS 11 laufen auf Ihrem iPad nur noch Apps, die für die 64-Bit-Architektur programmiert beziehungsweise entsprechend aktualisiert wurden. Stellt der Entwickler kein Update zur Verfügung oder wurde das Update nicht installiert, können Sie die entsprechenden Apps nicht mehr nutzen. Welche inkompatiblen Apps sich auf Ihrem iPad befinden, finden Sie wie folgt heraus:

1. Öffnen Sie die *Einstellungen* und wählen Sie in der linken Spalte den Eintrag *Allgemein*.

2. Tippen Sie in der rechten Spalte nun auf *Info* und dann auf *Apps*.

3. Jetzt werden alle Apps aufgelistet, die ab iOS 11 nicht mehr funktionieren. Sie können nun abwarten, ob und wann der Entwickler ein Update zur Verfügung stellt, sich an den Entwickler wenden oder auch die App löschen.

Keine Zwangsbewertung von Apps mehr

Falls Sie die Frage nach der Bewertung einer App stört, können Sie diese abschalten:

1. Öffnen Sie die *Einstellungen* und wählen Sie in der linken Spalte *iTunes & App Store*.

2. In der rechten Spalte tippen Sie rechts vom Eintrag *Bewertungen in Apps* auf den Schalter, um die Frage nach der Bewertung gegebenenfalls zu unterbinden.

10.2 Das Apple Smart Keyboard

Mit dem Smart Keyboard für das iPad Pro hat Apple eine praktische, aufklappbare und gleichzeitig als Cover dienende Tastatur im Angebot, die aus Ihrem iPad Pro einen Laptop zaubert, der für die allermeisten Aufgaben unterwegs verwendet werden kann.

Zwar ist das Smart Keyboard mit 170 bis 190 Euro nicht gerade günstig, dafür von guter Qualität und muss, wie die günstigeren Tastaturen, nicht aufgeladen und per Bluetooth mit dem iPad gekoppelt werden. Stattdessen wird es über den Smart Connector mit dem iPad verbunden.

Was Sie sonst noch alles aus dem Smart Keyboard herausholen können, erläutern Ihnen die folgenden Tipps.

Tastenkombinationen für den Home-Bildschirm

Auch wenn es nicht auf den ersten Blick ersichtlich ist, funktionieren bei einem angeschlossenen Smart Keyboard für den Home-Bildschirm einige nützliche Tastenkombinationen. Um eine Übersicht aufzurufen, drücken Sie einfach etwas länger die `cmd ⌘`-Taste.

Verfügbar sind auf dem Home-Bildschirm die folgenden Tastenkombinationen:

- `cmd ⌘` + `⇧` : zum Home-Bildschirm wechseln.
- `cmd ⌘` + `Leer` : Suche mit Spotlight.
- `cmd ⌘` + `→/` : App-Umschalter.
- `alt ⌥` + `cmd ⌘` + `D` : Dock einblenden.

Tastenkombinationen für Apps nutzen

Zahlreiche Apps wie *Safari*, *Mail*, die Kalender- oder Dateien-App und viele andere mehr können ebenfalls mit Tastenkombinationen bedient werden. Alle verfügbaren Tastenkombinationen an dieser Stelle im Detail aufzuführen und zu erläutern, würde den Rahmen des Kapitels sprengen.

Welche Tastenkombinationen verfügbar sind, finden Sie wie folgt heraus:

1. Starten Sie die App mit einem Fingertipp auf das Symbol im Dock oder auf dem Home-Bildschirm.
2. Drücken Sie die ⌐cmd ⌘⌐-Taste, bis die Übersicht der verfügbaren Tastenkombinationen in einem leicht transparenten Fenster erscheint.

Emojis mit dem Smart Keyboard eingeben

Zwar lassen sich direkt mit dem Smart Keyboard keine Emojis eingeben, aber es lassen sich die verfügbaren Emojis aufrufen und dann per Fingertipp auswählen:

1. Starten Sie eine App, bei der die Eingabe von Text möglich ist, wie die Nachrichten-App, *Mail* oder eine Textverarbeitung.
2. Drücken Sie die Taste mit der Weltkugel, bis das dazugehörige Menü erscheint. Hier wählen Sie *Emoji* aus. Über das Symbol ganz unten wechseln Sie zwischen den einzelnen Gruppen von Emojis.
3. Um das Emoji einzugeben, tippen Sie darauf und fügen es damit in Ihren Text ein.

Apple Smart Keyboard einstellen

Wollen Sie Einstellungen für Ihr Smart Keyboard vornehmen, zum Beispiel eine weitere Eingabesprache hinzufügen, geschieht das über die *Einstellungen*:

1. Öffnen Sie die *Einstellungen*, tippen Sie dort in der linken Spalte auf *Allgemein* und dann in der rechten Spalte auf *Tastatur*.
2. Wählen Sie zunächst den Eintrag *Tastaturen* und installieren Sie über *Tastatur hinzufügen* eine neue Eingabesprache.
3. Wechseln Sie dann wieder zur Einstellung *Tastatur* und tippen Sie auf *Hardwaretastatur*.
4. Oben wird die neu hinzugefügte Eingabesprache aufgelistet. Tippen Sie darauf und dann auf *Automatisch*.

Eingabesprache wechseln

Falls auf Ihrem iPad mehrere Eingabesprachen aktiviert und damit verfügbar sind, können Sie über die Taste mit dem Weltkugel-Symbol die Eingabesprache wechseln:

1. Starten Sie eine App, bei der die Eingabe von Text möglich ist.
2. Drücken Sie die Taste mit der Weltkugel, bis das dazugehörige Menü erscheint. Hier wählen Sie die gewünschte Eingabesprache, wie zum Beispiel *English (UK)* aus.

Schutz fürs iPad

Da ein iPad einen nicht unbeträchtlichen Wert darstellt und unter Umständen auch einmal weiterverkauft oder weitergegeben wird, sollten Sie es pfleglich behandeln und schützen. Es empfiehlt sich, eine Hülle zu benutzen, die die Rückseite und den empfindlichen Rand schützt, sowie eine Displayschutzfolie, um ein Zerkratzen des Bildschirms zu verhindern. Zudem gibt es Displayschutzfolien, die Fett und Fingerabdruck abweisend sind. Des Weiteren sollten Sie das iPad – trotz Hülle – in einer gut gepolsterten Tasche transportieren, wenn Sie unterwegs sind. Passende Hüllen und Displayschutzfolien gibt es im guten Fach- oder Onlinehandel.

10.3 Bluetooth-Tastaturen

Statt eines Smart Keyboards können Sie an Ihrem iPad auch eine herkömmliche Bluetooth-Tastatur verwenden – entweder eine externe Tastatur oder eine Tastaturhülle, die unterschiedliche Hersteller im Angebot haben. Nutzen Sie kein iPad Pro mit Smart Connector, sondern ein iPad oder iPad mini, ist das sogar die einzige Möglichkeit. Bluetooth-Tastaturen haben Vor- und Nachteile. So sind externe Bluetooth-Tastaturen flexibler verwendbar – vor allem im stationären Betrieb. Das Schreiben mit einer Tastatur in normaler Größe und Beschaffenheit ist zudem komfortabler.

Bei einer Tastaturhülle ist dies wieder etwas anderes. Hier müssen Sie bezüglich des Komforts einige Einschränkungen hinnehmen, da die Tasten meist etwas kleiner sind als bei einer externen Tastatur. Zudem müssen Bluetooth-Tastaturen, ob extern oder als Bestandteil einer Tastaturhülle, regelmäßig aufgeladen und mit dem iPad gekoppelt werden. Beiden Lösungen ist jedoch gemein, dass sie meist weit günstiger zu erwerben sind als das Apple Smart Keyboard. Zudem verfügen sie über zusätzliche Tasten zum Abspielen von Medien und zum Einstellen der Helligkeit des Bildschirms und der Lautstärke.

Bluetooth-Tastatur koppeln

Anders als das Apple Smart Keyboard, das automatisch über den Smart Connector mit dem iPad Pro verbunden wird, müssen Sie Bluetooth-Tastaturen wie das Apple Wireless Keyboard mit dem iPad koppeln.

1. Öffnen Sie die *Einstellungen* und wählen Sie in der linken Spalte *Bluetooth*. Schalten Sie in der rechten Spalte *Bluetooth* ein.
2. Schalten Sie die Bluetooth-Tastatur ebenfalls ein, sofern das erforderlich ist.

3. Nun sollte sie in den Bluetooth-Einstellungen unter *Andere Geräte* erscheinen. Tippen Sie auf den Namen der Tastatur.

4. In der Regel wird nun ein vierstelliger Code angezeigt, den Sie auf der Tastatur eingeben und mit der ⟨↩⟩-Taste bestätigen. Anschließend können Sie die Tastatur am iPad verwenden.

5. Zum späteren Entkoppeln der Tastatur, damit Sie diese an einem anderen Gerät verwenden können, tippen Sie auf das *i*-Symbol neben *Verbunden* und dann auf *Dieses Gerät ignorieren*.

Bluetooth-Tastaturen anderer Hersteller

Bluetooth-Tastaturen anderer Hersteller als Apple lassen sich ebenso am iPad nutzen. Allerdings können sich dort die Anordnung der Tasten sowie die Beschriftung unterscheiden. In diesem Fall konsultieren Sie das Handbuch oder probieren einfach aus, was welche Sondertaste am iPad bewirkt. Die Installation von Gerätetreibern ist normalerweise nicht erforderlich.

Sondertasten

Bluetooth-Tastaturen, wie das Apple Wireless Keyboard, besitzen zahlreiche Sondertasten für macOS, die auch am iPad genutzt werden können – ohne dass ein Gerätetreiber installiert werden muss. Dies gilt meist auch für anderweitige Mac-kompatible Bluetooth-Tastaturen anderer Hersteller.

Folgende Tasten können genutzt werden:

- ⟨F1⟩ und ⟨F2⟩: Bildschirm heller und dunkler
- ⟨F11⟩ und ⟨F12⟩: Ton lauter und leiser
- ⟨F10⟩: Ton aus
- ⟨F8⟩: Musiktitel abspielen/pausieren
- ⟨F7⟩ und ⟨F9⟩: vorheriger Titel und nächster Titel

- Auswurftaste: Bildschirmtastatur aus- und einblenden
- $\boxed{\rightarrow\!\!/}$: zum nächsten Texteingabefeld springen
- Pfeiltasten: den Cursor bewegen
- $\boxed{cmd \quad \mathcal{H}}$: mögliche Tastenkombinationen anzeigen

10.4 Apple Pencil

Ebenso wie das Smart Keyboard funktioniert auch der Apple Pencil nur mit dem iPad Pro. Der Apple Pencil dient allerdings nicht nur der Bedienung des Tablets, wie die im Fachhandel erhältlichen günstigen Tablet-Stifte mit gummierter Spitze, sondern auch zum Markieren, Schreiben und Zeichnen. Das Zeichnen auf dem Bildschirm des iPad Pro ist sehr dem Zeichnen mit Papier und Stiften vergleichbar, Sie können fast die gleichen Techniken anwenden und müssen dabei vor allem den Handballen nicht hochheben, weil der Bildschirm eine Handballenerkennung besitzt.

Allerdings müssen Sie den Apple Pencil ebenso wie das Smart Keyboard gesondert erwerben. Damit addieren sich zum ohnehin nicht günstigen Preis für das iPad Pro noch einmal um die 250 Euro.

Den Apple Pencil koppeln

Damit Sie mit dem Apple Pencil auf Ihrem iPad Pro zeichnen und schreiben können, müssen Sie diesen erstens aufladen und zweitens koppeln. Dies geschieht auf die folgende Weise:

1. Entfernen Sie die Kappe des Apple Pencil, unter dem sich der Lightning-Stecker befindet.
2. Verbinden Sie den Apple Pencil mit dem Lightning-Anschluss Ihres iPads.
3. Der Apple Pencil wird automatisch gekoppelt und ist unter *Meine Geräte* in den *Bluetooth*-Einstellungen Ihres iPads zu finden.
4. Zudem wird er aufgeladen, solange er mit dem Lightning-Anschluss verbunden ist.

> **Den Apple Pencil schneller aufladen**
>
> Noch schneller laden Sie den Apple Pencil auf, wenn Sie ihn mit dem beiliegenden Adapter und einem Lightning-auf-USB-Kabel an eine USB-Schnittstelle Ihres Mac oder Windows-PC anschließen.

Akkukapazität des Apple Pencil feststellen

Die Akkukapazität Ihres Apple Pencil stellen Sie direkt am iPad fest. Sorgen Sie zuvor dafür, dass dieser über die Lightning-Schnittstelle angeschlossen oder per Bluetooth mit dem iPad gekoppelt ist.

1. Wischen Sie auf dem Sperrbildschirm von links nach rechts, um die Mitteilungszentrale anzuzeigen.

2. Sind Sie am iPad angemeldet, wischen Sie zuerst vom oberen Bildschirmrand nach unten, um die Mitteilungen anzuzeigen, und dann von links nach rechts zur Mitteilungszentrale.

3. In der Mitteilungszentrale wischen Sie nach unten bis zum Widget *Batterien*. Dort wird angezeigt, welche Akkukapazität das iPad und der Apple Pencil haben.

> **Wie lange kann ich mit dem Apple Pencil arbeiten**
>
> Besitzt der Apple Pencil eine Speicherkapazität von 100 %, können Sie ihn ungefähr zehn bis zwölf Stunden benutzen. Ist er ganz leer, lässt er sich schnell wieder in Gang bringen, indem Sie ihn kurz an die Lightning-Schnittstelle anschließen und 15 bis 30 Sekunden warten. Dann lässt er sich wieder für eine halbe Stunde oder etwas länger benutzen.

Notizen auf dem Sperrbildschirm

Um schnell einmal etwas zu notieren, müssen Sie sich nicht unbedingt am iPad anmelden und die Notizen-App starten. Notizen und Zeichnungen können Sie auch gleich auf dem Sperrbildschirm erstellen.

1. Falls noch nicht erfolgt, wechseln Sie zum Sperrbildschirm, indem Sie die Stand-by-Taste oben links drücken.

2. Bewegen Sie den Apple Pencil kurz über den Sperrbildschirm oder tippen Sie kurz zweimal darauf.

3. Nach einem kurzen Moment erscheint die Notizen-App mit einem leeren Blatt und Sie können gleich loslegen und Ihre Notiz machen oder Skizze erstellen.

4. Die Notiz wird als neue Notiz angelegt, und wenn Sie diese später erneut aufrufen wollen, müssen Sie sich per Touch ID oder mit Ihrem Zugangscode anmelden.

Webseiten markieren und beschriften

Mit dem Apple Pencil können Sie auch Webseiten Markierungen oder handschriftliche Notizen hinzufügen – allerdings müssen Sie die Webseiten zuvor in das PDF-Format konvertieren. Dabei gehen Sie auf die beschriebene Weise vor:

1. Starten Sie Safari und rufen Sie die Webseite auf, zum Beispiel die Webseite zum iPhone X.
2. Tippen Sie rechts oben auf das Teilen-Feld und dann in der zweiten Reihe auf das Symbol *PDF erstellen*.
3. Die Webseite wird ins PDF-Format konvertiert und geöffnet. Möchten Sie nun die Markierungen anbringen, tippen Sie rechts oben auf das Bleistiftsymbol.
4. Am unteren Rand des Bildschirms erscheinen die bekannten Zeichenwerkzeuge und Farbpaletten. Benutzen Sie diese wie gewohnt.
5. Wenn Sie außerdem rechts unten auf das kleine Plus-Symbol tippen, erscheint ein Menü, in dem Sie einige vorgefertigte Grafiken wie Pfeile finden sowie die Möglichkeit, Textkästen einzufügen.
6. Haben Sie die Markierungen und Notizen abgeschlossen, tippen Sie links oben auf *Fertig* und dann auf *Datei sichern in ...*, um die PDF-Datei zu speichern. Alternativ können Sie die PDF-Datei auch über das Teilen-Feld rechts oben versenden oder an eine andere App weitergeben.

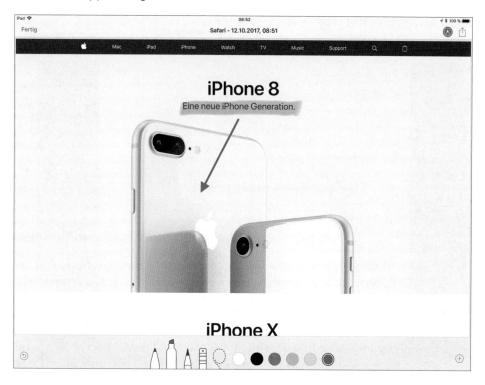

Skizzen in E-Mails erstellen

Dank Apple Pencil lassen sich Ihre E-Mails mit Skizzen aufwerten. So könnten Sie beispielsweise eine Wegbeschreibung skizzieren und an Freunde senden.

1. Starten Sie Apple Mail und legen Sie eine neue E-Mail an oder beantworten Sie eine enthaltene.

2. Geben Sie bei Bedarf die E-Mail-Adresse des Empfängers an und eine Betreffzeile. Schreiben Sie den Text der E-Mail.

3. Nun tippen Sie auf das Textfenster der E-Mail, bis das schwarze Kontextmenü erscheint. Hier wählen Sie den Befehl *Zeichnung einfügen*.

4. Im Zeichenfenster erstellen Sie mit den bekannten Zeicheninstrumenten und Farbpaletten die Skizze.

5. Nachdem Sie mit der Skizze oder Zeichnung fertig sind, tippen Sie auf *Fertig* und auf *Zeichnung einfügen*, um sie der E-Mail hinzuzufügen. Versenden Sie die E-Mail nun wie gewohnt.

E-Books im PDF-Format markieren

Besonders praktisch ist der Apple Pencil, wenn Sie E-Books gern „aktiv" lesen, also Markierungen und Notizen hinzufügen. Welche Markierungen und Notizen Sie machen können, hängt davon ab, welches Format das E-Book besitzt.

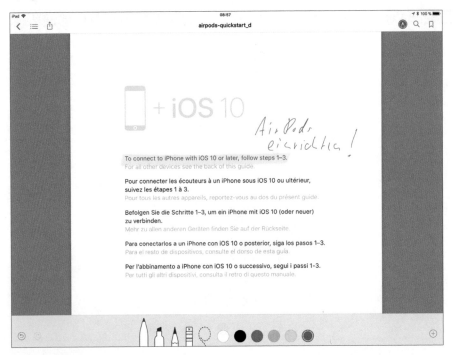

So können Sie in E-Books im PDF-Format nach Herzenslust herumkritzeln:

1. Starten Sie iBooks und öffnen Sie ein E-Book im PDF-Format wie zum Beispiel das Handbuch eines Gerätes.

2. Lesen Sie das E-Book, und wenn Sie eine Stelle gefunden haben, die Sie markieren möchten, tippen Sie rechts oben auf das Bleistiftsymbol.

3. Nehmen Sie Ihre Markierungen und Notizen mit den vorhandenen Schreib- und Zeicheninstrumenten sowie den Farbpaletten vor.

4. Bitte beachten Sie: Die Markierungen lassen sich fast wie bei einem richtigen Buch nicht mehr entfernen. Erstellen Sie also zur Not eine Kopie des noch unmarkierten E-Books, die Sie dann markieren.

E-Book im EPUB-Format markieren

In den E-Books im EPUB-Format aus dem iBooks Store ebenso wie in nicht kopiergeschützten EPUB-E-Books aus anderen Quellen können Sie nicht einfach mit dem Apple Pencil herumkritzeln. Allerdings ist es möglich, Textstellen farblich zu markieren und kleine Notizen hinzuzufügen. Der Apple Pencil ist dazu nicht zwingend erforderlich, aber die Arbeit ist damit einfacher und komfortabler:

1. Starten Sie iBooks und öffnen Sie ein E-Book im EPUB-Format wie zum Beispiel das Handbuch zum iPad, das Apple kostenlos zur Verfügung stellt.

2. Öffnen Sie das E-Book, und wenn Sie eine Stelle gefunden haben, die Sie markieren möchten, bewegen Sie einfach den Apple Pencil wie einen herkömmlichen Textmarker über den gewünschten Text – Zeile für Zeile.

3. Zum Markieren einzelner Wörter tippen Sie einfach auf das Wort.

4. Möchten Sie die Farbe der Textmarkierung ändern, tippen Sie doppelt auf die Markierung, um das schwarze Kontextmenü zu öffnen, dann auf *Markieren* und anschließend wählen Sie links die Farbe oder die Textunterstreichung aus.

5. Textmarkierungen können auch gelöscht werden. Tippen Sie dazu doppelt auf die Markierung, dann auf *Markieren* und das Papierkorbsymbol.

6. Um einem Text eine Notiz hinzuzufügen, tippen Sie doppelt auf den Text, um das schwarze Kontextmenü anzuzeigen, und dann auf *Notiz*. Geben Sie nun die Notiz über die Bildschirmtastatur oder eine externe Tastatur ein.

7. Eine Liste all Ihrer Markierungen und Notizen finden Sie über einen Fingertipp auf das Inhaltsverzeichnis des E-Books (drei Striche links oben) und auf das Register *Notizen*.

Zeichen-Apps im App Store

Eine große Auswahl schöner und leistungsfähiger Apps für Zeichnungen, Skizzen und Pläne finden Sie im App Store. Für Fortgeschrittene ist die App *Procreate* empfehlenswert. Kostenlose Apps wie *Paper* und *Adobe Photoshop Sketch* sind ebenfalls empfehlenswert.

10.5 AirPrint

Auch wenn es vielleicht nicht so aussieht, weil am iPad keine USB-Schnittstelle vorhanden ist wie am Mac, Laptop oder Windows-PC, so können Sie auch hier einen Drucker anschließen und nutzen – und zwar über WLAN.

Die entsprechende Technologie von Apple heißt AirPrint. Damit das klappt, muss es sich – selbstverständlich – um einen WLAN-fähigen Drucker handeln, der Drucker muss Air-Print-kompatibel sein und sich im gleichen WLAN-Netzwerk befinden.

Drucken eines Dokuments

Um ein Dokument zu Papier zu bringen, gehen Sie dann wie folgt vor:

1. Starten Sie die App. Öffnen Sie das gewünschte Dokument oder die Webseite und tippen Sie rechts oben auf das Teilen-Feld.
2. Tippen Sie nun in der zweiten Reihe auf das Symbol *Drucken*. Im Druckerfenster wählen Sie unter *Drucker* das gewünschte Gerät aus, legen fest, wie viele Kopien gedruckt werden sollen und welche Seiten dies sind.
3. Über einen Fingertipp auf *Drucken* rechts oben wird das Dokument zu Papier gebracht.

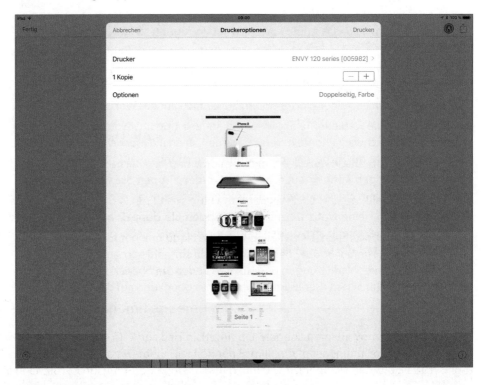

Drucken und Scannen mit Apps des Druckerherstellers

Weit mehr Möglichkeiten beim Drucken und sogar Scannen bieten Apps Ihres Druckerherstellers. So können Sie mit AirPrint-kompatiblen Multifunktionsgeräten oftmals nicht nur drucken und dabei weit mehr Einstellungen vornehmen als bei den Bordmitteln von iOS 11, sondern auch gedruckte Dokumente einscannen, ganz wie am Windows-PC oder Mac, und nicht über die Kamera des iPads. Die Apps sind kostenlos im App Store erhältlich. Suchen Sie da einfach nach Ihrem Druckerhersteller.

10.6 AirPods und Bluetooth-Kopfhörer

Zwar verfügen iPad und iPad Pro nach wie vor über einen herkömmlichen Kopfhöreranschluss, an den Sie handelsübliche Kopfhörer anschließen können, AirPods oder andere Bluetooth-Kopfhörer sind aber oftmals praktischer und bequemer. Auch der Klang lässt nichts zu wünschen übrig. So besitzen die AirPods von Apple einen weitaus besseren Klang als die mit dem iPhone mitgelieferten oder auch gesondert erhältlichen EarPods. Bluetooth-Kopfhörer anderer Premiumhersteller haben diesbezüglich noch mehr zu bieten und lassen keine Wünsche offen. Um einen herkömmlichen Bluetooth-Kopfhörer mit dem iPad zu verbinden, folgen Sie diesen Anweisungen:

Bluetooth-Kopfhörer anschließen

1. Schalten Sie den Kopfhörer ein. Sorgen Sie zuvor dafür, dass er geladen ist.
2. Öffnen Sie die *Einstellungen* und wählen Sie in der linken Spalte *Bluetooth*. Falls noch nicht geschehen, schalten Sie *Bluetooth* ein.
3. Ihre Bluetooth-Kopfhörer werden unter *Andere Geräte* aufgelistet. Um sie mit Ihrem iPad zu koppeln, tippen Sie auf den Namen des Kopfhörers. In der Regel wird er dann verbunden.
4. Ob die Bluetooth-Kopfhörer gekoppelt sind, erkennen Sie auch links oben in der Statusleiste an einem kleinen Kopfhörersymbol.

5. Zudem stellen Sie über das Kontrollzentrum fest, ob die Kopfhörer angeschlossen sind. Rufen Sie das Kontrollzentrum auf und drücken Sie etwas länger auf die Bedienelemente zum Abspielen von Musik, dann wird oben neben dem AirPlay-Symbol angezeigt, ob die Kopfhörer zur Verfügung stehen.

AirPods anschließen

Mit den AirPods hat Apple einen echten Verkaufsschlager herausgebracht. Monatelang nur in „homöopathischen Dosen" erhältlich, sind sie mittlerweile bei vielen Anbietern verfügbar. Die AirPods sind aber nicht nur kabellose Kopfhörer, sondern auch zum Telefonieren und für die Verwendung mit Siri geeignet.

Zudem werden sie in einer Akkuhülle aufbewahrt, die immer dafür sorgt, dass sie geladen sind. Um die AirPods verwenden zu können, müssen Sie über ein iPad verfügen, auf dem zumindest iOS 10.2 läuft.

Ist das der Fall, installieren Sie diese wie folgt:

1. Melden Sie sich am iPad an, mit Ihrem Zugangscode oder per Touch ID. Aktivieren Sie Bluetooth, sofern noch nicht geschehen.
2. Öffnen Sie die Akkuhülle der AirPods direkt neben dem iPad. Auf dem iPad wird angezeigt, wie Sie weiter verfahren müssen.
3. Wenn Sie auf *Verbinden* tippen, werden die AirPods per Bluetooth gekoppelt.
4. Ihre AirPods werden übrigens auf jedem Ihrer Geräte automatisch konfiguriert, wenn diese kompatibel und Sie mit Ihrer Apple-ID dort angemeldet sind.

AirPods und Akkuhülle aufladen

Ihre AirPods werden automatisch aufgeladen, wenn Sie sie in der Akkuhülle aufbewahren. Den Akkustand von AirPods und Akkuhülle erfahren Sie, wenn Sie diese neben das iPad legen und die Akkuhülle öffnen. Die Akkuhülle selbst wird über ein Lightning-auf-USB-Kabel am Mac oder Windows-PC aufgeladen.

AirPods mit Siri bedienen

Ihre AirPods können über Siri gesteuert werden. Tippen Sie dazu doppelt auf einen der AirPods, um Siri einzuschalten, und sprechen Sie die Befehle wie zum Beispiel:

- Lauter oder leiser
- Springe zum nächsten Titel
- Spiele „Adele"

AirPods mit Gesten bedienen

Alternativ können Sie Ihre AirPods auch – begrenzt – mittels Gesten bedienen, zum Beispiel, wenn Sie sich in der Öffentlichkeit befinden und Siri keine Befehle geben möchten. Dazu müssen Sie die folgenden Einstellungen vornehmen:

1. Öffnen Sie die *Einstellungen* auf dem iPad und tippen Sie auf *Bluetooth*. Dort tippen Sie auf das kleine *i*-Symbol rechts.

2. Nun bestimmen Sie in der Kategorie *Auf AirPods doppeltippen*, was geschehen soll, wenn Sie auf den rechten oder den linken AirPod doppeltippen. Sie haben die folgende Wahl:
   - Siri
   - Wiedergabe/Pause
   - Nächster Titel
   - Vorheriger Titel
   - Deaktiviert

3. Empfehlenswert ist es, auf einem AirPod Siri aktiviert zu lassen und auf dem anderen *Wiedergabe/Pause* einzurichten.

AirPods zurücksetzen

Falls es Probleme bei der Einrichtung der AirPods gibt, schauen Sie zuerst nach, ob sie geladen sind. Falls dies der Fall ist und sie trotzdem nicht wie gewohnt ihren Dienst verrichten, können Sie diese auch zurücksetzen:

1. Legen Sie die AirPods in die Akkuhülle.

2. Betätigen Sie bei geöffneter Akkuhülle die Setup-Taste auf der Rückseite so lange, bis die Statusanzeige erst ein paar Mal gelb und dann weiß blinkt.

10.7 AirPlay

AirPlay wird bei Apple die Technologie genannt, Medien und Bildschirminhalte an andere kompatible Geräte wie das Apple TV, AV-Receiver, Lautsprecher etc. zu streamen und dort abzuspielen oder anzuzeigen. Ihr iPad mit iOS 11 oder früher ist ebenfalls AirPlay-fähig. Das heißt, Sie können unter anderem – über Apple TV – den Bildschirminhalt (mit ausgeführten Apps) oder Filme auf Ihrem TV-Gerät betrachten und Musik auf Ihrer Stereoanlage, dem AV-Receiver oder kompatiblen Lautsprechern abspielen.

Hierzu müssen folgende Voraussetzungen erfüllt sein: Bei Apple TV oder den anderen Geräten ist AirPlay aktiviert. Das Apple TV oder die anderen Geräte und Ihr iPad befinden sich im gleichen WLAN-Netzwerk. Die gegebenenfalls verwendete App ist AirPlay-kompatibel.

iPad auf dem TV-Gerät spiegeln

Es kann genug Gründe geben, den Bildschirminhalt Ihres iPads auf einem TV-Gerät anzuzeigen, sei es, um eine Präsentation zu zeigen, Apps vorzuführen oder ein Spiel zu spielen. In diesem Fall gehen Sie wie folgt vor.

1. Schalten Sie Apple TV und das TV-Gerät ein. Wechseln Sie mit der Fernbedienung Ihres TV-Geräts zum HDMI-Eingang, an dem das Apple TV angeschlossen ist. Die Benutzeroberfläche des Apple TV wird angezeigt.

2. Öffnen Sie auf Ihrem iPad das Kontrollzentrum, indem Sie die Home-Taste zweimal schnell hintereinander drücken oder vom unteren Rand des Bildschirms nach oben wischen.

3. Tippen Sie auf das Kontrollelement *Bildschirm-syncr* und wählen Sie dort *Apple TV* aus. Der Bildschirminhalt wird nun auf dem TV-Gerät anzeigt. Die Bedienung erfolgt natürlich weiter über das iPad.

Diashow am TV-Gerät

Vielleicht erinnern Sie sich noch an die Zeiten, als Familie und Freunde beim gemeinsamen Diaabend mit Projektor und Leinwand zusammensaßen, um die Fotos vom letzten Urlaub anzuschauen. Auf diese ebenso unvergesslichen wie oftmals langatmigen Diashows müssen Sie auch als Besitzer eines iPads und Apple TV nicht verzichten:

1. Schalten Sie Apple TV und das TV-Gerät ein. Wechseln Sie mit der Fernbedienung Ihres TV-Geräts zum HDMI-Eingang, an dem das Apple TV angeschlossen ist. Die Benutzeroberfläche des Apple TV wird angezeigt.

2. Öffnen Sie auf Ihrem iPad die Fotos-App und wählen Sie das gewünschte Fotoalbum aus. Tippen Sie rechts oben auf *Diashow*.

3. Um die Diashow über Apple TV auf dem iPad abzuspielen, tippen Sie rechts oben auf das *AirPlay*-Symbol und wählen *Apple TV* aus. Die Diashow wird dann auf dem TV-Gerät abgespielt.

4. Möchten Sie Änderungen an der Diashow vornehmen, wie Musikuntermalung oder Übergangseffekte, tippen Sie rechts unten auf *Optionen* und nehmen die Einstellung vor.

Video am TV-Gerät zeigen

Ihre selbst gedrehten Videos ebenso wie Filme aus anderen Quellen und Apps können Sie ebenfalls auf dem TV-Gerät vorführen.

1. Schalten Sie Apple TV und das TV-Gerät ein. Wechseln Sie mit der Fernbedienung Ihres TV-Geräts zum HDMI-Eingang, an dem das Apple TV angeschlossen ist. Die Benutzeroberfläche des Apple TV wird angezeigt.

2. Öffnen Sie auf Ihrem iPad die gewünschte App und öffnen Sie das Video oder den Film. Spielen Sie den Film oder das Video ab.

3. Tippen Sie in der App auf das AirPlay-Symbol. Dies befindet sich meist rechts oder links oben beziehungsweise neben den Abspielelementen. Das Video wird anschließend auf dem TV-Gerät abgespielt.

Musik mit AirPlay an AV-Receiver streamen

Einerlei, ob Musik aus Apple Music oder von Ihnen importierte Alben und Musiktitel, Sie können diese direkt vom iPad an einen WLAN- sowie AirPlay-kompatiblen AV-Receiver senden und abspielen:

1. Schalten Sie den AV-Receiver und gegebenenfalls das angeschlossene TV-Gerät ein. Wechseln Sie mit der Fernbedienung des AV-Receivers zu AirPlay.

2. In der Regel wird AirPlay auf dem Display des AV-Receivers oder auf dem TV-Gerät angezeigt.

3. Starten Sie die Musik-App auf dem iPad und spielen Sie Ihre Musik ab. Tippen Sie dann auf das AirPlay-Symbol unterhalb der Abspielelemente und wählen Sie den Namen des AV-Receivers.

AirPlay 2 mit mehreren Lautsprechern

Mit AirPlay 2 können Sie nun auch mehrere Lautsprecher in unterschiedlichen Räumen nutzen. Diese müssen allerdings AirPlay-2-kompatibel sein oder benötigen ein Update. Fragen Sie in diesem Fall einfach beim Hersteller der Lautsprecher nach.

---

iPad als Fernsteuerung für Apple TV

Ihr Apple TV besitzt zwar eine komfortable Fernbedienung, aber manche Funktionen sind damit nur umständlich zu nutzen, beispielsweise die Texteingabe – von Benutzernamen, Kennwörtern oder bei der Suche über das Suchfeld. Mit einem iPad und der von Apple kostenlos bereitgestellten App *Apple TV Remote* ist die Bedienung von Apple TV noch weit komfortabler.

1. Schalten Sie Apple TV und das TV-Gerät ein. Wechseln Sie mit der Fernbedienung Ihres TV-Geräts zum HDMI-Eingang, an dem das Apple TV angeschlossen ist. Die Benutzeroberfläche des Apple TV wird angezeigt.

2. Öffnen Sie den App Store und geben Sie dort in das Suchfeld oben *Remote* ein. Wählen Sie im Suchergebnis die erste App – *Apple TV Remote* – und laden Sie diese.

3. Starten Sie die Apple-TV-Remote-App. Ist Apple TV eingeschaltet und befindet es sich in Ihrem WLAN-Netzwerk, wird es in einem kleinen Fenster angezeigt.

4. Tippen Sie auf den Eintrag *Apple TV*. Nun wird auf dem TV-Gerät ein vierstelliger Code angezeigt, den Sie eingeben müssen. Damit ist das iPad als Fernbedienung für Apple TV registriert.

5. Die Bedienung erfolgt über Multi-Touch-Gesten. Zudem können Sie Cover auf dem iPad anzeigen, Liedtexte und anderes.

10.8   iPad als persönlicher WLAN-Hotspot

Besitzen Sie ein iPad Wi-Fi + Cellular, also ein iPad, mit dem Sie auch über das Mobilfunknetz online gehen können, und einen entsprechenden Datentarif, dann können Sie dieses als mobilen WLAN-Hotspot für andere WLAN-fähige Geräte wie einen Laptop nutzen. Dazu nehmen Sie diese Einstellungen vor:

1. Öffnen Sie die *Einstellungen* und tippen Sie dort auf *Persönlicher Hotspot*. Schalten Sie den persönlichen Hotspot ein.

2. Wählen Sie auf dem anderen Gerät, dem Laptop, die WLAN-Verbindung aus und schalten Sie diese gegebenenfalls ein. Dann erscheint der Eintrag *iPad* als verfügbares WLAN-Netzwerk.

3. Verbinden Sie sich mit dem WLAN-Netzwerk *iPad* und geben Sie das WLAN-Kennwort ein, das Sie auf dem iPad unter *Persönlicher Hotspot* finden.

4. Nun können Sie auf dem Laptop unterwegs über das Mobilfunknetz online gehen.

5. Bitte beachten Sie, dass der Akku des iPads dabei schneller zur Neige geht und das von Ihnen gebuchte Datenvolumen ausreichend ist.

---

iPad als Fotobank verwenden

Als ambitionierter Amateurfotograf oder auch Profifotograf schießen Sie sehr viele Fotos und möchten diese sowohl sicher aufbewahren als auch komfortabel sichten, eventuell bearbeiten und versenden. Als Besitzer eines iPads mit ausreichend hoher Speicherkapazität sind Sie fein heraus. Sie können Ihre Fotos auf dem iPad speichern und damit etwaige Probleme mit einer vollen oder defekten Speicherkarte umgehen. Was Sie dazu benötigen, ist eine WLAN-fähige Kamera oder am besten ein Lightning-auf-USB-3-Kamera-Adapter oder ein Lightning-auf-SD-Kartenlesegerät, um Ihre Fotos auf das iPad zu kopieren und aufzubewahren. Wie Sie dabei vorgehen, lesen Sie im entsprechenden Tipp in Kapitel 6.1 nach.

10.9 Praktische Adapter und Kabel fürs iPad

Je nachdem, welche Ansprüche Sie haben und wofür Sie Ihr iPad nutzen, haben Apple und andere Anbieter praktische Adapter und Kabel im Angebot, von denen in diesem Tipp die wichtigsten vorgestellt werden. Die Adapter und Kabel kosten bei Apple zwischen 29 und 59 Euro. Bei Drittanbietern sind entsprechende Adapter unter Umständen günstiger zu erhalten. Achten Sie aber auf deren Kompatibilität.

- USB-C-auf-Lightning-Kabel: Damit schließen Sie Ihr iPad an ein MacBook an, das nur über USB-C-Schnittstellen verfügt.

- Lightning-Digital-AV-Adapter: Verbinden Sie Ihr iPad über ein HDMI-Kabel mit einem TV-Gerät oder Monitor.

- Lightning-auf-VGA-Adapter: Verbinden Sie Ihr iPad mit einem VGA-Monitor.

- Lightning-auf-SD-Kartenlesegerät: Importieren Sie Fotos und Videos von SD-Speicherkarte auf das iPad.

- Lightning-auf-USB-3-Kamera-Adapter: Importieren Sie Fotos und Videos direkt von der Kamera auf das iPad.

11. Probleme und Lösungen

Die Besonderheit von Apple-Geräten, ob es Macs sind, das iPhone oder das iPad, ist die enge Verzahnung von Hard- und Software. Diese arbeiten optimal zusammen, sind perfekt aufeinander abgestimmt und damit fast wie aus einem Guss. Dennoch sind auch iPads komplexe technische Geräte, und Probleme sowie Fehlfunktionen sind nicht ausgeschlossen. Dank der folgenden Tipps bändigen Sie störrische Apps, bringen das abgestürzte iPad wieder zum Laufen und lösen Probleme mit der Akkulaufzeit oder der zu geringen Speicherkapazität.

11.1 Akku

Mit der Akkukapazität ist es das Gleiche wie mit dem Speicherplatz – man kann davon nie genug haben. Allerdings sind zumindest bei der Akkukapazität physikalisch Grenzen gesetzt, denn ein erheblich leistungsfähigerer Akku würde das iPad viel dicker und schwerer machen. Um die Laufzeit wenigstens etwas zu erhöhen, gibt es aber einige Tipps und Tricks, vom Deaktivieren nicht unbedingt notwendiger Funktionen bis zur Verwendung einer „Powerbank" – eines externen Akkus.

Ladezustand in Prozent anzeigen

Wollen Sie über den Akkustand Ihres iPads bis auf das Prozent genau im Bild sein, aktivieren Sie die entsprechende Anzeige:

1. Öffnen Sie die *Einstellungen* und tippen Sie in der linken Spalte auf *Batterie*.

2. Schalten Sie dann in der rechten Spalte die Option *Batterieladung in %* ein. Diese wird anschließend rechts oben in der Statusleiste angezeigt.

Energiefresser finden und abschalten

Wundern Sie sich vielleicht darüber, dass die Akkuladung immer schneller zur Neige geht, obwohl Sie Ihr iPad so verwenden wie immer und auch keine Einstellung verändert haben? In diesem Fall sollten Sie einmal nachschauen, ob eine App der Verursacher sein könnte:

1. Öffnen Sie die *Einstellungen* und tippen Sie in der linken Spalte auf den Eintrag *Batterie*.

2. Nun sehen Sie in der rechten Spalte eine Liste von Apps und wie viel Anteil diese am Akkuverbrauch haben.

3. Tippen Sie auf *Letzte 24 Stunden*, um den Akkuverbrauch der letzten 24 Stunden, oder auf *Letzte 7 Tage*, um den Akkuverbrauch der letzten sieben Tage anzuzeigen.

4. Haben Sie den „Bösewicht" gefunden, schränken Sie dessen Einsatz ein oder suchen nach einer ähnlichen App, die diesbezüglich etwas sparsamer ist. Ein bekannter „Akku-fresser" auf iPad und iPhone ist übrigens die Facebook-App.

Automatische Sperre nutzen

Auch der Bildschirm hat großen Einfluss darauf, wie lange Ihr iPad durchhält. Nutzen Sie daher die *Automatische Sperre*, die nach einiger Zeit Inaktivität in Kraft tritt.

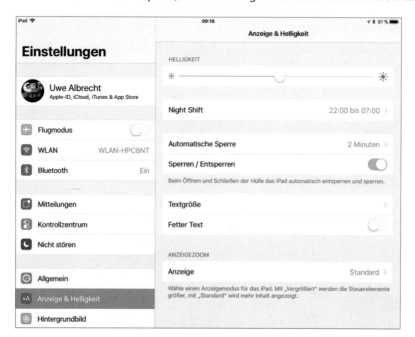

Die genaue Zeit lässt sich an Ihre Bedürfnisse und Arbeitsweise anpassen:

1. Öffnen Sie die *Einstellungen* und tippen Sie in der linken Spalte auf den Eintrag *Anzeige & Helligkeit*.
2. Nun finden Sie in der rechten Spalte den Eintrag *Automatische Sperre*. Tippen Sie darauf und wählen Sie dann die Zeit, nach der die *Automatische Sperre* in Kraft tritt. Ein guter Kompromiss sind hier *5 Minuten*.

Helligkeit reduzieren

Zwar passen die meisten aktuellen iPads die Helligkeit automatisch an und orientieren sich dabei am Umgebungslicht, aber um Energie zu sparen, können Sie in dunklerer Umgebung die Helligkeit bei Bedarf weiter reduzieren:

1. Öffnen Sie die *Einstellungen* und tippen Sie in der linken Spalte auf den Eintrag *Anzeige & Helligkeit*.
2. Stellen Sie rechts über den Schieberegler die Helligkeit ein.
3. Noch schneller geht es, wenn Sie das Kontrollzentrum aufrufen, indem Sie doppelt auf die Home-Taste drücken, und dann mit dem entsprechenden Steuerelement die Helligkeit reduzieren.

Flugmodus einschalten

Neben dem Bildschirm benötigen die diversen drahtlosen Verbindungen Ihres iPads zur „Außenwelt" viel Strom, und zwar auch dann, wenn sie gar nicht benötigt werden. Daher schalten Sie diese einfach ab, wenn Sie sie nicht benötigen und offline arbeiten, spielen, Musik hören oder einen Film schauen. Verwenden Sie dann einfach einen normalen Kopfhörer und keinen drahtlosen.

Öffnen Sie das Kontrollzentrum, indem Sie doppelt auf die Home-Taste drücken, und tippen Sie dann auf das Flugzeugsymbol. Nun werden alle drahtlosen Verbindungen gekappt.

WLAN statt mobile Daten

Auch wenn Sie ein iPad Wi-Fi + Cellular besitzen, sollten Sie, sobald Sie sich in der Nähe eines WLAN-Netzwerks befinden, an dem Sie sich anmelden und das Sie nutzen können, nur WLAN statt einer Datenverbindung über das Mobilfunknetz verwenden. Auch dadurch können Sie etwas Strom sparen.

1. Öffnen Sie die *Einstellungen* und tippen Sie links auf *Mobiles Netz*.
2. Schalten Sie nun in der rechten Spalte *Mobile Daten* ab.

AirDrop ausschalten

Wenn Sie AirDrop aktiviert haben, befindet sich dieses sozusagen in Wartestellung, um jederzeit Dateien von anderen iOS-Geräten und Macs empfangen zu können. Auch diese Funktion sollten Sie abschalten, um Energie zu sparen – und übrigens auch aus Sicherheitsgründen.

1. Öffnen Sie das Kontrollzentrum, indem Sie zweimal schnell hintereinander auf die Home-Taste drücken.
2. Tippen Sie auf das AirDrop-Symbol und wählen Sie im Menü den Eintrag *Empfangen* aus.

Hintergrundaktualisierung abschalten

Zahlreiche Apps auf Ihrem iPad wie zum Beispiel Nachrichten-Apps, aber auch andere aktualisieren im Hintergrund ihre Inhalte ohne Ihr aktives Zutun. Diese Aktivitäten können großen Einfluss auf die Akkulaufzeit haben. Daher können Sie diese bei Bedarf auch abschalten:

1. Öffnen Sie die *Einstellungen* und wählen Sie nacheinander die Einträge *Allgemein* sowie *Hintergrundaktualisierung*.
2. Schalten Sie dort die *Hintergrundaktualisierung* oben ganz aus.
3. Alternativ können Sie die *Hintergrundaktualisierung* nur für wichtige Apps aktiviert lassen und für die eher weniger wichtigen per Fingertipp abschalten.

Ortungsdienste abschalten

Die Ortungsdienste versuchen, den gegenwärtigen Aufenthaltsort Ihres iPads über Bluetooth, WLAN, GPS und Mobilfunkmasten – bei einem iPad Wi-Fi + Cellular – zu lokalisieren. Auch diese Funktion hat daher Einfluss auf die Akkulaufzeit. Schalten Sie diese bei Bedarf ebenfalls ab:

1. Öffnen Sie die *Einstellungen* und wählen Sie den Eintrag *Datenschutz*.
2. Tippen Sie in der rechten Spalte auf den Eintrag *Ortungsdienste* und schalten Sie diese mit einem Fingertipp komplett ab.

E-Mails manuell abrufen

Wird die Funktion *Push* von Ihrem E-Mail-Anbieter unterstützt, werden neue E-Mails automatisch auf Ihr iPad weitergeleitet, Sie müssen diese dann nicht mehr gezielt abrufen. Da diese an sich praktische Funktion auch Strom benötigt und damit Einfluss auf die Akkulaufzeit hat, können Sie diese ebenfalls abschalten.

1. Öffnen Sie die *Einstellungen* und wählen Sie links den Eintrag *Accounts & Passwörter*.

2. In der rechten Spalte tippen Sie auf den Eintrag *Datenabgleich Push* und schalten zunächst *Push* ab.

3. Zusätzlich geben Sie unten noch an, dass die E-Mails nur *Manuell* von Ihnen abgerufen werden und nicht automatisch nach einem gewissen Zeitraum.

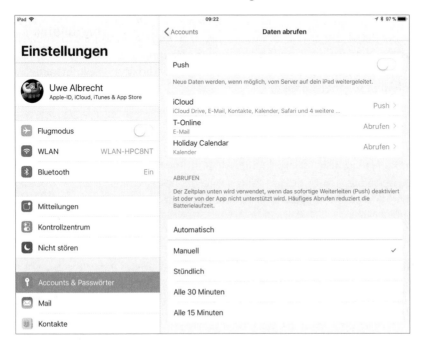

Animationen und Bewegungen deaktivieren

Die Benutzeroberfläche des iPads bietet einige mehr oder weniger sinnvolle Animationen, wie beim Öffnen von Apps oder beim Neigen des iPads. Diese benötigen natürlich auch Rechen- und Speicherkapazität, und durch das Abschalten sparen Sie etwas Strom:

1. Öffnen Sie die *Einstellungen*, wählen Sie links den Eintrag *Allgemein* und dann rechts *Bedienungshilfen*.

2. Dort tippen Sie auf den Eintrag *Bewegung reduzieren* und schalten diese Funktion ein.

Eine Powerbank verwenden

Damit Ihrem iPad auch auf längeren Reisen nicht so schnell der „Saft" ausgeht, können Sie eine handelsübliche Powerbank – einen kleinen Zusatzakku – verwenden, mit dem Sie es unterwegs etwas aufladen. Dazu schließen Sie die für wenig Geld erhältliche Powerbank mit einem Lightning-auf-USB-Kabel an das iPad an. Achten Sie beim Kauf auf die Kompatibilität und fragen Sie gegebenenfalls den Verkäufer, ob Sie die Powerbank auch am iPad nutzen können.

11.2 Netzwerkverbindungen

Natürlich ist es möglich, mit dem iPad zu arbeiten und zu spielen, ohne dass dieses mit dem Internet verbunden ist – ob per WLAN oder auch das Mobilfunknetz bei einem iPad Wi-Fi + Cellular. Allerdings können Sie dann nicht alle Funktionen des Tablets und seiner Apps nutzen, wie Sie das sonst gewohnt sind. Daher sind Probleme bei Netzwerkverbindungen in der Regel sehr ärgerlich. Was Sie gegen etwaige Verbindungsabbrüche oder eine zu langsame Netzwerkverbindung unternehmen können, zeigen unsere Tipps. Zudem zeigen wir Ihnen, wie Sie – beim Internetzugang über das Mobilfunknetz unterwegs – Ihr Datenvolumen schonen können.

> **Instabile WLAN-Netzwerke werden ignoriert**
>
> Hat Ihr iPad mit iOS 11 mehrmals Probleme, sich mit einem WLAN-Netzwerk zu verbinden, wird dieses künftig ignoriert und eine automatische Verbindung findet nicht mehr statt, wenn Sie sich in dessen Reichweite befinden. Wollen Sie sich trotzdem mit diesem WLAN verbinden, tippen Sie auf den entsprechenden Eintrag, um die Verbindung aufzubauen.

Funkverbindungen trennen

Hat Ihr iPad die Netzwerkverbindung verloren oder ist diese unterbrochen, hilft es oftmals, alle Funkverbindungen zu trennen und wieder einzuschalten:

1. Drücken Sie zweimal schnell hintereinander die Home-Taste, um das Kontrollzentrum aufzurufen.

2. Tippen Sie auf das Flugzeugsymbol, um den Flugmodus einzuschalten. Warten Sie etwas und schalten Sie den Flugmodus wieder ab.

3. Ihr iPad verbindet sich nun erneut mit dem WLAN-Netzwerk und/oder dem Mobilfunknetz. Unter Umständen haben Sie nun wieder einen Zugang ins Netzwerk und Internet.

> **WLAN-Router neu starten**
>
> Das Problem bei unterbrochenen oder langsamen Netzwerk- und Internetverbindungen liegt oftmals weder am iPad noch am Netzbetreiber, sondern am WLAN-Router. Meist genügt es, diesen neu zu starten. Nutzen Sie dazu das Konfigurationsprogramm Ihres Routers oder schalten Sie diesen aus und wieder ein beziehungsweise trennen Sie ihn kurz vom Stromnetz. Nach dem Neustart funktioniert meistens alles wieder.

Internetadresse erneuern

Das Problem an einer „hakelnden" WLAN-Verbindung kann auch bei der Ihnen vom WLAN-Router zugewiesenen IP-Adresse liegen.

Allerdings können Sie sich bei Problemen eine neue zuweisen lassen:

1. Öffnen Sie die *Einstellungen* und tippen Sie in der linken Spalte auf *WLAN*. Wählen Sie in der rechten Spalte das aktive WLAN-Netzwerk aus.
2. Suchen Sie nun weiter unten nach dem blauen Eintrag *Lease erneuern*. Tippen Sie darauf, wird Ihnen vom WLAN-Router eine neue Internetadresse zugewiesen.

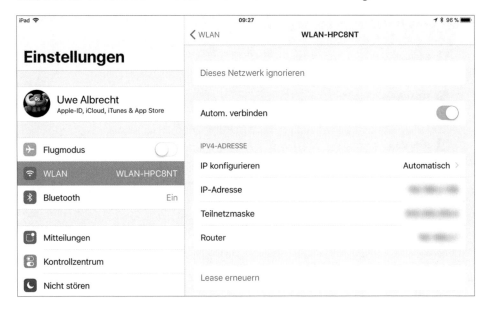

Alternativen DNS-Server verwenden

Weitere Probleme bei der Verbindung ins Internet lauern beim verwendeten DNS-Server (Nameserver). Der DNS-Server übersetzt die von Ihnen eingegebenen Internetadressen wie www.apple.de in die in allen Netzwerken so auch im Internet gebräuchlichen IP-Adressen wie 192.102.10.1. Ist der DNS-Server ausgefallen oder überlastet, kann es passieren, dass die entsprechende Internetseite nicht gefunden und aufgerufen wird. In diesem Fall können Sie einen alternativen DNS-Server verwenden.

Diesen tragen Sie dann wie folgt ein:

1. Öffnen Sie die *Einstellungen* und tippen Sie in der linken Spalte auf *WLAN*. Wählen Sie in der rechten Spalte das aktive WLAN-Netzwerk aus.

2. Suchen Sie nun weiter unten nach dem Eintrag *DNS konfigurieren*. Wählen Sie hier statt *Automatisch Manuell* und geben Sie die IP-Adresse des alternativen DNS-Servers ein.

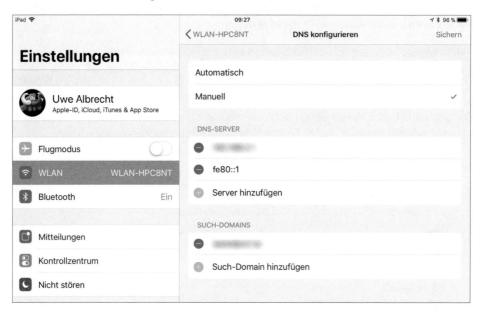

Wo finde ich Adressen alternativer DNS-Server?

Alternative Nameserver finden Sie unter anderem auf diesen Webseiten:

- https://www.ungefiltert-surfen.de//nameserver/de.html
- http://www.dns-liste.de

Datenverbrauch im Mobilfunknetz kontrollieren

Bei einem Mobilfunkvertrag mit Datentarif, wie Sie ihn für Ihr iPad Wi-Fi + Cellular benötigen, erhalten Sie meist ein monatliches Datenvolumen von einem, zwei oder mehr GByte. Surfen Sie oft und viel unterwegs, geht selbst dieses recht großzügig bemessene Datenvolumen schnell zur Neige. und dann können Sie nur noch mit stark gedrosselter Geschwindigkeit surfen. Daher sollten Sie Ihren Datenverbrauch kennen und kontrollieren:

1. Öffnen Sie die *Einstellungen* und tippen Sie in der linken Spalte auf *Mobiles Netz*.

2. Unter *Mobile Daten* weiter unten erfahren Sie, wie viel von Ihrem Datenvolumen welche Apps verbraucht haben.

3. Um den mobilen Datenverbrauch zu reduzieren, schalten Sie die Option *Mobile Daten* rechts durch einen Fingertipp einfach ab.

Automatische Downloads unterbinden

Auf Wunsch können Sie Ihre Käufe und Downloads mit Ihrem iTunes- und App-Store-Konto automatisch auf alle Ihre Geräte herunterladen lassen – so natürlich auch auf das iPad. Auch dies kann zulasten Ihres begrenzten Datenvolumens im Mobilfunknetz gehen. Da es sich hierbei um mehrere Hundert MByte oder sogar GByte handeln kann, sollten Sie dies nur im WLAN-Netzwerk und nicht im Mobilfunknetz erlauben:

1. Öffnen Sie die *Einstellungen* und tippen Sie in der linken Spalte auf *iTunes & App Store*.
2. Dort schalten Sie in der rechten Spalte die Einstellung *Mobile Daten verwenden* ab, dann werden die Einkäufe im iTunes und App Store nur im Mobilfunk automatisch heruntergeladen.

Große E-Mail-Anhänge nicht abrufen

Wenn Sie E-Mails mit sehr großen Dateianhängen erhalten, werden diese in der Regel nicht automatisch heruntergeladen. Stattdessen müssen Sie auf das Symbol des Anhangs tippen, um diesen zu laden. Wollen Sie Ihr Datenvolumen im Mobilfunknetz schonen, sollten Sie darauf verzichten und diese Anhänge nur dann vollständig herunterladen, wenn Sie sich in einem WLAN-Netzwerk, bevorzugt im heimischen, angemeldet haben.

Podcast-Abonnements abschalten

Haben Sie Podcasts abonniert, werden die neuen Folgen unter Umständen nach Erscheinen automatisch heruntergeladen. Dies kann nicht nur die Geschwindigkeit Ihres Internetzugangs verlangsamen, weil dies im Hintergrund geschieht, sondern es geht im Mobilfunknetz auch zulasten Ihres Datenvolumens. Daher können Sie den automatischen Download auf das WLAN-Netzwerk beschränken:

1. Öffnen Sie die *Einstellungen* und wählen Sie in der linken Spalte den Eintrag *Podcasts*.
2. Aktivieren Sie in der rechten Spalte die Einstellung *Nur über WLAN laden*, dann werden die aktuellen Podcast-Folgen erst dann heruntergeladen, wenn Sie sich in einem WLAN-Netzwerk angemeldet haben.

Mobile Daten abschalten

Falls Sie unterwegs weder über das Mobilfunknetz surfen noch etwas herunterladen möchten und auch kein Musik- und Videostreaming nutzen, können Sie dies ganz abschalten.

1. Öffnen Sie die *Einstellungen* und tippen Sie in der linken Spalte auf *Mobiles Netz*.
2. Nun schalten Sie in der rechten Spalte *Mobile Daten* aus. SMS und Telefonanrufe können Sie allerdings nach wie vor empfangen und tätigen.

Trotz Flugmodus per WLAN online

Falls Sie trotz Flugmodus – über WLAN – online gehen wollen, ist auch das möglich:

1. Öffnen Sie das Kontrollzentrum, indem Sie zweimal schnell hintereinander die Home-Taste drücken.
2. Aktivieren Sie zunächst über einen Fingertipp auf das Flugzeugsymbol den Flugmodus.
3. Nun schalten Sie über einen Fingertipp auf das WLAN-Symbol WLAN wieder ein und können trotzdem online gehen.

Schnell ein WLAN-Kennwort teilen

Falls Sie schnell einmal mit jemandem ein WLAN-Kennwort teilen wollen, dann ist das mit iOS 11 sehr einfach möglich (Bluetooth und – selbstverständlich – WLAN müssen eingeschaltet sein). Legen Sie einfach dessen iPhone neben Ihr iPad und es erscheint ein kleiner Hinweis, ob Sie sich an demselben WLAN-Netzwerk anmelden möchten.

11.3 Apps

Apple prüft die von den Entwicklern eingereichten Apps sehr genau und lässt bei Weitem nicht alle ohne Änderung und Anpassungen zu. Dennoch kann es sein, dass eine App einmal Probleme bereitet. In diesem Fall können Sie laufende Apps gezielt beenden. Tritt der Fehler öfter auf, sollten Sie diese App aktualisieren (siehe dazu Kapitel 10.1) oder löschen.

Apps beenden

Normalerweise ist es nicht erforderlich, eine App gezielt zu beenden, da sich diese – bei Nichtbenutzung – inaktiv im Hintergrund befindet und keinen Hauptspeicher belegt. Sollte dies dennoch einmal notwendig sein, gehen Sie so vor:

1. Öffnen Sie das Kontrollzentrum, indem Sie zweimal schnell hintereinander die Home-Taste drücken.

2. Zum Schließen wischen Sie auf der Voransicht der besagten App schnell von unten nach oben. Die App wird nun vollständig geschlossen und beendet.

Alle Apps auf einmal beenden

Auf die folgende Weise können Sie alle geöffneten Apps auf einmal beenden:

1. Drücken Sie die Stand-by-Taste so lange, bis der Schalter *Ausschalten* auf dem Bildschirm erscheint.
2. Nun drücken Sie die Home-Taste, bis der Home-Bildschirm wieder erscheint. Alle vormals geöffneten Apps wurden dabei beendet.

System-Apps ausblenden

Apps, die vorinstalliert sind, und nicht zum Betriebssystem Ihres iPads, iOS 11, gehören, können nicht gelöscht werden.

Allerdings lassen sich deren Symbole ausblenden und verstecken:

1. Tippen Sie so lange auf das App-Symbol, bis es zu wackeln beginnt.
2. Tippen Sie nun auf das kleine Kreuz links oben am Symbol. Die App verschwindet. Da sie nicht gelöscht wird, sparen Sie damit allerdings keinen Speicherplatz.
3. Wollen Sie die App später einmal wiederherstellen, können Sie dies über den App Store, indem Sie dort nach dem Entwickler *Apple* und der besagten App suchen.
4. Sinnvoller ist es allerdings, die nicht benötigten System-Apps einfach in einen gesonderten Ordner zu legen und auf einen der hinteren Home-Bildschirme zu verschieben (siehe dazu Kapitel 8.6).

11.4 Speicher

Speicherplatz kann man nie genug haben, auch auf dem iPad nicht. Allerdings sind iPads mit viel Speicherplatz, etwa 256 GByte, auch teurer. Daher sollten Sie mit dem Speicherplatz haushalten, um zumindest alle Apps und Daten darauf installieren zu können, die Sie jeden Tag oder regelmäßig benötigen.

Mit den folgenden Tipps begegnen Sie dem Speichermangel auf Ihrem iPad.

Überblick über den Speicherverbrauch

Bevor Sie darangehen, Apps und Daten zu löschen, um den Speicher freizuräumen, sollten Sie sich erst einmal einen Überblick darüber verschaffen, welche Apps, Daten und Medien den meisten Speicherplatz auf Ihrem iPad benötigen:

1. Öffnen Sie dazu die *Einstellungen* und tippen Sie in der linken Spalte auf *Allgemein* und dann in der rechten auf *iPad Speicher*.
2. An erster Stelle finden Sie eine farbige Grafik, die anzeigt, wie viel Speicherplatz von Apps, Daten und Medien belegt wird. Damit erhalten Sie einen guten Überblick.

Welche App benötigt am meisten Speicher?

Wollen Sie im Detail herausfinden, welche App und welche Medien wie viel an Speicher belegen, dann erreichen Sie dies wie folgt:

1. Öffnen Sie dazu die *Einstellungen*, tippen Sie in der linken Spalte auf *Allgemein* und dann in der rechten auf *iPad Speicher*.
2. Unten in der rechten Spalte werden alle Apps aufgelistet, die auf Ihrem iPad installiert sind und wie viel sie und Ihre Daten Speicherplatz belegen.
3. Die Apps mit dem meisten Speicherplatz finden Sie oben. Des Weiteren wird angezeigt, ob Sie die App je benutzt haben und wann.
4. Ein Fingertipp auf dem Eintrag öffnet die Detailansicht, in der Sie herausfinden, wie viel Speicher die App und ihre Daten getrennt benötigten.

Speicher gezielt freiräumen

Um den iPad-Speicher freizuräumen, gehen Sie am besten gezielt vor und orientieren sich daran, ob Sie die App und ihre Medien wirklich benötigen und wie oft. Um die App und ihre Daten zu löschen, gehen Sie dann auf die folgende Weise vor:

1. Öffnen Sie dazu die *Einstellungen*, tippen Sie in der linken Spalte auf *Allgemein* und in der rechten auf *iPad Speicher*.
2. Unten sind alle Apps aufgelistet, die auf Ihrem iPad installiert sind, und wie viel Speicherplatz sie belegen.
3. Möchten Sie eine App löschen, tippen Sie auf ihren Namen und dann zweimal hintereinander auf den Eintrag *App löschen*. Hierbei werden aber auch die Daten der App entfernt.

Videos löschen

Videos benötigen besonders viel Speicherplatz. Sind Sie also ein passionierter Hobbyfilmer, ob direkt mit dem iPad oder mit einer Digitalkamera, von der Sie die Videos auf das iPad importieren, dann sollten Sie ab und zu die nicht mehr benötigten Videos löschen.

Dasselbe gilt, wenn Sie viele Filme und TV-Serien auf dem iPad schauen und unter Umständen herunterladen.

1. Öffnen Sie dazu die *Einstellungen*, tippen Sie in der linken Spalte auf *Allgemein* und dann rechts auf *iPad Speicher*.

2. Tippen Sie weiter unten auf *Persönliche Videos überprüfen* und *iTunes-Videos prüfen*.

3. Mit einem Fingertipp betrachten Sie das Video oder den Film. Wenn Sie auf dem jeweiligen Eintrag von rechts nach links wischen und dann auf *Löschen* tippen, entfernen Sie das Video beziehungsweise den Film vom iPad.

Podcasts löschen

Auch Podcasts, besonders Video-Podcasts, können viel Speicherplatz belegen – je nachdem, welche Einstellung Sie in der App vorgenommen haben, sogar ohne dass Sie davon etwas mitbekommen.

Schauen Sie daher immer wieder einmal in der Podcast-App nach und löschen Sie die nicht benötigten Podcasts:

1. Starten Sie die Podcast-App und wählen Sie in der linken Spalte den Eintrag *Sendungen*.

2. Tippen Sie auf das Cover des gewünschten Podcasts. Dort tippen Sie auf die drei kleinen Punkte ganz rechts.

3. Möchten Sie die Folgen des Podcasts löschen, tippen Sie auf *Aus Mediathek löschen*.

4. Alternativ können Sie auch, nachdem Sie in der linken Spalte *Sendungen* ausgewählt haben, rechts oben auf *Bearbeiten* tippen und dann auf das kleine Minus-Symbol links oben am Cover, um den gesamten Podcast zu entfernen.

E-Mails und Anhänge automatisch löschen

E-Mails, besonders E-Mails mit Anhängen wie Fotos oder gar Videos, können sehr umfangreich sein. Daher sollten Sie die nicht mehr benötigten E-Mails immer einmal wieder entfernen. Auf Wunsch geschieht dies auch automatisch.

Dazu nehmen Sie folgende Einstellungen vor:

1. Öffnen Sie die *Einstellungen* und tippen Sie in der linken Spalte auf *Accounts & Passwörter*.

2. Blättern Sie nach unten und tippen Sie auf den Eintrag des gewünschten E-Mail-Kontos. Blättern Sie nach unten und tippen Sie dann auf *Erweitert*.

3. Hier geben Sie unter *Gelöschte E-Mails* an: *Entfernen* und *Nach einer Woche*. Sie können auch einen anderen Zeitraum angeben, aber auf keinen Fall *Nie*, da sonst die von Ihnen gelöschten E-Mails niemals vom iPad entfernt werden.

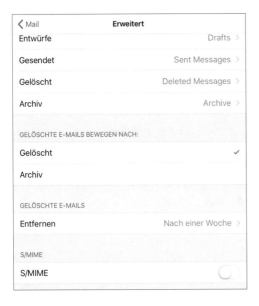

Fotos auslagern

Fotos der mittlerweile hochauflösenden Kamera Ihres iPads nehmen auch viel Platz ein. Diese können Sie entweder löschen oder automatisch auf iCloud auslagern:

1. Öffnen Sie die *Einstellungen*, wählen Sie in der linken Spalte den Eintrag *Allgemein*, in der rechten Spalte *iCloud-Fotomediathek* und tippen Sie rechts auf *Aktivieren*.

2. Nun wird Ihre gesamte Foto-Mediathek auf iCloud übertragen. Sie können dann von all Ihren Geräten, auf denen Sie mit Ihrer Apple-ID angemeldet sind, darauf zugreifen.

Apps auslagern

Manche Apps benutzen Sie öfter oder gar täglich und andere selten oder haben sie sogar noch nie benutzt. Diese können Sie unter iOS 11 auslagern. Daten und Dokumente bleiben allerdings erhalten.

1. Öffnen Sie die *Einstellungen* und wählen Sie in der linken Spalte den Eintrag *Allgemein*.
2. Tippen Sie in der rechten Spalte zunächst auf *iPad Speicher* und dann neben *Apps auslagern* auf *Aktivieren*.
3. Um die Einstellung später wieder rückgängig zu machen, wählen Sie in der linken Spalte *Einstellungen/iTunes & App Store* und schalten dann in der rechten Spalte die Einstellung *Unbenutzte Apps auslagern* wieder aus.

Speicher voll, was nun?

Ist der Speicher Ihres iPads randvoll, sollten Sie jetzt erst recht einen Film ausleihen. Das klingt auf den ersten Blick widersprüchlich, kann jedoch dabei helfen, dass iOS 11 etwas Speicher freiräumt, um den Film unterzubringen:

1. Starten Sie den iTunes Store und leihen Sie sich irgendeinen Film aus (siehe dazu Kapitel 7.4).
2. Da Sie so gut wie keinen Speicher mehr zur Verfügung haben, löscht iOS 11 Cache-(Zwischenspeicher-)Dateien und andere für Sie unsichtbare Dateien, um dem Film Platz zu machen.
3. Hierdurch wird wieder etwas Platz auf dem iPad frei, allerdings nicht genug, um den Film unterzubringen, und daher wird der Download des Films abgebrochen. Der freigeräumte Speicherplatz bleibt aber frei. Dies können durchaus einige Hundert MByte oder mehr sein.

11.5 Wenn das iPad abstürzt

Ein iPad ist auch nur ein Computer und kann daher ebenfalls „abstürzen". Dies kommt allerdings viel seltener vor als bei einem Windows-PC. Ist es doch einmal der Fall, helfen Ihnen die folgenden Tipps weiter.

Stand-by-Taste drücken

Reagiert Ihr iPad auf Gesten und Fingertipps nicht mehr, betätigen Sie einfach kurz die Stand-by-Taste. Dabei geht Ihr iPad in den Ruhezustand. Wecken Sie es dann erneut über die Stand-by-Taste oder die Home-Taste wieder auf und melden Sie sich wieder an, funktioniert es dann oftmals wieder tadellos.

---

iPad über die Einstellungen abschalten

Reagiert Ihr iPad doch noch auf Eingaben, können Sie es unter Umständen auch über seine *Einstellungen* ausschalten:

1. Öffnen Sie die *Einstellungen* und wählen Sie in der linken Spalte den Eintrag *Allgemein*.
2. In der rechten Spalte blättern Sie nach unten und tippen dort auf den blauen Eintrag *Ausschalten*. Das iPad wird nun heruntergefahren.
3. Zum Einschalten betätigen Sie später wieder wie gewohnt die Stand-by-Taste.

iPad aus- und einschalten

Nimmt das iPad keine Eingaben mehr an, versuchen Sie, es zunächst auf die bekannte Weise aus- und wieder einzuschalten.

1. Drücken Sie die Stand-by-Taste so lange, bis der Schalter *Ausschalten* auf dem Bildschirm erscheint.
2. Wischen Sie auf dem Schalter *Ausschalten* von links nach rechts, wird das iPad heruntergefahren.
3. Schalten Sie es nach einer kurzen Pause über die Stand-by-Taste wieder ein, sollte es wie gewohnt funktionieren.

iPad per Tasten neu starten

Falls Ihr iPad „abgestürzt" ist oder sich „aufgehängt" hat, versuchen Sie, es auf die folgende Weise mit einer Tastenkombination neu zu starten:

1. Drücken Sie die Stand-by-Taste und die Home-Taste gleichzeitig und lassen Sie diese mindestens zehn Sekunden gedrückt.

2. Warten Sie, bis das Apple-Logo angezeigt wird. Dann können Sie die Tasten wieder loslassen.

Die letzte Möglichkeit: der Wartungszustand des iPads

Falls alle anderen Methoden keine Besserung bringen und sich das iPad weder regulär noch über die obige Tastenkombination starten lässt, können Sie noch versuchen, das iPad in den sogenannten Wartungszustand zu versetzen. Anschließend ist es unter Umständen möglich, es über iTunes neu einzurichten oder über ein – hoffentlich vorhandenes – Backup wiederherzustellen.

1. Verbinden Sie das iPad über das Lightning-auf-USB-Kabel mit dem Mac oder Windows-PC.
2. Drücken Sie nun die Stand-by- und Home-Taste gleichzeitig für zehn Sekunden.
3. Nun lassen Sie die Stand-by-Taste los, aber halten die Home-Taste für weitere zehn Sekunden gedrückt.
4. In der Regel wird das iPad nun von iTunes erkannt – und zwar im Wartungszustand – und Sie können es neu einrichten oder aus einem Backup wiederherstellen.

11.6 Umzug auf ein neues iPad

Endlich liegt es vor Ihnen, das nagelneue iPad. Aber wie bekommen Sie nun die Apps und Daten des alten Gerätes auf das neue? Dazu gibt es zwei Wege – über iTunes oder iCloud. Hier finden Sie die Tipps dazu.

Umzug über iTunes

Sofern Sie einen Computer besitzen – ob Mac oder Windows-PC spielt keine Rolle –, können Sie den Umzug über iTunes vornehmen. Erstellen Sie als Erstes ein Backup Ihres iPads über iTunes (siehe Kapitel 9.6). Haben Sie das Backup erstellt, gehen Sie wie folgt vor, um die Daten auf das neue iPad zu übernehmen:

1. Schalten Sie das neue iPad ein. Der Konfigurationsassistent startet. Folgen Sie den Anweisungen.
2. Sobald der Konfigurationsassistent nachfragt, ob das iPad als „neues" iPad konfiguriert oder über iTunes beziehungsweise iCloud wiederhergestellt werden soll, verbinden Sie es mit dem beiliegenden Lightning-auf-USB-Kabel mit dem Computer.
3. Öffnen Sie iTunes, falls dieses nicht automatisch gestartet wurde, und klicken Sie im Hauptfenster auf den Eintrag *Backup wiederherstellen*.
4. Wenn mehrere Backups existieren, wählen Sie das neueste Backup Ihres alten iPads aus und starten die Wiederherstellung. Das Backup wird auf das neue iPad übertragen, was geraume Zeit dauern kann.

5. Nach dem Neustart des iPads ist es erforderlich, Ihre Kennwörter für iCloud und den iTunes-Store erneut einzugeben. Danach können Sie Ihr neues iPad verwenden.

Kennwörter beim Umzug mitnehmen

Falls Sie die Kennwörter beim Umzug mitnehmen wollen, müssen Sie zuvor ein „verschlüsseltes" Backup erstellt haben. Wie das geht, erfahren Sie in Kapitel 9.6.

Umzug über iCloud

Ohne Computer nutzen Sie zur Wiederherstellung Ihres Backups auf dem neuen iPad einfach iCloud. Hierbei gehen Sie so vor:

1. Schalten Sie das neue iPad ein. Der Konfigurationsassistent startet. Folgen Sie den Anweisungen. Hierbei melden Sie Ihr neues iPad auch an Ihrem WLAN-Netzwerk an.

2. Sobald der Konfigurationsassistent nachfragt, ob das iPad als „neues" iPad konfiguriert oder über iTunes beziehungsweise iCloud wiederhergestellt werden soll, wählen Sie *iCloud* aus.

3. Falls mehrere Backups existieren, wählen Sie das aktuellste Backup Ihres alten iPads aus und starten die Wiederherstellung. Das Backup wird auf das neue iPad übertragen, was geraume Zeit in Anspruch nehmen kann.

4. Falls Sie nach dem Neustart des iPads nach Ihren Kennwörtern für iCloud und den iTunes Store gefragt werden, geben Sie diese an. Danach können Sie Ihr neues iPad nutzen.

Vom Android-Tablet umziehen

Verwenden Sie bisher ein Tablet mit Android, können Sie, sofern dieses bestimmte Voraussetzungen erfüllt, auf ein neues iPad umziehen und Ihre Daten (Adressen, Kalender, Nachrichten, Fotos, Videos, Lesezeichen, E-Mail-Konten) übernehmen. Damit das klappt, muss Ihr Android-Tablet mindestens unter Android 4 laufen und Sie benötigen außerdem die kostenlose App *Move to iOS* aus dem Google Play Store.

1. Sorgen Sie dafür, dass das Android-Tablet und das iPad vollgeladene Akkus haben. Schalten Sie das Android-Tablet ein und verbinden Sie es mit Ihrem WLAN-Netzwerk.

2. Laden Sie auf Ihrem Android-Tablet die App *Move to iOS* aus dem Google Play Store herunter.

3. Schalten Sie das iPad ein und folgen Sie den Anweisungen des Konfigurationsassistenten. Sobald der Konfigurationsbildschirm *Apps & Daten* anzeigt, tippen Sie dort auf *Daten von Android übertragen*.

4. Starten Sie auf dem Android-Tablet *Move to iOS* und folgen Sie den Anweisungen, wobei ein Code ermittelt wird. Tippen Sie auf *Weiter*.

5. Tippen Sie auf dem iPad auf *Fortfahren*. Auf dem iPad wird ein Code angezeigt, den Sie auf dem Android-Tablet eingeben.

6. Als Nächstes erscheint der Bildschirm zur Datenübertragung. Geben Sie an, welche Daten vom Android-Tablet übertragen werden sollen.

7. Ist der Umzug abgeschlossen, tippen Sie auf *Fertig* und folgen auf dem iPad den weiteren Schritten des Konfigurationsassistenten.

11.7 iOS aktualisieren

Apple stellt in unregelmäßigen Abständen Updates für iOS bereit, die Sie unbedingt installieren sollten. Neben neuen Funktionen werden dabei vor allem Fehler und Sicherheitslücken beseitigt. Einmal im Jahr erscheint ein großes Upgrade auf eine neue Version – im Herbst 2017 war dies iOS 11.

Mit den folgenden Tipps klappen Update und Upgrade Ihres iPads noch besser.

Läuft iOS 11 auch auf meinen iPad?

Im Gegensatz zu anderen Herstellern stellt Apple die neuesten Versionen seines Betriebssystems für Tablets und Smartphones auch für ältere Geräte bereit. iOS 11 läuft daher auf allen folgenden iPads, darunter auch mehrere Jahre alte Geräte:

- 12,9" iPad Pro (2. Generation)
- 12,9" iPad Pro (1. Generation)
- 10,5" iPad Pro
- 9,7" iPad Pro
- iPad Air 2

- iPad Air
- iPad (5. Generation)
- iPad mini 4
- iPad mini 3
- iPad mini 2

iOS über iTunes aktualisieren

Am schnellsten und sichersten können Sie Ihr iPad über iTunes auf dem Windows-PC oder Mac aktualisieren. Zudem ist dies die einzige Möglichkeit, wenn Sie auf dem iPad nur noch wenig freien Speicherplatz haben:

1. Schließen Sie Ihr iPad mit dem Lightning-auf-USB-Kabel an den Computer an und warten Sie, bis iTunes gestartet ist, oder öffnen Sie dieses selbst.

2. Klicken Sie links oben auf das kleine iPad-Symbol und anschließend in der Seitenleiste auf *Übersicht*.

3. Im Hauptfenster klicken Sie auf *Nach Update suchen*, laden das Update herunter und installieren es. Anschließend startet das iPad neu.

iOS online aktualisieren

Besitzen Sie keinen Computer oder haben Sie diesen nicht zur Verfügung, können Sie das iPad auch online aktualisieren. In diesem Fall muss der Akku vollgeladen und das iPad mit dem WLAN-Netzwerk verbunden sein. Ist das der Fall, gehen Sie so vor:

1. Öffnen Sie die *Einstellungen* und wählen Sie in der linken Spalte den Eintrag *Allgemein*.
2. Tippen Sie in der rechten Spalte auf *Softwareupdate* und laden Sie dieses per Fingertipp herunter.
3. Ist das Update heruntergeladen, tippen Sie auf *Jetzt installieren*. Während der Installation wird das iPad neu gestartet.
4. Warten Sie, bis die Installation des Updates abgeschlossen ist, und melden Sie sich danach über Ihren Zugangscode wieder an.

11.8 Werkszustand des iPads wiederherstellen

Wenn Sie Ihr iPad verkaufen, verschenken oder zur Reparatur geben, müssen Sie den Werks- oder Auslieferungszustand wiederherstellen. Wie Sie dabei vorgehen, erfahren Sie in den folgenden Tipps.

Bitte beachten Sie, dass Sie zunächst unbedingt die Funktion *Mein iPad suchen* abschalten müssen!

Mein iPad suchen abschalten

1. Öffnen Sie die *Einstellungen* und wählen Sie in der linken Spalte Ihren Benutzernamen/ Ihre Apple-ID aus.
2. Tippen Sie anschließend in der rechten Spalte auf *iCloud* und blättern Sie nach unten. Dort schalten Sie die Funktion *Mein iPad suchen* ab. Dazu müssen Sie Ihr iCloud-Kennwort eingeben.

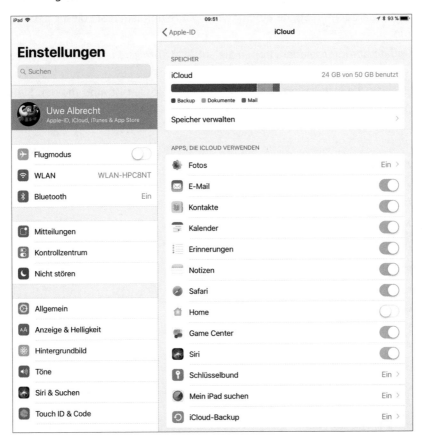

iPad über iTunes zurücksetzen

Zum Zurücksetzen Ihres iPads können Sie – falls Sie einen Windows-PC oder Mac besitzen – auch iTunes nutzen:

1. Schließen Sie Ihr iPad mit dem Lightning-auf-USB-Kabel an den Computer an und warten Sie, bis iTunes gestartet ist, oder starten Sie es selbst.
2. Klicken Sie links oben auf das kleine iPad-Symbol und anschließend in der Seitenleiste auf *Übersicht*.
3. Im Hauptfenster klicken Sie auf *iPad wiederherstellen* und folgen den Anweisungen.

iPad am Gerät zurücksetzen

1. Öffnen Sie die *Einstellungen* und wählen Sie in der linken Spalte den Eintrag *Allgemein*.
2. In der rechten Spalte blättern Sie nach ganz unten und tippen dort auf *Zurücksetzen*.
3. Um bei Ihrem iPad den Werkszustand wiederherzustellen, tippen Sie auf *Alle Inhalte & Einstellungen löschen*.
4. Bitte beachten Sie, dass dies einige Zeit in Anspruch nehmen kann und das iPad dazu am besten mit dem beiliegenden Kabel und Netzteil am Stromnetz angeschlossen ist.

Bei iCloud am iPad abmelden

Wenn Sie Ihr iPad verkaufen oder weitergeben, sollten Sie nicht nur die Einstellung *Mein iPhone suchen* abschalten wie oben beschrieben, sondern sich auch bei iCloud und dem iTunes Store abmelden. Dies erreichen Sie auf die folgende Weise:

1. Öffnen Sie die *Einstellungen* und wählen Sie in der linken Spalte *Accounts & Passwörter*.
2. Blättern Sie in der rechten Spalte nach ganz unten und tippen Sie auf *Abmelden*.
3. Bei der Abmeldung haben Sie die Wahl, die iCloud-Daten auf dem iPad zu behalten. Dies sollten Sie natürlich unterlassen, wenn Sie das iPad weitergeben oder verkaufen.

Am iTunes Store auf dem iPad abmelden

Am iTunes Store sollten Sie sich ebenfalls abmelden, wenn Sie das iPad verkaufen oder künftig nicht mehr selbst nutzen.

1. Öffnen Sie die *Einstellungen* und wählen Sie in der linken Spalte *iTunes & App Store* aus.
2. Tippen Sie in der rechten Spalte auf Ihre – blaue – Apple-ID und im folgenden Fenster auf *Abmelden*. Anschließend werden Sie vom iTunes Store auf dem iPad abgemeldet.

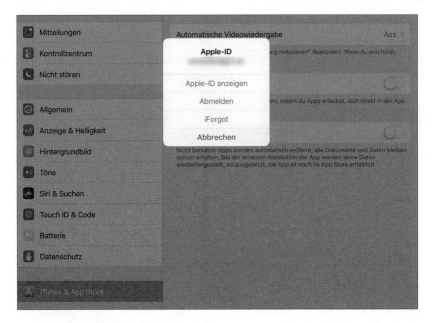

11.9 Seriennummer herausfinden

Wenn Sie herausfinden wollen, ob Ihr iPad noch Apple-Garantie hat, oder wenn Sie eine Reparatur im Apple Store beauftragen, dann benötigen Sie die Seriennummer Ihres iPads. Diese finden Sie auf zwei unterschiedlichen Wegen heraus:

1. Öffnen Sie die *Einstellungen* und wählen Sie in der linken Spalte den Eintrag *Allgemein*.
2. Tippen Sie in der rechten Spalte nacheinander auf *Allgemein* sowie *Info*. Weiter unten finden Sie die Seriennummer Ihres iPads.
3. Lässt sich Ihr iPad nicht mehr einschalten, finden Sie die Seriennummer auch unten auf der Rückseite Ihres iPads. Allerdings ist diese in sehr kleiner Schrift aufgedruckt. Nehmen Sie eine Lupe zur Hilfe, falls sie sich nicht mit „unbewaffneten" Augen entziffern lässt.

Seriennummer in die Zwischenablage kopieren

Sofern Ihr iPad noch läuft und Sie die Seriennummer über die *Einstellungen* herausfinden und einsehen können, müssen Sie diese nicht notieren. Sie können sie auch in die Zwischenablage kopieren und dann in eine E-Mail oder ein Textdokument übernehmen:

1. Öffnen Sie die *Einstellungen* und wählen Sie in der linken Spalte den Eintrag *Allgemein*.
2. Tippen Sie in der rechten Spalte nacheinander auf *Allgemein* sowie *Info*. Unten finden Sie die Seriennummer Ihres iPads.
3. Um diese in die Zwischenablage zu kopieren, tippen Sie fest auf den Eintrag und wählen dann den Befehl *Kopieren*.
4. In Apple Mail oder einem Textverarbeitungsprogramm fügen Sie diese Seriennummer ein, indem Sie ebenfalls fest auf die entsprechende Stelle tippen und dann aus dem schwarzen Kontextmenü *Einsetzen* wählen.

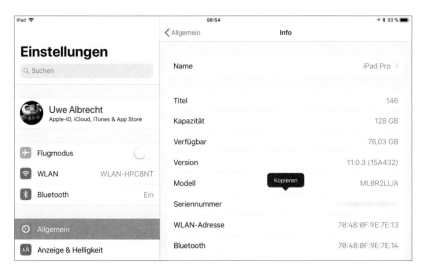

12. Nützliche Apps und Funktionen

Im letzten Kapitel finden Sie Tipps und Tricks zu weiteren auf dem iPad befindlichen praktischen Apps, wie Nachschlagewerke, die Karten-App oder die Uhr- und Wecker-App. Zudem erfahren Sie, wie Sie Bildschirmfotos erstellen oder den Bildschirm „filmen".

12.1 Karten

Die Karten-App von iOS steht dem Platzhirsch Google Maps kaum mehr in etwas nach. Ihr großer Vorteil ist vor allem die tiefe Integration ins Betriebssystem des iPads. Bitte beachten Sie, dass die Karten-App nur dann sinnvoll zu nutzen ist, wenn Sie einen Zugang ins Internet per WLAN oder Mobilfunknetz haben.

Lokale und Geschäfte in der Umgebung anzeigen

Die Karten-App weist Ihnen nicht nur den Weg und bringt Sie an Ziel, sie findet auch das nächstgelegene Restaurant, die Tankstelle sowie Geschäfte – und das sofort.

1. Starten Sie die Karten-App und tippen Sie das Symbol zur Ortsbestimmung rechts oben an. Ihr gegenwärtiger Aufenthaltsort wird umgehend auf der Karte angezeigt.

2. Wollen Sie nun herausfinden, wo sich die nächsten Restaurants, Tankstellen oder auch Geschäfte befinden, tippen Sie einfach auf das Texteingabefeld, geben dort aber nichts ein.

3. Um die Lokale, Geschäfte oder andere Orte in der Umgebung anzuzeigen, tippen Sie auf das entsprechende Symbol.

4. Wollen Sie den Weg dahin finden, tippen Sie auf den gewünschten Eintrag und dann auf *Route*.

Indoor-Navigation

Seit iOS 11 hilft die Karten-App auch bei der Navigation in Gebäuden. Allerdings werden bisher vornehmlich Orte in den USA unterstützt, weitere, auch in Deutschland, sollen folgen. Im Prinzip gehen Sie so vor, dass Sie nah an das gewünschte Gebäude heranzoomen. Wird die Navigation unterstützt, wird das Innere des Gebäudes angezeigt. Über eine 3D-Ansicht können Sie sich darin orientieren.

Virtuelle Flyover-Touren

Mit der Karten-App können Sie manche Orte aus der – virtuellen – Vogelperspektive besuchen. Ist eine Flyover-Tour für den Ort vorhanden, erscheint der entsprechende Schalter nach der Ortssuche unterhalb des blauen Schalters *Route*.

1. Starten Sie die Karten-App und suchen Sie nach einer größeren Stadt wie Berlin oder München.

2. Tippen Sie im Fenster auf den Schalter *Flyover*. Eine 3D-Ansicht der Stadt erscheint. Dies kann – je nach der Geschwindigkeit der Internetverbindung – unterschiedlich lange dauern.

3. Um die Flyover-Tour zu starten, tippen Sie auf *Stadttour starten* links unten.

4. Sie können dabei in die Ansicht hineinzoomen oder diese verschieben. Zum Unterbrechen der Tour tippen Sie auf *Tour unterbrechen*, zur Wiederaufnahme auf *Tour fortsetzen*.

Bevorzugtes Verkehrsmittel ändern

Sofern vorhanden, zeigt Ihnen die Karten-App nach Eingabe der Route an, welche Verkehrsmittel Sie nutzen können – jedenfalls theoretisch steht dabei auch der öffentliche Nahverkehr zur Auswahl. Allerdings wird diese Möglichkeit nur an wenigen Orten unterstützt. Möchten Sie das bevorzugte Verkehrsmittel in der Karten-App festlegen, machen Sie dies in den *Einstellungen*:

1. Öffnen Sie die *Einstellungen* und wählen Sie den Eintrag *Karten* in der linken Spalte.
2. In der rechten Spalte tippen Sie unter *Bevorzugtes Verkehrsmittel* auf *Fahren*, *Gehen* oder *ÖPNV*.

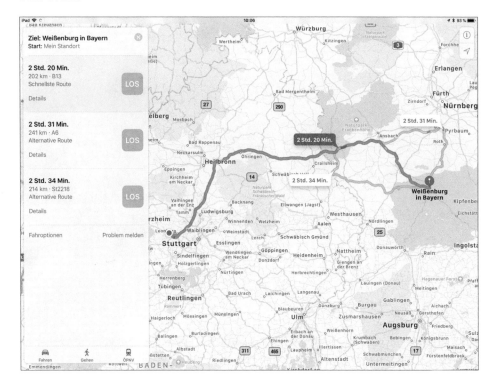

Route vom Mac ans iPad weitergeben

Auch auf dem Mac ist die Karten-App verfügbar. Hier können Sie ganz bequem eine Route erstellen und – zur Orientierung unterwegs – an Ihr iPad senden:

1. Starten Sie am Mac die Karten-App. Erstellen Sie die Route, indem Sie links oben *Start* und *Ende* eingeben. Danach wählen Sie *Fahren* und die Route wird erstellt.
2. Um diese Route an das iPad (oder auch iPhone) zu senden, tippen Sie oben rechts neben dem Suchfeld auf das Teilen-Feld und wählen den Eintrag *An iPad senden*.

3. Auf dem iPad erscheint eine Mitteilung, dass eine Route vom Mac übertragen wurde. Tippen Sie darauf, wird die Karten-App gestartet und die Route angezeigt.

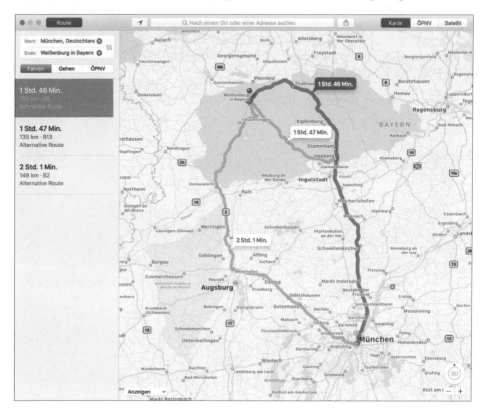

12.2 Uhr und Wecker

Als Besitzer eines iPads benötigen Sie – eigentlich – keine Uhr und keinen Wecker mehr. Alle diese Funktionen hat Ihr Tablet mit an Bord.

Neuer Ort für die Weltzeituhr

Egal, ob Sie Vielreisender sind oder Verwandte und Freunde im Ausland haben und mit ihnen telefonieren möchten. Damit Sie bei diesen nicht zu nachtschlafender Zeit das Telefon klingeln lassen, schauen Sie vorher auf der Weltzeituhr Ihres iPads nach. Davor allerdings müssen Sie den entsprechenden Ort der Weltzeituhr hinzufügen.

1. Starten Sie die Uhr-App und tippen Sie unten auf das Symbol *Weltuhr*.
2. Tippen Sie auf das Pluszeichen rechts oben, um einen neuen Ort aufzunehmen, und geben Sie in das Suchfeld den Ortsnamen ein.

3. Tippen Sie auf den Ortsnamen, wird der Ort der Weltzeituhr hinzugefügt.

4. Möchten Sie Orte löschen, tippen Sie links oben auf *Bearbeiten* und dann am Uhrsymbol links oben auf das rote Minuszeichen.

Schlafenszeit definieren

Haben Sie nicht genug Schlaf und sind Sie tagsüber ständig müde, finden Sie unter Umständen mithilfe Ihres iPads wieder zu einer geregelten Nachtruhe. Die Funktion *Schlafenszeit* der Uhr-App ermöglicht es Ihnen, ganz individuell festzulegen, wann Sie Ihr iPad ins Bett schickt und wann Sie wieder aufwachen müssen:

1. Starten Sie die Uhr-App und tippen Sie unten auf das Symbol *Schlafenszeit* und dann auf *Los geht's*.

2. Als Nächstes geben Sie an, wann Sie aufwachen möchten, und tippen auf *Weiter*.

3. Legen Sie die Tage fest, an denen Sie zur angegebenen Uhrzeit geweckt werden möchten, und tippen Sie wieder auf *Weiter*.

4. Bestimmen Sie jetzt, wie viel Schlaf Sie normalerweise benötigen, und tippen Sie auf *Weiter*.

5. Schließlich bestimmen Sie, wann Sie vom iPad daran erinnert werden wollen, ins Bett zu gehen, und legen den Weckton fest.

6. Über *Sichern* speichern Sie die Einstellungen. Von nun an werden Sie von Ihrem iPad dabei unterstützt, ausreichend zu schlafen.

Den Timer einstellen

Sicher ist Ihnen auch schon einmal das Essen im Ofen angebrannt oder Sie haben es in der Mikrowelle vergessen und es wurde in der Zwischenzeit wieder kalt. Mit dem Timer der Uhr-App wäre Ihnen das nicht passiert:

1. Starten Sie die Uhr-App und tippen Sie unten auf das Symbol *Timer*.

2. Geben Sie die Uhrzeit an, indem Sie auf den Zeitskalen von unten nach oben wischen.

3. Über das Notensymbol unten wählen Sie den Ton aus und über *Start* starten Sie den Timer. Ist die Zeit abgelaufen, werden Sie vom iPad daran erinnert.

Stoppuhr nutzen

Die Uhr-App verfügt zudem über eine Stoppuhr, die Sie beim Sport oder bei Wett-kämpfen nutzen können. Tippen Sie in der Uhr-App unten auf das Symbol *Stoppuhr* und zum Starten auf *Start*. Über den Schalter *Löschen* entfernen Sie die Einträge.

12.3 Bildschirmfoto erstellen

Das Erstellen von Bildschirmfotos am iPad ist sehr einfach und flexibel möglich. Zudem können Sie die erstellten Bildschirmfotos bearbeiten und mit nur wenigen Fingertipps versenden und weitergeben:

1. Um ein Bildschirmfoto zu erstellen, drücken Sie gleichzeitig die Stand-by- und die Home-Taste.

2. Anschließend wird das Bildschirmfoto an der linken unteren Ecke verkleinert darge-stellt.

3. Wollen Sie es speichern oder wieder löschen, tippen Sie auf die Voransicht und wählen die gewünschte Funktion aus.

4. Möchten Sie es hingegen bearbeiten, tippen Sie doppelt auf die Voransicht. Über den blauen Rahmen um das Bildschirmfoto können Sie dieses beschneiden und über die Zeichenwerkzeuge und Farbpaletten bearbeiten.

5. Um es zu speichern, tippen Sie links oben auf *Fertig* und dann auf *in Fotos sichern*. Zudem können Sie es über das Teilen-Feld rechts oben versenden oder an eine andere App weitergeben beziehungsweise in der Dateien-App speichern.

12.4 Bildschirmaufnahme

Der Bildschirm Ihres iPads lässt sich auch abfilmen, beispielsweise um ein Schulungs- oder Erklärvideo zu erstellen. Die Funktion ist im Kontrollzentrum zu finden. Falls nicht, fügen Sie diese hinzu.

Bildschirmaufnahme dem Kontrollzentrum hinzufügen

1. Öffnen Sie die *Einstellungen* und wählen Sie in der linken Spalte das *Kontrollzentrum* aus. Tippen Sie dann rechts auf *Steuerelemente anpassen*.

2. Tippen Sie auf das grüne Plus-Symbol neben *Bildschirmaufnahme*, um diese dem Kontrollzentrum hinzuzufügen.

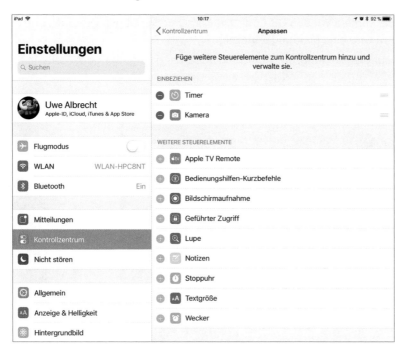

Bildschirm filmen

Wollen Sie den Bildschirm abfilmen, starten Sie die Aufnahme über das Bedienelement im Kontrollzentrum:

1. Tippen Sie fest auf das Bedienelement *Bildschirmaufnahme* und anschließend auf das Mikrofon, falls Sie den Ton über das Mikrofon des iPads aufnehmen wollen.

2. Nun tippen Sie auf *Aufnahme starten*. Ein Countdown wird ausgelöst, bis die Aufnahme tatsächlich beginnt.

3. Führen Sie die Funktionen aus, beziehungsweise starten Sie die App, die Sie abfilmen wollen.

4. Zum Stoppen der Aufnahme tippen Sie auf die während der Aufnahme rot eingefärbte Statusleiste am oberen Bildschirmrand.

5. Die Bildschirmaufnahmen werden von der Fotos-App im Album *Videos* gespeichert. Dort können Sie sie betrachten oder versenden.

12.5 QR-Code scannen

Um die sogenannten QR-Codes zu scannen, benötigen Sie keine gesonderte App, dies kann auch die Kamera-App von iOS 11.

1. Starten Sie die Kamera-App, indem Sie auf dem Sperrbildschirm nach links wischen oder auf dem Home-Bildschirm auf das Symbol tippen.
2. Halten Sie die Kamera vor den QR-Code. Die Kamera erkennt den QR-Code, und oben am Bildschirm wird eine Meldung angezeigt.
3. Tippen Sie auf die Meldung, wird beispielsweise die dazugehörige Website in Safari geöffnet.

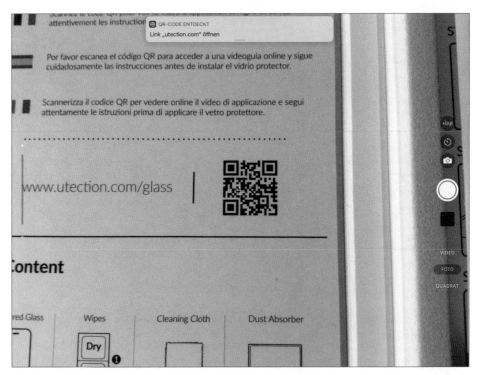

12.6 Lexika und Wörterbücher

Auf Ihrem iPad sind auch diverse Wörterbücher und Nachschlagewerke installiert, die Sie befragen können.

Auch in Wikipedia kann recherchiert werden, sofern Sie über das WLAN-Netzwerk oder das Mobilfunknetz mit dem Internet verbunden sind.

Begriff gezielt nachschlagen

Falls Sie am iPad einen Begriff nachschlagen müssen, geben Sie ihn einfach in das Suchfeld ein:

1. Wischen Sie von der Mitte des Bildschirms nach unten, um das Suchfeld anzuzeigen. Geben Sie dort den Suchbegriff ein.

2. Umgehend werden alle Fundstellen aufgelistet, an denen dieser Begriff zu finden ist, ob in Apps, Nachrichten oder auch im iTunes Store.

3. Die Lexikoneinträge finden Sie in der Kategorie *Siri Wissen* sowie *Lexikon*. Siri holt ihre entsprechenden Informationen übrigens aus Wikipedia. Unter *Lexikon* finden Sie die Einträge in den Nachschlagewerken von iOS 11.

Begriff in einem Text nachschlagen

Falls Sie in einem E-Book, auf einer Website oder in einem anderen Text einen Begriff finden, den Sie nicht kennen, können Sie diesen ganz einfach nachschlagen:

1. Tippen Sie fest auf den Begriff, bis das schwarze Kontextmenü erscheint. Tippen Sie auf *Nachschlagen*.

2. Im folgenden Fenster werden alle Fundstellen in den Lexika und Wörterbüchern von iOS 11 aufgelistet, zudem über *Siri Wissen* der Eintrag in Wikipedia und noch weitere Einträge in anderen Apps.

3. Wollen Sie den Begriff auch im Web suchen, tippen Sie unten im Fenster auf den entsprechenden Eintrag. Nun wird Safari geöffnet und eine Suche über Google oder die von Ihnen voreingestellte Suchmaschine durchgeführt.

Wörterbücher hinzufügen und verwalten

Falls Sie wünschen, können Sie weitere Wörterbücher hinzufügen oder entfernen.

In diesem Fall gehen Sie so vor:

1. Tippen Sie fest auf einen Begriff, bis das schwarze Kontextmenü erscheint. Tippen Sie dann auf *Nachschlagen*.

2. Im folgenden Fenster werden die Fundstellen in den Lexika und Wörterbüchern von iOS 11 aufgelistet, und ganz unten finden Sie den Eintrag *Wörterbücher verwalten*.

3. Tippen Sie auf *Wörterbücher verwalten* und fügen Sie die neuen Wörterbücher per Fingertipp hinzu oder entfernen Sie diese.

4. Alternativ können Sie auch die *Einstellungen* öffnen, dort in der linken Spalte auf *Allgemein* tippen und anschließend in der rechten Spalte auf *Lexikon*. Dort finden Sie die Einstellungen zum Verwalten der Lexika.

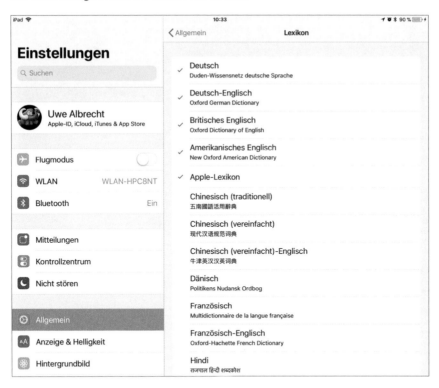